DIAGONALES DE LA COMMUNICATION INTERCULTURELLE

sous la direction de
Martine ABDALLAH-PRETCEILLE
Louis PORCHER

DIAGONALES DE LA COMMUNICATION INTERCULTURELLE

Anthropos

Diffusion : Economica, 49, rue Héricart - 75015 Paris

Introduction

LE LONG CHEMINEMENT VERS AUJOURD'HUI

L'INTERCULTUREL S'INSCRIT DÉSORMAIS parmi les savoirs et les pratiques que Roger Caillois appelait magnifiquement "diagonaux". Il circule dans toutes les sociétés, les irrigue, mélangeant les discontinuités et les appropriations, avançant comme une eau qui coule en s'étalant, imposant son omniprésence, et, aujourd'hui sa visibilité. Nul n'est en mesure, dorénavant, de faire comme si le phénomène n'existait pas.

Il est pourtant resté longtemps masqué dans les sociétés contemporaines, comme en témoigneraient les affrontements dont il a fait l'objet durant les années soixante-dix, même si ces affrontements, à l'époque, demeuraient circonscrits à un tout petit nombre de gens parce que les ténors de la pensée comme ceux de la vie politique et sociale, s'en désintéressaient, le sujet n'étant pas considéré par eux comme suffisamment valorisant, digne d'eux ; en somme ce n'était pas un enjeu, du moins pour ceux qui se sont auto-proclamés dépositaires de ce qui est digne de réflexion et de ce qui ne l'est pas. Rien de neuf, au total, dans ces prises de position. Les légitimeurs restent aveugles aux phénomènes sociaux et culturels tant que ceux-ci ne sont pas sources de pouvoir ou de notoriété.

L'interculturel, cependant, n'était pas un objet récent. Dans l'Europe de la fin du Moyen Age, pour parler par anachronisme, et, jusqu'à l'époque classique, les échanges étaient fréquents entre les intellectuels et les clercs de divers pays, sur le ciment de la langue latine comme langue de la communication savante. Le savoir et la réflexion étaient spontanément internationaux, en tout cas sur le territoire de l'Europe large : que l'on pense seulement à Giordano Bruno, Rabelais, Erasme, etc., qui se déplaçaient sans cesse ; que l'on songe aussi aux multiples exemples de discussions ou de querelles sur des questions théologiques et scientifiques (à travers notamment la biologie et la physique de ce moment-là).

C'est exactement l'équivalent de ce qui se passe aujourd'hui dans la mise en place des réseaux mondiaux qui relient tous les chercheurs de la planète sur un sujet donné. Les cohortes sont plus nombreuses désormais parce que les recherches sont devenues plus collectives, mais le processus est semblable, et cet interculturel-là donnera lieu, à coup sûr, à des travaux spécifiques dans les années qui viennent.

L'ouverture du monde a atteint les milieux populaires plus tard, et il est probable que le grand tournant, dans cette affaire, a été pris à travers la politique, d'abord militaire, de Napoléon. C'est lui qui, bon gré mal gré, a transporté dans toute l'Europe (sans oublier l'Egype) les conscrits, c'est-à-dire les jeunes gens du peuple, donnant à ceux-ci l'occasion de se frotter à d'autres cultures, de se décentrer, d'apprendre la mixité puisque les troupes étaient composées sans tenir compte des nationalités d'origine des soldats. Ceux-ci, dans ces conditions, découvraient d'autres pays, d'autres manières de penser, d'autres façons de vivre.

La société française s'en est trouvée puissamment bouleversée, les soldats revenus de guerre apportant avec eux l'altérité, l'hétérogénéité, la diversité et inscrivant ces nouvelles valeurs dans les pratiques, ou, au moins, dans les discussions quotidiennes. L'étranger était entré chez nous, nous étions entrés chez lui, et la mixité qui en résultait, même si elle n'était pas toujours pacifique, dégageait une fécondité exactement séminale, porteuse de l'avenir, inscrivant le long terme dans le court terme.

Le phénomène des travailleurs saisonniers, au XIXe siècle, (les fameux maçons de la Creuse par exemple), relaiera ce mouvement, développant de véritables migrations intérieures, mélangeant les provinces et Paris, les ruraux et les citadins, par une sorte d'aller et retour culturel qui a profondément transformé le réseau national, enrichissant à la fois le sentiment d'appartenance à une nation et celui d'enracinement dans des cultures locales patrimoniales, identitaires, spécifiques. L'interculturel a conquis sa deuxième dimension, que l'on pourrait appeler intra-nationale et régionale simultanément.

Et puis il y a eu le séisme social crée par la naissance du chemin de fer, qui a littéralement fait éclater les isolats qu'étaient les villages en organisant entre eux comme une circulation sanguine qui les irriguerait tous, bouleverserait leur identité, sans pourtant que les différences et la conscience des différences en soient pour autant supprimées. De nouvelles appartenances se construisent avec leurs solidarités et leurs oppositions, leurs échanges en somme[1]. L'ego et l'alter ego, le fait que je suis un ego et un alter ego, que l'autre soit aussi un alter et un ego, que je suis toujours l'autre de l'autre sans cesser d'être moi et sans que lui cesse d'être lui, que nous sommes donc à la fois identiques et distincts, apparaissent, ainsi de manière relativement rapide. L'évolution des mœurs, des manières de penser et d'agir, s'accélère et se tisse comme un réseau parallèle à ceux du rail qui innervent, en peu d'années, la France entière jusque dans ses plus minces villages.

Les villageois immobiles depuis des siècles découvrent qu'ils peuvent bouger pour peu d'argent (même si c'est le plus souvent sur de très faibles distances), qu'ils peuvent rencontrer des inconnus, et, justement, "faire leur connaissance", et que, donc, il leur est loisible d'échanger, c'est-à-dire de commercer, certes (l'enjeu pour eux le plus important), mais aussi de parler, d'observer, de découvrir des références tout en en proposant aux autres. Chacun acquiert, au sens propre, une position interculturelle. Le métissage géant ne s'arrêtera plus, et ira même en s'amplifiant de manière démesurée par le développement des moyens de transport et des médias au vingtième siècle. Nous sommes aujourd'hui tous dotés d'une identité à deux composantes majeures: l'international et le patrimonial, le changement (avenir) et l'héritage, la transformation et l'appartenance, la planète et le pays, la "proximité du lointain" (Heidegger).

C'est pourquoi les enjeux de l'interculturel sont devenus tellement aigus. Ils tissent notre identité, celle que nous ressentons et celle qui nous est conférée de l'extérieur (les deux étant, à l'évi-

1. Thabaud R., *Mon village,* Paris, Presses de la Fondation Nationale des Sciences Politiques, 1982.

dence, fortement liées). Il n'est plus possible aujourd'hui de se rendre aveugle aux cultures multiples et pourtant puissamment identifiées. L'interculturel s'est imposé, non pas comme une réponse (qui serait le dogmatisme même) mais comme une interrogation partout et à chaque instant présente. L'interculturel est, désormais, notre vie, obscur et clair comme elle, à construire comme elle, à inventer dans les luttes comme elle.

PREMIÈRE PARTIE

A travers la quotidienneté

Chapitre I

LA COMMUNICATION INTERCULTURELLE, DU CLICHÉ À L'ÉNIGME

Martine Abdallah-Pretceille

Professeur (Centre International d'Etudes Pédagogiques, Paris III)

"Si vous souhaitez admirer un effet japonais, gardez-vous de partir pour Tokyo comme un simple touriste ; restez ici, absorbez-vous dans l'étude de certains artistes nippons, puis quand vous serez pénétré de leur style et que vous aurez adopté leur mode imaginaire de vision, allez un après-midi vous asseoir dans le parc ou faire un tour à Piccadilly ; si vous n'y découvrez pas un effet parfaitement japonais, vous n'en trouvez nulle autre part."

(Oscar Wilde[1], 1891)

"L'effet que produisent sur moi l'art et la littérature japonais est un mélange. Tantôt j'ai le sentiment que ce que je lis se déroule sur une autre planète, et parle d'une espèce qui vient d'être découverte. Tantôt, j'éprouve le même sentiment que j'ai eu avec la Chine : que tout cela m'est connu, que ce que je vois, entends, ressens est l'expression même de l'homme originel, la plus humaine qui soit, la plus universelle de toutes les races de la terre."

(Henry Miller[2], 1960)

---

1. Wilde 0., *Intentions,* Paris, Stock, 1997 (Ed. Or. 1891), p. 85.
2. Miller H., Préface à *Deux amours cruelles,* de Junichiro Tnaizaki, Paris, Stock, 1994 (Trad. du japonais, Ed Or., 1956).

DEPUIS LONGTEMPS DÉJÀ et les réflexions d'Oscar Wilde en 1891 et d'Henry Miller en 1960 en témoignent largement, une des questions centrales de la littérature comme de la philosophie est celle de l'altérité, question qui redouble d'intensité quand on la conjugue avec celle de la diversité culturelle. L'Autre et l'ailleurs nourrissent les fantasmes, les espoirs, les illusions, les enthousiasmes mais aussi les déceptions, les rejets, les désillusions et les rancœurs. Niée systématiquement au nom de l'universel, ou au contraire hypostasiée au nom de la différence, la culture est au cœur d'enjeux historiques, sociaux, idéologiques, affectifs, symboliques..., etc. En tout état de cause la question n'est pas neutre et ne laisse personne indifférent.

Dans des sociétés marquées structurellement par la diversité et les contacts culturels, la complexité de la communication est exponentielle à la pluralisation du tissu social. Dès lors, il devient difficile d'évaluer la part de la culture dans la communication. Entre une surpondération et une dévalorisation, on peut légitimement s'interroger sur son poids dans la production du lien social et donc dans les malentendus et les dysfonctionnements.

Nous tenterons, dans un premier temps, à travers quelques exemples de la vie quotidienne[1] pris dans des contextes variés, de démontrer que le facteur culturel n'a paradoxalement pas une grande portée significative et que son poids dans le bon ou le mauvais déroulement de la communication est relativement faible. Il produit tout au plus des malentendus vite relevés si la relation entre les protagonistes est bonne et s'ils acceptent d'en parler. Le dysfonctionnement culturel se caractérise, par rapport au malentendu, par une rupture relationnelle. Ce n'est pas seulement l'échange qui est perturbé mais surtout, et essentiellement, la nature même de la relation. Dans cette perspective, on mettra en évidence, le fait que la culture a une valeur argumentative qui va bien au delà du contenu informationnel du message. Plutôt que de s'attarder sur les incidences des facteurs culturels sur la communication, on centrera alors l'analyse sur les conditions et les modalités de l'usage de la culture à des fins de communication.

1. Ces exemples ont, en partie, été fournis par des étudiants du DEA de communication interculturelle. Qu'ils en soient ici remerciés.

SIGNES CULTURELS ET MALENTENDUS

L'approche sémiotique de la culture s'appuie sur des signes et sur une analyse par code et décodage avec son lot d'erreurs et de malentendus. On explique souvent les déboires et les difficultés de communication entre des individus et des groupes appartenant à des cultures différentes, par de mauvaises interprétations ou par la méconnaissance des signes culturels. Une communication réussie se résumerait alors à une bonne maîtrise des signes linguistiques mais aussi des signes culturels. Les connaissances culturelles constitueraient dès lors, des prérequis à toute communication. Pour bien communiquer avec des Allemands, des Japonais, des Australiens, il faudrait dans cette perspective, bien connaître les cultures, allemande, japonaise et australienne... Les quelques exemples qui vont suivre nous permettront d'invalider une telle conception de la communication à partir de critères fonctionnels et mécaniques : pour que ça marche, il suffirait de maîtriser les ingrédients linguistiques mais aussi culturels.

Une étudiante polonaise raconte sa mésaventure dans une famille française à qui elle rendait visite :

> "Je sonne à la porte, la porte s'ouvre, on échange des salutations et, avant de passer au salon, j'enlève mes chaussures. Mes hôtes ont l'air étonné. J'attends qu'ils me proposent des pantoufles. Ce n'est pas le cas, je passe au salon. Durant la soirée, ils me demandent à plusieurs reprises si je ne veux pas remettre mes chaussures. Je ne comprends pas. A la fin de la soirée, on sent le besoin de s'expliquer."

Cette étudiante conclut en disant que cette situation a été pour elle plus humoristique que douloureuse car elle sentait que ses hôtes étaient à mille lieues de la juger. Ils voulaient juste comprendre. En effet, en Pologne, en arrivant dans n'importe quelle maison, on enlève d'abord ses chaussures. Les raisons de cette habitude sont simples : pour respecter le ménage de la maîtresse de maison car les rues en Pologne sont très sales, et aussi pour mettre les invités à l'aise. En général, les personnes qui accueillent proposent "des pantoufles pour les invités" afin qu'ils se sentent chez eux. Par contre, le fait de ne pas se déchausser peut être interprété comme incorrect.

Une autre étudiante, coréenne, note elle aussi l'importance liée au fait de se déchausser mais la signification est différente. Elle indique qu'en Corée quand on entre dans un appartement tout le monde doit se déchausser et surtout dans la chambre à coucher. Elle précise, par ailleurs, que dans une famille franco-coréenne qu'elle connaît, ce point fait souvent l'objet de litige. Quand le mari, qui est français, entre à la maison en saluant sa famille, il garde ses chaussures. La première réaction de sa femme qui est coréenne, c'est de lui demander d'enlever ses chaussures. Quant aux enfants, en présence de leur mère, ils se déchaussent, alors que pendant son absence, ils les gardent souvent. Ce problème de chaussures est présent depuis 13 ans, c'est-à-dire depuis leur mariage.

Ces deux exemples suffisent à mettre en doute le caractère absolu et spécifique des traits culturels. Dans les deux situations, rien ne permet de dire qu'il y a eu ou qu'il y aura conflit du fait de la méconnaissance ou du non respect du code culturel. En tout état de cause, il n'y a pas de rupture relationnelle. Quelques explications et une légère mise au point suffiront à lever l'ambiguïté.

Les deux exemples qui suivent, pris dans des contextes pluriculturels à plus d'un titre, démontreront aussi qu'on ne peut pas imputer systématiquement les dysfonctionnements communicationnels à l'appartenance culturelle des locuteurs. Certes, il y a momentanément brouillage dans les échanges de significations mais des explications simples ou une bienveillance permettent rapidement de rétablir la communication.

> "Mischa, étudiant russe fête son anniversaire. Ne le connaissant pas très bien et voulant lui faire un cadeau, je lui ai demandé de me donner quelques idées. Avec un grand sourire, il m'a répondu de ne pas m'inquiéter puisqu'il avait préparé des lettres d'invitation avec un plan et le cadeau qu'il attendait de chaque personne. J'ai été très étonnée de ses projets (demander des cadeaux) mais finalement cette solution m'arrangeait et rompait avec le protocole de « fausse politesse ». Lorsque je reçus mon invitation, il était indiqué « une lotion pour les dents ». La marque, le prix et le magasin où je les trouverai étaient aussi indiqués. Je pris cela pour une plaisanterie et j'en parlais à une amie polonaise qui devait offrir un tube de dentifrice et deux brosses à dents avec les mêmes

indications. Nous avons longuement réfléchi. Elle n'était pas convaincue que c'était une plaisanterie. Le doute s'installait. Après maintes réflexions, je préférais penser qu'il se moquait peut-être de moi, plutôt que de risquer de le vexer en ne suivant pas ses instructions. Se posa ensuite la question du papier cadeau « on n'offre pas un cadeau, sans papier cadeau », mais mettre une lotion pour les dents dans une pochette scintillante me paraissait dérisoire, voire déplacé ! Je le fis quand même. Le soir de l'anniversaire, tout le monde donna ses cadeaux. Mischa parut réellement ravi à la vue de la lotion et je n'ai jamais su s'il nous avait demandé cela pour nous mettre à l'aise sachant que nous n'avions pas beaucoup d'argent ou si cela correspondait à ses attentes. Je sus, par contre, que mon emballage appartenait à d'autres habitudes culturelles. C'était le seul."

Une étudiante française en séjour en Allemagne où elle fréquente beaucoup de Russes et de Polonais raconte.

"L'un de mes amis me téléphone pour m'inviter à fêter, au restaurant, son nouveau travail. A son intonation et à ses allusions, j'en déduis que je devais soigner mon apparence pour cette occasion. Au rendez-vous fixé, je vis que j'ai eu tort. Arrivés au restaurant, jusque là tenu secret, je compris que nous dînions chez « Pizza Hut ». Je me sentis un peu ridicule de m'être habillée de la sorte pour un tel endroit. Ma déception augmenta à la vue de la carte et des tarifs. Je connaissais plusieurs petits restaurants où l'on mangeait bien mieux et moins cher. Tout le monde paraissait enchanté. J'étais étonnée de cet enthousiasme mais ne dis rien. Ce n'est que bien plus tard que j'ai compris grâce à une amie française qui revenait de Russie que « Pizza Hut » est un endroit très prisé par les jeunes à St Petersbourg. Tout venait, donc d'une différence de représentation : un endroit jeune et à la mode d'un côté, un restaurant rapide et non gastronomique de l'autre."

On pourrait multiplier ainsi les situations où les codes culturels ne sont pas partagés. Peut-on en déduire, pour autant, qu'ils sont à l'origine des différends et des mésententes ? Peut-on aussi dire, par exemple, que l'inversion des gestes signifiant « intelligent » et « idiot » entre la France et les Pays-Bas est fondamentale. En effet, quand les Néerlandais tapotent leur index sur le côté de la tête, ils veulent signifier l'intelligence, alors que les Français soulignent par là la sottise ; inversement, tapoter le milieu du front signifie en France « il n'y a rien la dedans », et marque la sottise aux Pays-Bas.

Les liens entre culture et communication ne sont pas à comprendre ni à partir d'une analyse de type déterministe, à savoir l'influence de l'appartenance culturelle sur les modalités communicationnelles, ni à partir d'une analyse sémiotique qui en restant au niveau du processus codage/décodage ne permet pas d'expliquer les dysfonctionnements relationnels mais tout au plus des malentendus superficiels qui peuvent être levés facilement.

VALEUR ARGUMENTATIVE DE LA CULTURE

De même que les échanges linguistiques ne sont que le reflet d'enjeux symboliques qu'il faut comprendre au-delà des mots[1], l'hypothèse que nous formulons est que les appels, les allusions à la culture dans la communication sont aussi porteurs de sens et d'enjeux qu'il convient de comprendre et d'interpréter.

Une série d'exemples nous permettra d'illustrer notre propos.

> "Durant la période de tension entre la France et l'Algérie au début des années quatre-vingt dix, le chef du F.I.S. (Front Islamique du Salut), interviewé à la télévision française, prenait soin de s'exprimer en arabe alors qu'il savait parler français."

> "Abdel et Mansour sont deux frères de nationalité française et d'origine algérienne. Ils ont respectivement 25 et 28 ans, et sont aussi différents que possible : Abdel est petit, fluet, arrogant, bavard, bruyant, gouailleur, « macho », parfois voleur et menteur, tandis que Mansour est un géant doué d'une force physique impressionnante, presque muet, discret, impassible. Il réprouve en privé certains agissements de son frère, tout en lui témoignant, en privé comme en public, une admiration sans borne. Il le dit « fidèle à sa race »...

1. Bourdieu P., *Ce que parler veut dire. Economie des échanges linguistiques*, Paris, Fayard, 1982.

Abdel et Mansour sont tous deux magasiniers dans une petite entreprise. Ils s'occupent de la gestion du stock, de la préparation des commandes pour les clients de la vente par correspondance, ainsi que de la réception des colis. Mais les relations d'Abdel avec la direction sont tendues. Non qu'il fasse vraiment mal son travail, mais il est toujours « limite » et ses méthodes ne plaisent pas à tout le monde : la musique arabe à fond dans l'entrepôt, les coups de téléphone personnels où on hurle en arabe des choses qu'on préfère de toute façon ne pas comprendre, les remarques en arabe dans le dos des chefs, le désordre quotidien dans les réceptions et les livraisons, les bouteilles d'alcool qui se vident derrière les rayons, et les petits trafics... tout cela n'est pas pour plaire à la direction. Certes, le travail finit par se faire, mais il est difficile de compter sur lui pour une date précise, et ce ne sont pas les justifications qui manquent.

Un jour, le dirigeant de l'entreprise, lassé de faire de temps à autre des remarques « fermes mais courtoises » s'est mis en colère. Abdel était arrivé une fois encore en retard, mais à cause de lui, une livraison extrêmement importante avait dû être retardée. Le conflit a été violent, Abdel refusant totalement toute marque d'autorité, essayant de hurler plus fort que son chef, prenant tout le monde à parti, inventant des excuses toutes aussi invraisemblables les unes que les autres. L'incident s'est terminé par une « punition » pour Abdel, privé de samedi pendant un mois !

Abdel est donc venu travailler le samedi, en traînant les pieds. La mesure n'était pas populaire, car elle obligeait l'un des responsables du site à venir également le samedi pour « surveiller » Abdel, selon la demande du chef d'entreprise. Le mois passa. Tout rentra dans l'ordre, Abdel semblait même avoir profité de la leçon puisqu'il venait un peu plus tôt dans la matinée...

Quelque temps plus tard débutait le Ramadan. Mansour le faisait chaque année, sans rien dire, Abdel, jamais (il avait déjà du mal à cesser de boire une journée entière, oubliait systématiquement la prière sous prétexte que ce n'était pas compatible avec les « habitudes culturelles des Français » et... avait très bon appétit). Mais cette année là, il envoya un courrier au patron pour lui préciser que Mansour, son frère aîné, et lui-même allaient se soumettre au rite du Ramadan, et qu'ils réclamaient donc de pouvoir quitter plus tôt leur lieu de travail, en échange de l'heure du déjeuner. Abdel citait même le passage du texte de loi qui faisait obligation aux entreprises françaises de tout mettre en œuvre pour permettre à leurs employés de respecter leurs croyances. Le dirigeant de l'entreprise fit quelques difficultés, puis au terme d'une discussion houleuse au cours de laquelle Abdel le traita tour à tour de raciste, d'anti-républicain, de fasciste et d'inquisiteur, accepta finalement l'arrangement.

Le mois entier du Ramadan fut un enfer pour tous. Abdel passait son temps dans la petite salle à manger à humer l'odeur de notre repas (ce qu'il ne faisait jamais d'habitude), tentant sans cesse de provoquer notre colère ou notre culpabilité. Il partait tellement tôt dans l'après-midi qu'il ne lui était que très rarement possible de terminer les paquets qu'on lui avait confiés ni surtout d'en assurer le suivi jusqu'à l'envoi : tout prenait un ou deux jours de retard. Enfin, il passait son temps à se plaindre de la faim et de la fatigue s'arrêtant en soufflant bruyamment pour se reposer toutes les cinq minutes...

A la fin du Ramadan, Abdel arriva deux jours de suite vers midi. Le patron ne lui fit pas la moindre remarque..."

Catherine Humblot[1] fait une analyse des difficultés de compréhension entre les Français et les Allemands dans l'équipe d'Arte.

"Si les Allemands arrivent aux réunions bien préparés avec un agenda précis, les Français décident d'abord, puis changent d'avis."

Elle ne manque pas d'appuyer sur les effets de ce type de décalage, indiquant les représentations stéréotypées.

"A plusieurs reprises, la remise en question d'une grille de programmes établie après des mois de discussion a rendu fous les Allemands — ils ont fini par s'y habituer. Ceux-ci soupçonnent toujours chez les Français une manœuvre ca-

1. Humblot C., "Dans les coulisses d'Arte", in *Le Monde,* 18-19 fév. 1996.

chée, tandis que les Français redoutent d'être écrasés par le rouleau compresseur germanique."

C. Humblot note une autre différence dans la prise de décision :

> "On vote peu à Strasbourg : les Allemands pratiquant le culte du consensus, on prend le temps qu'il faut pour y parvenir, des mois si nécessaire ! Découverte surprenante pour les Français qui voient beaucoup de temps perdu dans cette lourdeur démocratique — les Allemands se félicitant des conflits potentiels évités."

Dans cette situation particulière de coopération franco-allemande, on peut aisément comprendre que derrière les questions de langue et d'habitudes culturelles se jouent d'autres enjeux et que la question essentielle est donc de les déceler tout en évitant l'artefact, c'est-à-dire de postuler l'existence d'enjeux artificiels. Le langage ne se situe pas toujours au second, voire au troisième degré. Le seul niveau sémantique ne peut être porteur du sens dans son intégralité.

Parfois, ce n'est pas seulement un trait culturel qui sert de paravent à l'expression d'une volonté, d'un souhait, d'un dire au delà des mots, mais l'identité elle-même.

> "Ma copine, étudiante colombienne rencontre une compatriote dans le métro, elles engagent la conversation. Par l'accent, mon amie devine l'origine de son interlocutrice et lui demande malgré tout son origine mais, contrairement à ce qu'elle pensait, l'autre dit venir d'une autre région (celle, justement de ma copine). Je trouve cela étonnant mais ma copine m'explique que les habitants de cette région ont une « mauvaise réputation » dans la communauté colombienne à Paris et que ses habitants cherchent donc à dissimuler leur origine. Cela me fait penser à ma propre situation ; moi-même je viens d'une région en Islande où les habitants sont considérés comme un peu « paysans » à un tel point que parfois je me trouve en face d'Islandais qui trouvent étonnant que quelqu'un comme moi soit en mesure de faire des études universitaires. Pour éviter des commentaires de cette sorte, je me surprends souvent à répondre que j'habite à Reykjavik."

Il est clair que la culture fait, comme les mots, l'objet de manipulations, de bricolages en liaison avec une intention, un vouloir-dire et que l'interprétation est toujours ouverte, que le sens n'est donc jamais épuisé. Les marqueurs, les traits culturels sont par nature, polysémiques et peuvent donner lieu à des interprétations divergentes. C'est ainsi par exemple, que des chercheurs, Elihu Katz et Tamar Liebes[1] ont analysé les réactions et interprétations des israéliens de différentes communautés ethniques (arabes, immigrants venus de l'ex-URSS, juifs marocains, membres de kibboutz) à la réception de la série américaine *Dallas*. Ils mettent en valeur le fait que chaque groupe a sa propre interprétation.

> "Les groupes traditionalistes — Arabes et Marocains — voient à l'œuvre des problèmes primordiaux, tels que la rivalité entre les rejetons, le droit d'aînesse et d'autres lois régissant l'héritage, et la stérilité comme signe d'humiliation. Ils ont aussi une conscience aiguë de la sanction que mérite le manquement à la tradition et l'anomie qui en résulte."

Les Russes mettent en cause "le capitalisme implacable, dans le monde où l'argent détermine les relations humaines" ; les kibboutzniks se préoccupent plus des conflits psychiques personnels, "les problèmes de Pam sont expliqués par le fait qu'elle a perdu sa mère à la naissance".

La plurivocité des messages, autant sur le plan linguistique que culturel, invite d'une part à créer des effets de sens, d'autre part à s'engager dans une herméneutique, dans une interprétation. L'usage de la culture dans la communication n'est donc pas nécessairement de faire connaître une réalité culturelle, ni d'atteindre une quelconque vérité dans le domaine mais d'obtenir soit l'adhésion d'autrui aux propos tenus, soit un avantage. De même que le choix d'une forme linguistique n'est pas arbitraire, les incursions culturelles ne sont pas liées au simple hasard et ne sont pas obligatoirement conformes à la réalité culturelle. Ce qui importe pour la compréhension c'est moins la connaissance des cultures que les usages sociaux et communicationnels de celles-ci. Les énoncés culturels sont des énoncés polysémiques et instables qui varient en

1. Katz E., Liebes T., "L'exportation du sens : lectures transculturelles de la télévision américaine", in *Etudes et documents d'information*, Paris, UNESCO, n° 104, 1992.

fonction du contexte, des relations entre les interlocuteurs, des intentions, des attendus.

Cependant, la difficulté par rapport à l'interprétation c'est que l'interlocuteur ne possède pas beaucoup, voire pas du tout, d'éléments pour traiter l'information. Si on ajoute à cela, la possibilité pour un locuteur de ne pas donner à son interlocuteur les moyens de résoudre l'enjeu, on s'aperçoit que la question centrale n'est pas celle des rapports entre connaissance et représentation mais celle de la communication c'est-à-dire d'échanges de bruits, de mots, de gestes, de silences, d'implicites... de signes partagés en fonction d'objectifs spécifiques et dont il s'agit d'élucider la signification.

PARLER, CE N'EST PAS NÉCESSAIREMENT COMMUNIQUER

La maîtrise du code linguistique et du code culturel ne garantit pas une bonne communication. Il faut aussi prendre en compte la relation entretenue entre les interlocuteurs. Communiquer, c'est échanger des informations en s'appuyant sur des codes, mais c'est aussi entretenir une relation, située elle-même dans un contexte, dans un temps et dans un lieu.

Or, c'est sans doute au niveau de l'interlocution elle-même que l'influence culturelle est sans doute la plus forte ou tout du moins la plus sensible. Les variations entre les individus et les groupes sur la manière de prendre en compte l'autre dans la communication est encore peu prise en considération. La focalisation sur le contenu du message, sur la transmission de l'information au sein de la communication a quelque peu occulté les modalités relationnelles. Il ne s'agit plus d'élaborer ou de connaître des grammaires culturelles établies à partir de nomenclatures mais de percevoir les différentes figures de l'altérité au sein même de la communication.

Un écrivain japonais Ota H.[1] explique les différences dans la manière de communiquer entre les Français et les Japonais. Il regroupe d'ailleurs les langues européennes et occidentales qui selon lui, font partie d'une même famille. Il suggère de parler davantage

1. Ota H., *Le syndrome de Paris,* Paris, Ed. Trajal Books, 1992, ouvrage en langue japonaise résumé et traduit par D. Klingler (étudiante DEA, Paris III).

de groupes de communication et moins de groupes linguistiques car il considère qu'il existe des formes de discussion et de persuasion différentes selon les pays. Les systèmes de communication sont très différents.

Au Japon, selon l'auteur, la communication c'est "*ishin denshin*"[1], ce qui revient à dire "*compréhension tacite*", compréhension par sympathie, par empathie. En France, par contre, communiquer, c'est discuter, c'est persuader. Dans le cas de la communication à la japonaise, on porte son attention sur l'interlocuteur en étant conciliant et bienveillant. Dans l'autre cas, on concentre toute son attention sur l'argumentation, sur la discussion dans son aspect théorique. On est conditionné par le besoin de satisfaire à la logique au lieu de se préoccuper des sentiments de l'interlocuteur. Selon Ota, cette particularité "discuter, persuader" n'est pas concentrée sur la logique seule. La technique de la rhétorique et du débat, est selon l'auteur, le reflet d'un "excès de conscience de soi" au point que l'on persiste à "s'exprimer soi-même et à s'affirmer" au détriment de l'interlocuteur. Au Japon, lors d'une entrevue, surtout si c'est la première, dans le cadre d'une négociation délicate, lorsqu'il faut se prononcer pour ou contre quelque chose (par oui ou par non), on évite d'affirmer sa position ou de nier celle de son interlocuteur. Le locuteur japonais emploie alors volontiers des périphrases qui lui permettent de ne pas exprimer son avis et de ne pas donner clairement ni son approbation, ni le contraire. Par ailleurs, il faut ajouter que le sujet, au sens linguistique, n'est pas exprimé (pas de "je, mais plutôt "on" — pour la traduction —). Les Japonais utilisent beaucoup les formes passives où l'agent n'est pas exprimé bien que la forme active existe aussi mais ils s'expriment davantage au passif, de même qu'ils n'utilisent pas de pronoms alors que la langue en possède toute une série[2]. Ota précise qu'au Japon, on évite de blesser la sensibilité de l'interlocuteur, on évite donc de trancher. C'est pourquoi, on emploie des formes détournées. Mais ne pas pouvoir parler sans détours, ne pas pouvoir déclarer tout net, c'est aussi une façon de ne pas être adulte. En japonais, dans pratiquement tous les cas, parce que c'est aussi une contrainte syntaxique, l'assertion et la marque du

1. Expression qui en japonais s'écrit avec 4 caractères signifiant successivement *avec, le cœur, transmettre, le cœur*.

2. Un Francais qui parle japonais aura tendance à utiliser les pronoms personnels, à parler à l'actif.

sujet ne figurent pas en tête de la production du locuteur. Viennent en premier les circonstances, les causes et les prétextes. Il faut attendre et écouter attentivement jusqu'à la fin pour comprendre l'agencement de l'approbation ou de la réfutation. C'est pourquoi, les Japonais ont tendance à éviter le débat, n'abordant que des sujets d'une grande banalité et se bornant à maintenir son temps de parole, sans s'investir dans une position ou entrer dans un propos de peur de froisser l'interlocuteur.

F. Jullien aboutit à des réflexions complémentaires dans ses analyses sur les stratégies du sens en Chine et en Grèce[1]. L'auteur met l'accent sur le fait que l'expression indirecte et allusive est privilégiée en Chine aussi bien dans le discours poétique que politique. Cette culture de l'indirect et du détour (du très certainement à la censure) s'explique aussi par le fait que "la Chine, à la différence de la Grèce, n'a pas conçu le monde comme un objet de représentation[2]" et, par voie de conséquence, c'est la subtilité du discours qui est louée. Les rapports entre les gens, les nuances introduites dans la perception réciproque des interlocuteurs importent davantage ou presque que le contenu même du message. L'important est donc de comprendre ce qui est exprimé au delà des mots. La recherche du sens s'effectue donc aussi à partir d'une analyse des positions de l'interlocuteur. La vérité, la véracité des propos importe moins que ce qui est laissé entendre.

Selon F. Jullien, "le détour ne viserait pas tant à laisser entendre autre chose (qu'on n'ose ou ne veut pas dire) qu'à maintenir l'autre dans l'inconfort d'un "suspens" et s'arroger ainsi l'initiative de la manœuvre. Ce détour sert moins à nous informer différemment qu'à nous laisser désemparés[3]." Une illustration magistrale de cette tradition discursive nous est donnée par l'actualité récente, lors de la visite du président chinois aux Etats-Unis (fin octobre 1997). Le journal *Le Monde*[4] titre ainsi un article : "La phrase du président chinois sur les « erreurs » du parti suscite de multiples interrogations". Suit une longue analyse sur les différentes significations possibles de l'introduction du mot "erreurs" dans la phrase prononcée par Le président Jiang Zemin : "Il va s'en dire que nous

1. Jullien F., *Le détour et l'accès. Stratégies du sens en Chine, en Grèce,* Paris, Grasset, 1995.
2. *Ibid.*, p. 12.
3. *Ibid.*, p. 19.
4. *Le Monde,* 5 novembre 1997.

pouvons avoir nos défauts et même faire des erreurs." Cette sinuosité introduite dans le propos sous-tend incontestablement une signification propre qu'il faut déchiffrer et qui en tout état de cause laisse l'interlocuteur dubitatif. L'insinuation est sur le plan des enjeux symboliques plus forte que le propos direct et sans détour qui dit et ne joue pas sur le suspens. L'opacité est le privilège du dominant et l'obligation de transparence, la marque du dominé.

De même, un autre auteur, Pham Thi Bac, précise que "si le « je » français est un critère stable autour duquel s'articule le discours, le « je » vietnamien n'existe pas hors du monde, d'une relation hiérarchisée. L'affirmation de soi n'est pas l'enjeu du discours car avant de parler à qui que ce soit, on doit penser : « Qui est celui à qui je parle ? », « Qui suis-je moi qui parle ? » et choisir les modes appropriés[1]."

Il est évident qu'il ne s'agit pas d'opposer, encore moins de stigmatiser des modalités de discours mais de comprendre que des variations culturelles, individuelles ou groupales, peuvent s'introduire dans la communication proprement dite en dehors du seul message (linguistique et culturel) et des seules informations. Il ne s'agit pas d'opposer un système de communication à un autre, mais de comprendre à travers quelques habitudes et traditions, des divergences possibles.

LA CULTURE, ENTRE PRAGMATIQUE ET RHÉTORIQUE

Le retour de la rhétorique, non pas seulement à travers les figures de style, mais surtout dans sa dimension argumentative est une autre manière de consacrer le retour de l'acteur, le retour des sujets-interlocuteurs dans la communication. En effet, si on élargit la rhétorique à la recherche des effets de sens, on dépasse le cadre formel dans lequel la rhétorique a été limitée pour s'attarder au lien entre l'énoncé et l'énonciateur, entre l'énoncé et le récepteur. En déplaçant le centre d'intérêt de l'argument à l'Autre, on privilégie les interactions, le relationnel et donc la pragmatique. Rhétorique et pragmatique correspondent, en quelque sorte, aux modalités discursives observées en Asie à partir du Japon, de la Chine et

1. Pham Thi Bac, *Situation de la personne au Viêt-nam,* Paris, Editions du CNRS, 1966, p. 123.

du Viêt-nam qui centrent l'intérêt sur les relations stratégiques entre les interlocuteurs plutôt que sur la validité d'un propos.

Si pour la pragmatique, tout est relationnel, pour la rhétorique tout est "négociation de la distance entre des sujets à propos d'une question[1]", tout est volonté de dire, de persuader, de convaincre. Dés lors, les allusions culturelles, les appels à la culture dans la communication sont à comprendre non pas comme des représentations mentales du monde culturel d'appartenance ou de référence, mais comme des éléments de rhétorique et de pragmatique, c'est-à-dire comme des modalités discursives destinées à emporter l'adhésion, gagner un rapport de force symbolique. La logique qui préexiste à cet usage de la culture n'est pas de l'ordre de la représentation mais de la cause. Je parle, j'évoque tel ou tel trait culturel, non pas pour le décrire ou pour le seul plaisir d'en parler, mais pour justifier, obtenir, faire.

L'exemple emblématique est celui du port, dans les écoles publiques, du "foulard islamique" en France dans les années quatre-vingt dix. Fustigé par les uns, accepté par les autres, revendiqué comme signe d'appartenance religieuse, le foulard est en réalité à comprendre, non pas comme la représentation d'une réalité (l'appartenance à une religion) mais comme dans sa valeur rhétorique à savoir dire, au-delà des mots, sa colère, sa différence, son rejet, son exaspération...

Pris au premier degré, comme seul signe d'une appartenance, le foulard est univoque, ne prête pas à d'autres interprétations, alors que l'objectif est justement d'utiliser sa valeur plurielle (signe religieux pour les uns, signe de domination de la femme, pour les autres) pour induire autre chose.

Si la culture est communication, pour reprendre des propos d'E.T. Hall, elle a surtout une valeur rhétorique et pragmatique. Dans cette perspective, on peut légitimement considérer que les préjugés, les catégorisations et les stéréotypes ne sont en réalité que des synecdoques. En prenant la partie pour le tout ils ont essentiellement une valeur argumentative. De la même manière, les caractéristiques attribuées ou auto-attribuées à *X* ne correspondent pas à des qualités intrinsèques de *X* mais ne sont que des

1. Meyer M., "Problématologie et argumentation", in Revue *Hermès*, n° 15, p. 150.

marqueurs du type de relations entretenues entre les *X* et un autre groupe ou individu[1]. Tout propos est virtuellement complexe et plurivoque, et cette ambiguïté permet de véhiculer des assertions différentes. Cette situation est encore plus forte dans des contextes marqués par des cultures différentes car les interlocuteurs ne bénéficient pas ou peu de prémisses communes, ce qui rend l'interprétation encore plus difficile et hasardeuse. Et c'est justement ce niveau qui peut être exploité dans des communications porteuses d'enjeux conflictuels. On va utiliser l'ignorance, le préjugé de l'interlocuteur contre lui.

En conclusion, on peut considérer que nous ne savons pas dans quelles mesures la culture affecte les rapports sociaux, dans quelles mesures elle crée des liens ou au contraire accentue les différences. Que l'on parle d'enjeu symbolique (Bourdieu) ou de problématologie (Meyer), on ne peut se contenter des seules compréhensions linguistique, et sémantique. Le langage n'est pas ni une simple représentation mentale, encore moins un miroir de la culture, il renvoie à des pratiques sociales et c'est à ce niveau que l'on retrouve les exigences de l'analyse, de l'interrogation, de l'énigme. De la communication-code, on passe à la communication-enjeu dont les mots et les signes culturels ne sont que des éléments porteurs de ces questions, de ces enjeux. Communiquer revient à donner, ou non, à l'interlocuteur les moyens de comprendre. Le détour par la culture, ou par des éléments culturels compliquent d'autant les échanges car il permet de postuler d'emblée un écart voire un désaccord ; écart ou désaccord qui permettront de justifier l'impossibilité de toute discussion, de toute relation faute de partage de prémisses identiques.

Le fait de relier, dans la communication, l'appel à la culture, non pas à une quelconque valeur de représentation mais au contraire à une intention argumentative accentue l'ambiguïté du message et implique nécessairement une distinction entre ce qui est dit, induit, suggéré et indiqué. Culture et communication entretiennent des relations complexes qui ne se suffisent pas d'une analyse par simple codage-décodage sémiotique.

---

1. Cf. M. Abdallah-Pretceille, *Vers une pédagogie interculturelle,* Paris, Anthropos, 3e éd., 1996 : M. Abdallah-Pretceille, L. Porcher, *Education et communication interculturelle,* Paris, PUF, 1996.

Chapitre II

UNE CONTRIBUTION À L'ETHNOGRAPHIE DE LA COMMUNICATION DE TYPE INTERCULTUREL : *Relations entre des Français et des Américains à Paris*

Geneviève-Dominique de Salins
Maître de conférences, Université de Paris III

"Ce n'est pas sur la nature des choses, des hommes ou des faits qu'il faut porter le regard, mais sur la manière dont ils se donnent à voir, sur leurs représentations, sur leurs présentations", écrivent les auteurs de *Éducation et communication interculturelle*[1]. C'est aussi cette orientation que privilégie l'ethnographe des communications quand, en observateur participant, il cherche à :

1) décrire des conduites et des comportements en contexte ;
2) analyser l'ordonnancement des actions pratiques ou le programme culturel des actions conjointes ;

---

1. M. Abdallah-Pretceille et L. Porcher, *Éducation et communication interculturelle,* Paris, PUF, p. 95.

3) interpréter les significations qui émergent des formes sociales situées.

Cependant, l'étude qui suit prend pour point de départ une démarche plutôt psychosociologique, puisqu'elle se fonde non pas sur des observations directes, mais sur un corpus de données obtenues auprès d'un groupe d'étudiants américains résidant à Paris pendant un semestre universitaire. Ces jeunes gens constituent un public relativement homogène : même groupe d'âge, même expérience universitaire aux USA, même date d'arrivée à Paris, même période passée à apprendre le français dans le cadre d'une institution privée américaine localisée dans le XVIe arrondissement.

Toutefois, ce sera bien la méthodologie ethnographique de la communication qui me permettra d'analyser ces données de façon à aboutir à une perception (certes restreinte, mais d'autant plus affinée) de l'interactionnisme symbolique en action.

Fondamentalement, il s'agit d'analyser des représentations : celles qu'apportent dans leurs bagages ou que se créent sur le terrain des étudiants étrangers nouvellement arrivés dans le cadre socio-culturel parisien.

De toute évidence, ces "représentations de l'étranger", donc de l'Autre, sont signifiantes au niveau de leurs énonciateurs.

Il faut maintenant qu'elles prennent une signification du côté du récepteur-observateur.

Cet enjeu, qu'est l'interprétation des significations, s'inscrit objectivement dans le cadre de l'interactionnisme symbolique, tel qu'il a été défini par George-Herbert Mead[1] (1934) et surtout par son disciple Herbert Blumer[2] (1969).

Peut-on se faire une idée objective des "représentations de l'Autre" à partir de quelques réponses recueillies sur le terrain ? Cela est loin d'être évident.

Cependant, il est possible de s'interroger, le plus objectivement possible, sur la formulation des réponses et sur ce qu'elles révèlent, "en abîme", du système de conduites préférentielles du groupe étudié.

---

1. G. H. Mead, *L'Esprit, le self et la société,* (trad.), Paris, PUF, 1963.
2. H. Blumer, *Symbolic Interactionism, Perspective and Method,* Berkeley, University of California Press, 1969.

En interrogeant ces jeunes Américains, je peux privilégier, dans l'analyse de leurs réponses, ce qu'ils me disent de leurs manières d'être, de penser, de sentir et d'agir.

L'aspect interculturel de cette recherche se fera donc à rebours : par leur découverte de la culture parisienne, ces jeunes Américains se définissent eux-mêmes dans leurs habitudes comportementales de groupe et dans leurs pratiques des modèles socio-culturels privilégiés, dans leur culture.

Si je dois me méfier des contenus stéréotypés qui circulent nécessairement dans les discours sur les "représentations de l'Autre", je peux, en revanche, faire confiance aux "habitus" et à la "compétence culturelle" qui animent l'énonciation de ces discours.

Les "habitus" ou "système de disposition durable et transposable" concernent "la façon dont les structures sociales s'impriment dans nos têtes et dans nos corps par intériorisation de l'extériorité[1]". C'est cette "paire de lunettes culturelles" qui impose, le plus souvent subconsciemment, l'acceptabilité ou l'inacceptabilité de tel ou tel comportement observé.

La "compétence culturelle", c'est mon habileté (comportant mes savoirs, mes savoir-faire et mes savoir-être) à me comporter et à agir en fonction de mon appartenance à un groupe social déterminé. "Habitus" et "compétence culturelle" sont toujours lisibles, décodables et interprétables par autrui dans mes discours comme dans mes actions, comportements et attitudes en société.

Ainsi, dans le cadre parisien de leur séjour académique en France, les 75 jeunes Américains, que j'ai interrogés entre juillet 1996 et mars 1997, constituent-ils, par leurs réponses, un ensemble représentatif *d'Ego* livré aux aléas des relations interculturelles avec des *Alter*.

Pourtant, ce n'est pas tant le "moi" que le "soi" qui émerge dans les discours des jeunes Américains. Selon la terminologie meadienne, reprise par Blumer, le "soi" (*self*) est la structure culturelle et sociale qui se construit dans et par l'interaction entre acteurs sociaux. Le "soi" meadien est un concept évolutif et dynamique qui participe activement à la formation de l'identité culturelle et sociale. "Dans les processus d'interaction, écrit Edmond Marc

1. P. Bourdieu, *Le sens pratique*, Paris, Minuit, 1980, p. 88.

Lipiansky, la séparation entre le même et l'autre, « eux » et « nous », le familier et l'étranger, joue un rôle fondamental et détermine durablement la structuration des rapports entre identité et altérité[1]."

Ainsi verrons-nous que ces jeunes gens exposent dans cette bipolarité leur "identité culturelle" plus que leur "connaissance de l'Autre".

En même temps, leur représentation ou vision de l'"Autre" (ici, l'"Autre" figurant celui qui n'est pas américain mais qui est toujours immédiat et nécessairement omniprésent dans ce milieu parisien), nous apprend combien n'est pas simple la relation interculturelle ordinaire, en dépit d'une bonne compétence en langue...

En effet, E.M. Lipiansky note l'attitude ambivalente des jeunes de nos sociétés contemporaines entre l'ouverture et l'enfermement vis-à-vis des contacts interculturels :

> "Les jeunes manifestent souvent à l'égard des contacts interculturels une ouverture réelle, une grande curiosité, un désir de dépaysement et de découverte ; en même temps, ils peuvent être déroutés par les différences culturelles, avoir de la peine à se décentrer de leur propre univers et à comprendre des systèmes de valeurs et d'attitudes autres[2]."

Le cadre de ce travail fait intervenir trois niveaux d'analyse : une analyse culturelle, une analyse communicationnelle et une analyse des discours. Chacun de ces niveaux étant par essence en étroite symbiose, ils se feront nécessairement écho ou se refléteront par jeu de miroir. En effet, des membres d'une *culture* s'expriment et *communiquent* leur sentiment à propos de gens rencontrés dans une culture autre. Ce faisant, ils utilisent leurs *moyens langagiers*. Leurs discours peuvent donc révéler, dans une perspective ethnographique de la communication, des zones essentielles où se lovent les incompréhensions et les malentendus interculturels induits de la différence entre nos cultures. Toutefois, l'ethnographie ne recherche pas la différence pour la différence. Son objectif consiste à analyser, entre des cultures, les signes diacritiques, pour en saisir les significations et si possible les comprendre dans leur portée communicative. L'ethnographie, comme

1. E.M. Lipiansky, *La communication interculturelle*, Paris, Armand Colin, p. 128.
2. *Idem*, p. 128.

le précise Clifford Geertz, est "un effort, non pour exalter la diversité, mais pour la prendre sérieusement comme étant elle-même objet de description analytique, de réflexion et d'interprétation[1]". Les questions auxquelles ont répondu ces 75 étudiants américains étaient formulées de la façon suivante :

1. *Personnellement, qu'est-ce que vous appréciez chez les Français que vous connaissez ? (dans leur attitude ou leurs comportements)*

   a) .... *b)* .... *c)* ....

2. *Personnellement, qu'est-ce que vous n'aimez pas du tout chez ces mêmes Français ? (dans leur attitude ou leurs comportements)*

   a) .... *b)* .... *c)* ....

Les questions sont banales, mais n'appellent pas la généralisation, dans la mesure où il est expressément demandé de se référer dans les réponses à son vécu auprès de Français effectivement rencontrés.

1. "CE QUE CES JEUNES ÉTRANGERS N'APPRÉCIENT PAS CHEZ LES FRANÇAIS RENCONTRÉS"

Pourquoi choisir d'analyser en premier lieu les réponses à la seconde question ?

Si je désire connaître les "habitus" des apprenants, ces habitus se manifesteront plus spontanément dans le regard "négatif" que l'étranger, en tant que participant à notre vie quotidienne, pose sur les attitudes et manières de faire qu'il est amené à observer autour de lui. Ce qu'il notera en premier, ce sont les éléments qui lui semblent différents, bizarres et même contradictoires avec ses propres "habitus" culturels, comme l'a déjà démontré R. Carroll dans son ouvrage *Evidences invisibles*[2].

Le fait que les réponses émanent d'un groupe culturellement homogène permet de formuler plus aisément quelques hypothèses.

Par exemple, on peut postuler :

1. C. Geertz, *Savoir local, savoir global*, Paris, PUF, 1986, p. 192.
2. R. Carroll, *Evidences invisibles*, Paris, Seuil, 1987.

1) qu'il y aura des commentaires communs au groupe ;
2) que leurs commentaires proviendront d'expériences interculturelles liées à la vie de famille (ces jeunes gens habitent, pour la plupart, chez des Français) et aux interactions sociales habituelles dans une grande ville (transports, commerces, administrations) ;
3) que dans leurs réponses apparaîtront, en filigrane, des attitudes et des comportements auxquels ils n'ont pas été habitués dans leur culture ;
4) que ces attitudes et ces comportements provoquent chez les informants un *"choc culturel"* plus ou moins déstabilisant pour leur identité sociale.
5) que cette déstabilisation peut influer sur leurs apprentissages de la communication en français et sur leur adaptation à la culture nouvelle.

Ces éléments d'hypothèse situent bien la recherche dans le cadre d'une ethnographie de la communication où les objets d'étude sont les "actions pratiques", les "actions conjointes" ou les "formes sociales" de l'interaction ordinaire ou quotidienne dans une communauté donnée.

Les fondements théoriques qui animent cette recherche relèvent essentiellement de l'interactionnisme symbolique dont les prémisses sont les suivantes :

1) Les êtres humains agissent envers les "choses" en fonction des significations que ces "choses" ont pour eux.
2) La signification des "choses" naît de l'interaction sociale que l'on a avec ses partenaires.
3) Ces significations sont traitées et modifiées par un processus interprétatif utilisé par la personne lorsqu'elle est confrontée aux "choses" qu'elle rencontre (H. Blumer, 1969).

Le terme "choses" représente globalement tout ce qui peut se produire dans l'interaction ou être produit par la communauté humaine envisagée.

L'essentiel dans cette approche du sens, c'est que :

1) la signification émerge du processus interactionnel. La signification est un produit social, un "construit interactionnel" ;

2) l'utilisation de la signification dans l'action exige un processus d'interprétation.

Quand les "choses" ont la même signification pour tous, les acteurs sociaux se comprennent entre eux.

S'il y a confusion ou incompréhension, la communication est inefficace, l'interaction est empêchée, la formation de l'action conjointe bloquée ou plutôt transformée en une forme sociale autre, comme je l'explique dans *Une approche ethnographique de la communication, rencontres en milieu parisien*[1].

À partir de ce point de vue théorique, il est clair que les jeunes Américains dont on va maintenant analyser les réponses, ont en commun un même monde d'objets et partagent les mêmes significations.

Déplacés dans un monde nouveau, leurs processus de définitions des "choses" et d'interprétation des significations risquent d'être mis à rude épreuve dans les interactions sociales avec les membres de la nouvelle communauté.

Jusqu'à ce qu'ils aient incorporé nos propres processus culturels de définition et d'interprétation des "choses" et jusqu'à ce qu'ils les aient ajustés aux leurs, leurs repères culturels de signification et d'interprétation seront, pour un temps, fortement bousculés.

1.1. Analyse de ce type de discours

À la lecture du corpus, on note immédiatement certaines caractéristiques de nature discursive :

1. Les réponses sont, pour la plupart, des énoncés "actualisés" — ce qui indique une "réalisation effective" : les répondants ont bien été témoins de ce qu'ils assertent :

> "Quand on donne une bise, on ne touche pas vraiment l'autre : c'est faux !"

1. G.D. de Salins, *Une ethnographie de la communication. Rencontres en milieu parisien,* Paris, Hatier, col. LAL, 1988, p. 91-95.

"Tout le monde est pressé, dans la rue, au magasin." "Ils ne disent pas « pardon » dans la rue." "Ils ne sourient pas dans la rue."

2. Les énoncés sont parfois modalisés, soit pour atténuer, minimiser la critique, soit au contraire pour la renforcer :

"Ils me touchent *un peu trop*." "Ils n'essayent *même pas* de me parler en français." "Ils ne savent pas former une *vraie* queue."

Mais bien des réponses ne comportent aucune modalisation :

"Ils sont impolis." "Ils sont fermés." "Ils sont snobs." "Ils sont fiers."

3. Les énoncés sont sémantiquement ou syntaxiquement négatifs, mais cela est attendu par la forme de la question : "Qu'est-ce que vous n'aimez pas du tout... ?"

4. La référence à la "personne" est particulièrement fréquente.

Un grand nombre d'énoncés mentionnent une forme de pronom personnel sujet ou complément se référant directement à l'énonciateur (moi, je, me) ou l'englobant (on, nous) : "Dans le métro, les gens *me* poussent souvent, sans s'excuser, et ça c'est très différent à New York." "Ils *me* parlent anglais quand j'essaye de parler français." "Ils pensent qu'ils savent tout et voudraient qu'*on* sache tout." "Ils *nous* parlent anglais : insultant !"

5. Les Français rencontrés sont généralement identifiés par "ils", "les gens", sans recherche de catégorisation ou de sélection du type "certains", "les uns", "d'autres", "quelques uns", "les jeunes", "les vieux", etc.

Cependant l'analyste constate une tentative de sélection dans : "*Beaucoup d'entre eux* sont toujours pressés." "*Beaucoup de gens* que je rencontre sont assez froids."

Une étudiante précise : "*Quelques* personnes m'ont poussée quand ils se promenaient et sans dire « excusez-moi »."

Une autre ajoute : "Chaque fois que j'ai demandé des directions, *chaque personne* m'a donné des indications différentes. Est-ce que *quelqu'un* connaît Paris, ici ?"

Enfin, un cas précis et particulier est noté : "*Un* homme m'a tamponnée dans la rue et il ne s'est pas dérangé pour me dire « pardon ». C'était comme si je n 'existais pas pour lui."

Une personne utilise une forme "partitive" pour limiter son jugement : "*Des* hommes ennuient les Américaines."

Évidemment, on peut penser que la répondante ne maîtrise pas encore le jeu des indéfinis/définis, mais elle choisit "hommes", plutôt que "Français", tandis qu'elle opte pour "Américaines", et non pour "femmes".

Une autre informante emploie : "des jeunes" : "C'est vraiment difficile de rencontrer *des* jeunes ici."

6. Cependant, l'ensemble des énoncés prend un ton à valeur généralisante par la fréquence de la syntaxe :

— *ils sont + "qualificatif" — ou — ils ne sont pas + "qualificatif "* —

Donc, malgré la précision donnée dans la question, limitant les réponses aux "Français rencontrés", ces derniers sont le plus souvent qualifiés, caractérisés et catégorisés en tant que "groupe homogène".

Il faudrait par conséquent prévoir un autre type de questionnaire pour éviter ces réponses généralisantes, mais il est tout de même possible d'analyser toutes ces "généralisations" comme ayant eu un certain impact interculturel sur leurs énonciateurs.

D'un point de vue sémantique, il ressort que ces réponses touchent des attitudes et des comportements précis de la vie intersubjective : les contacts de personne à personne. Les rencontres en milieu parisien.

7. Plusieurs circonstants spatiaux situent les lieux de rencontre : "dans les magasins", "dans la famille", "à la SNCF", "dans le train", "dans le métro", "dans la rue", "sur les trottoirs", "en public" et "ici". Il y a aussi, parfois, un circonstant interactionnel : "dans la conversation".

Pour le reste, la situation spatio-temporelle est pour ainsi dire absente et pourrait être interprétée comme un "ici " par rapport à un "ailleurs" d'où viennent les étudiants, ce qui agit sur l'effet "généralisant" des commentaires.

Cependant, on peut se douter que les contacts avec des Français ont eu lieu "dans la ville" et, parfois, certaines critiques laissent supposer qu'il y a référence implicite à la famille ou aux magasins, à la vie dans la rue ou dans les transports en commun, quoique ces indications locatives ne soient pas toujours explicitées :

"Ils passent le temps à parler ensemble en prenant le *café*." "Personne ne sourit, *ici*." "Les *parents* sont toujours fâchés contre leurs enfants." "Les conversations sont longues *au dîner* et *au déjeuner*." "Je n 'aime pas quand ils interrompent ma parole et ça c'est souvent."

Globalement, et d'un point de vue sémantique, dans ce corpus, les "personnes" et les "lieux" dont il est question sont très peu caractérisés. Le contexte semble généralisé, comme si tous les Parisiens agissaient de façon uniforme, en tous lieux.

Il ressort du corpus que les 75 étudiants américains ont cependant réagi à la question posée de façon très directe et spontanée. Un seul informant a signalé qu'il ne pouvait pas répondre parce qu'il n'avait pas passé assez de temps dans ce pays. Tous les autres ont répondu immédiatement et en quelques minutes. Cette spontanéité doit être prise en compte comme un "cri du cœur"- — une vision au premier degré des différences entre les cultures. Cette vision, toute subjective qu'elle soit, n'en vaut pas moins une analyse.

1.2. Les composantes situationnelles de la communication

Qu'est-ce que ces jeunes Américains n'apprécient pas chez nous ? Qu'est-ce qui les choque, les dérange, les met mal à l'aise ? Qu'est-ce qui les a frappés dans leurs premiers contacts et pourquoi cela les a-t-il "interpellés" ?

Nous essaierons de répondre à ces questions, en fonction de notions ethnographiques. C'est-à-dire que nous chercherons à cerner quelles sont les principales composantes de la communication.

D'abord, quand ils répondent au questionnaire, les jeunes Américains sont en contexte situationnel "américain" : leur école américaine privée, à Paris.

Leur destinataire peut être interprété comme un membre de leur communauté : parent, ami, professeur (certaines réponses sont en anglais).

L'objet de leur critique (les Français qu'ils ont rencontrés) est donc généralisé en fonction de ce destinataire qui ne connaît pas nécessairement la culture française.

Leurs intentions de scripteur se justifient très certainement en fonction d'un système de références qu'ils ont en commun avec le destinataire supposé.

Le but recherché est peut-être très complexe : amuser, étonner, choquer, se plaindre, se faire consoler, se poser en victime. Ce but n'est d'ailleurs peut-être pas totalement conscient. Mais ce que l'on peut affirmer, c'est que les réponses sont très certainement faites en fonction d'un ensemble de références que des Américains, eux, comprendraient.

Il s'agit d'un arrière-plan de normes américaines à partir desquelles ces étudiants font des assertions sur une culture étrangère.

Bien évidemment, leurs normes ne sont pas nos normes et *vice versa*. C'est ainsi que l'analyste peut constater que :

1. nous n'avons pas le même usage de l'"ordre", de la "sélection" et de l'"harmonie" dans les comportements urbains :

    "Ils ne savent pas former une *vraie* queue." "Ils trouvent ça *normal* de pousser brusquement les autres dans la rue ou *encore pire* dans la file d 'autobus." "Je n 'aime pas leurs *manières trop brusques*." "Dans le métro, les gens me poussent souvent, sans s 'excuser, et ça c'est *très différent* à New York."

2. nous n'avons pas les mêmes "rituels" dans les interactions :

    "Les repas sont toujours formels." "Trop de règles culturelles." "Je n'aime pas leur formalité avec moi, dans la famille." "On dirait qu'ils ont une règle sociale pour chaque chose." "Ils ne disent pas « pardon » dans la rue." "Personne ne dit « salut » ou ne sourit aux autres." "Depuis que je suis arrivée, personne ne m'a dit comment je dois faire les choses."

3. nous n'avons pas le même langage pour ce qui est de la gestion du "temps" ou du rythme de vie :

   "Ils conduisent comme des fous." "Ils n'ont pas le temps." "Tout est fermé le dimanche et le lundi." "Ils mangent trop tard le soir." "Tout le monde est pressé dans la rue, au magasin." "Les conversations longues au dîner et au déjeuner." "Ils parlent très vite."

4. nous n'avons pas les mêmes usages quant à l'"espace" et à la "proxémie" :

   "On ne peut pas emporter son café à l'extérieur comme chez nous." "Ils me touchent un peu trop." "Ils sont un peu proches quand ils me parlent." "Les gens, dans le train, qui essaient agressivement d'obtenir une place." "Le manque d'espace personnel."

5. notre langage du "regard" diffère du leur :

   "Ils me fixent trop." "Les gens qui vous dévisagent fixement." "Les gens me regardent lourdement."

6. nous n'avons pas le même "programme interactionnel" dans nos contacts intersubjectifs. Si les "contenus" de nos interactions ne posent pas beaucoup de problème, la "relation", elle, est cruciale, tant elle diffère d'une culture à l'autre :

   "Ils ne sourient jamais en public." "En public, ils sont tristes." "Ils ne disent pas « pardon » dans la rue." "Personne ne dit « salut» ou ne sourit aux autres."

7. nous n'avons pas les mêmes "normes conversationnelles" :

   "Ils parlent beaucoup dans les conversations." "Ils n'écoutent pas ce que je dis." "Ils aiment plutôt s'écouter que d'avoir une vraie conversation." "Ils me coupent la parole dans la conversation." "Je n'aime pas quand ils interrompent ma parole et ça c'est souvent."

8. Enfin, ce qui semble le plus problématique pour ces étudiants américains relève :

   – soit des "relations catégorielles" (sexes, âges, nationalités) :

"Des hommes ennuient les américaines." "Les étrangères sont agressées par des hommes dans le métro ou dans les rues." "Ils remarquent tout de suite que je suis américaine et me traitent différemment." "Je n'aime pas les hommes français qui dérangent les femmes : les salauds."

– soit des "relations structurelles" (rapports complémentaires ou symétriques dans les interactions sociales) :

"Dans les magasins, ils n'essaient même pas de me répondre en français." "Ils ne m'aident pas dans les magasins." "Ils se fâchent si on ne parle pas correctement le français." "Je n'aime pas quand ils me parlent anglais d'une manière condescendante." "À la SNCF, ils ont une attitude anti-commerciale." "Ils ont parfois une attitude anti-américaine qu'il jette sur moi."

– soit des " relations personnelles" :

"Ils se méfient toujours." "Ils n'ont jamais tort." "Ils sont fermés." "Ils sont impolis." "Ils sont snobs, impolis et lents." "Ils sont fiers et égoïstes."

1.3. Analyse culturelle des réponses

Dans tous ces commentaires, s'exprime l'affirmation d'une différence identitaire ("Nous, Américains, nous ne sommes pas comme ça") et se confirme l'existence de deux systèmes de valeurs dont l'incompatibilité provoque des dysfonctionnements relationnels.

La dévalorisation d'un système étranger implique, bon gré mal gré, une (re)valorisation de son groupe d'appartenance, notamment par la réaffirmation de son affiliation et de sa solidarité au système d'origine[1].

Leur cadre culturel de significations et d'interprétation se distinguant du nôtre, ces jeunes Américains se créent, à propos des Français, une représentation que l'on pourrait jugée "stéréotypée".

1. G. Zarate, *Représentation de l'étranger et didactique des langues*, Didier, col. Essais, 1993.

Cela est une constatation banale. Il s'agirait maintenant de voir comment on peut éventuellement modifier ces représentations.

D'abord, il faudrait que pour chaque énoncé "lapidaire" ou de type "généralisant", on obtienne des explications circonstanciées :

Par exemple : "Ils sont impolis". Où ? Quand ? Dans quelles circonstances ? Dans quels types d'interaction ? Dans la réalisation de quelle action conjointe ? Dans quelles actions pratiques ? Dans quelles formes sociales ?

Quelles sont les attentes/obligations de ces énonciateurs en matière de conduites sociales ? Quelle est leur "prévisibilité" dans les relations structurelles ?

Quelle est leur lecture ou leur interprétation des "feed-back" et des "signaux" d'interaction ? A quel niveau y a-t-il "impolitesse" au niveau culturel, communicationnel, contextuel, discursif ?

Quel est le langage le plus difficile à interpréter ? Le verbal ? Le non verbal ?

Enfin, il est indispensable de travailler avec ces jeunes gens sur toutes les pratiques de la vie ordinaire de notre communauté. La méconnaissance de ces pratiques aboutit à une totale dyscommunication.

Leurs connaissances linguistiques du français ne leur est que de peu d'utilité, puisqu'on a omis, au cours de leur apprentissage, de leur transmettre une connaissance de nos savoir-être et de nos savoir-faire sociaux.

Il ne s'agit pas, bien entendu, de réfuter le fait que nous soyons "impolis" dans certaines circonstances.

Il s'agit d'aider ces jeunes gens à interpréter différemment nos conduites : elles ne sont pas "impolies", elles sont différentes et ne correspondent pas exactement aux leurs.

Derrière le mot "impolis", je ne peux m'empêcher de lire : "Ils ne me traitent pas ici comme j'en ai eu l'habitude dans ma culture."

C'est-à-dire que ces jeunes gens "expatriés" souffrent soit d'un "manque de visibilité", soit d'un "excès de visibilité" dans notre société.

Le manque de visibilité s'exprime dans la plupart des commentaires relevant des relations structurelles :

"Dans les magasins, ils ne m'aident pas." "C'était comme si je n 'existais pas pour lui."

L'excès de visibilité se déclare dans leur apparente et parfois forte "américanisation". Ils aimeraient être comme tout le monde, mais tout le monde s'acharne à leur rappeler leur visible différence :

"Ils remarquent tout de suite que je suis américaine et me traitent différemment."

"Ils ne veulent pas parler français avec moi." "Dans les magasins, ils n'essaient même pas de me répondre en français." "Ils nous parlent anglais : insultant !"

À chaque instant de la vie ordinaire, ils se sentent rejetés du groupe comme "différents". C'est peut-être ce qu'ils expriment par les termes "snobs" et "impolis".

Manque ou excès de visibilité sociale sont des atteintes à la "face" de tout participant.

Alors que ces étudiants étaient habitués à être "confirmés" et "reconnus" par leur groupe, ils vivent une situation de "déni" (manque de visibilité) ou de "rejet" (excès de visibilité). Ce n'est pas tant par le "contenu" de nos interactions qu'ils sont dérangés que par l'aspect "relation" de ces mêmes interactions.

Or, comme le précise Watzlawick (1972), la relation est telle qu'elle doit être entendue comme une "métacommunication" nous indiquant comment nous serons vus et considérés au cours de l'interaction.

La lecture et l'interprétation de cette "relation" est pour l'instant négative dans les contacts de ces jeunes Américains avec la population parisienne.

Quand deux des informants américains écrivent : "C'est difficile de savoir ce qu'ils veulent : quand on devrait parler, quand on devrait sourire." "Depuis que je suis à Paris, personne ne m'a dit comment je dois faire les choses", on ne peut s'empêcher de penser que ces réponses, dans leur remarquable formulation, expriment le désarroi de celui qui, dans un jeu de société, serait en train de jouer sans qu'on lui ait jamais expliqué ou donné les règles de ce jeu.

Ces deux personnes, plutôt que de projeter spontanément leurs représentations sur une culture étrangère, disent tout simplement qu'elles ignorent les règles du jeu, c'est-à-dire les "règles constitutives" de la société dans laquelle elles se trouvent actuellement.

Comment donner une signification et surtout comment interpréter les "choses" de la culture étrangère, tant qu'on n'en possède pas les règles interactionnelles ou les "ethnométhodes" (H. Garfinkel, 1967) ?

Les ethnométhodes ou "procédures profanes", font partie de la compétence culturelle. Elles sont incorporées par socialisation précoce et elles nous instituent comme nous les instituons : mon habileté dans la performance d'une action conjointe me légitime aux yeux des autres membres du groupe.

Mon incapacité à suivre les procédures culturellement attendues dans la réalisation d'une forme sociale, me stigmatise comme "différent", "exotique", "bizarre".

Quand d'autres étudiants affirment : "Ils ne savent pas faire une *vraie* queue", "Ils ne savent pas avoir une *vraie* conversation", ils sont en train de déclarer que nos procédures profanes (ou rituelles, d'ailleurs) ne coïncident pas.

Alors que leurs propres procédures profanes les instituaient comme membres du groupe, les nôtres leur semblent biaisées, voire faussées.

Les procédures profanes de la vie quotidienne établissent une véritable opacité entre "eux" et "nous" : chacun peut vivre longtemps "encapsulé dans sa culture", à moins de ne faire l'effort de décentration nécessaire pour comprendre les significations autres des "choses".

Ainsi, l'adaptation à toute nouvelle société devient problématique, tant qu'on ne résout pas le problème de savoir "comment les autres, de l'autre côté de la mer ou au bout du couloir, organisent leur monde de significations[1]."

1. G. Geertz, *Savoir local, savoir global*, Paris, PUF, p. 189.

2. "CE QUE CES JEUNES APPRÉCIENT CHEZ LES FRANÇAIS QU'ILS ONT RENCONTRÉS"

À la lecture des réponses correspondant à la question n° 1, plusieurs champs d'intérêt se dégagent.

1. De façon majoritaire, les 75 Américains apprécient les Français qu'ils ont rencontrés pour leurs qualités dans les relations interpersonnelles et intersubjectives :

> "Ils font un effort constant pour communiquer avec moi, que ce soit en français ou en anglais."

2. Ils leur reconnaissent des qualités d'esprit et parfois même de cœur :

> "Leur respect de la philosophie." "Leur appréciation de l'art et de l'histoire." "Leur patience avec mon français."

3. Ils remarquent aussi des éléments positifs dans nos comportements ordinaires, notre qualité de vie, surtout dans la vie de famille :

> "J'aime le fait que ma famille française mange tous ensemble chaque soir." "Ils ont le meilleur pain du monde." "Les bises sont mignonnes." "J'aime la conversation à table."

2.1. Analyse de ce type de discours

Une analyse des réponses comme "discours" permet de les classer en plusieurs catégories. L'analyste peut opposer un monde de "virtualités" à un monde parfaitement "actualisé".

L'observateur distingue des "généralisations", mais aussi des "particularisations" bien circonscrites.

1. Je considère comme des appréciations '"virtuelles" ou "potentielles" les emplois de substantifs laconiques non actualisés du type :

> "Connaissances." "Humour." "Sens de l'humour." "Douceur de vivre."

Ces substantifs, pourtant flatteurs, ont un effet de sens très généralisant.

On peut se demander quel est leur rapport exact avec l'effectif ou le réel.

Il serait indispensable d'obtenir des énonciateurs des précisions contextualisantes ("Dans quelles circonstances ?", "Pourquoi dites-vous cela ?", "Pouvez-vous me donner des exemples ?")

2. On retrouve encore dans ce corpus des caractérisations du type :

"Ils sont + qualificatif"

"Ils sont polis." "Ils sont directs." "Ils sont énergétiques." "Ils sont concis, logiques."

Mais ces énoncés sont nettement moins nombreux que dans les réponses à la question n° 2 du questionnaire.

3. Ce qui frappe d'emblée, dans les réponses à la question n° 1, c'est au contraire, la fréquence des énoncés à visée particularisante :

— notamment par un emploi, à valeur spécifique et restrictive, de la conjonction temporelle "quand" :

"*Quand* on les connaît, ils sont gentils." "*Quand* ils parlent lentement ou répètent les choses." "*Quand* on est poli, les Français sont gentils et polis aussi." "Ils sont sympas *quand* on essaie de parler la langue française."

— c'est le même effet de condition restrictive qui est ressenti dans :

"Ils aident souvent *si* on parle français." "La politesse (ils disent toujours merci, *même s'ils* sont un peu froids)."

— la distinction entre types de comportements est bien soulignée par l'emploi du connecteur d'opposition "mais" dans :

"Très patient (ma famille) *mais* les gens dans les magasins ne le sont pas."

— il y a également "particularisation" (et donc restriction) par l'emploi de relatives déterminatives :

"La famille avec qui j'habite..." "Les jeunes que j'ai rencontrés m'accueillent tout de suite." "Presque tous les Français que j 'ai rencontrés étaient disposés à m'aider."

4. Même si les "Français rencontrés" sont souvent désignés par un "ils" a effet généralisant, on constate cependant une volonté de discrimination manifeste par des emplois comme :

> "*Ma* famille française." "Il y en a *plusieurs* qui sont vraiment chaleureux." "*La famille avec qui* j'habite." "*Mon* propriétaire est très gentil." "*Les jeunes* sont très sympathiques."

5. Enfin, l'effet de réel et d'authentique est principalement obtenu par la richesse des références directes à la "personne" qui s'exprime ("je/me/moi, ma famille, mon français").

6. Quelques modalisateurs viennent renforcer les appréciations :

> "Ils parlent *vraiment*." "Ils m'aident *beaucoup*." "*Vraiment* chaleureux." "Ils essaient de m'aider *sincèrement*."

Tous ces éléments d'ordre discursif prouvent que les jeunes Américains ont clairement répondu à cette question en fonction de leur expérience vécue au contact de Français qu'ils ont effectivement rencontrés.

Cela n'efface pas pour autant la présence d'une certaine représentation parfois généralisante sur l'esprit et la culture des Français. Représentation qui leur vient peut-être plus de leur univers de croyances (américain) que d'une expérience véritablement vécue :

> "Intelligence, humour, respect pour la culture." "Ils sont polis." "Ils aiment parler." "Ils savent comment s'habiller."

Ces réponses ne relèveraient-elles pas d'une représentation "stéréotypée" du Français, version américaine ?

2.2. Analyse culturelle des réponses

Au niveau culturel, on note des références à l'espace familial ("sociopète" et marqueur d'identification) qui est apprécié ; tandis que l'espace commercial ("sociofuge" et marqueur de différenciation) est une fois de plus critiqué :

> "Très patiente (ma famille) mais les gens dans les magasins, ne le sont pas."

Les comportements familiaux relevés pour leur effet positif sur les jeunes Américains concernent la convivialité, le "temps" passé ensemble, l'heure des repas et les repas fixes. Ce découpage du temps, ce rituel social de la vie française est majoritairement apprécié :

> "La conversation à table." "Dîner chez eux." "Déjeuner à la maison." "En famille, ils mangent tous ensemble chaque soir." "Le temps passé en famille."

Ce sont probablement ces comportements conviviaux qui font dire aux jeunes Américains que nous sommes "chaleureux" et que "nous apprécions la cuisine".

Dans la vie publique, il est encore fait référence à la fermeture des magasins le dimanche (ce qui est une manifestation française du découpage du temps) :

> "J'aime le fait que les magasins sont fermés le dimanche."

et bien sûr à nos vacances fréquentes :

> "Prendre beaucoup de vacances."

Dans les rencontres au quotidien, deux informants remarquent nos manières "affectueuses" de nous saluer :

> "Les bises sont mignonnes." "Les bisous, c'est bien."

Un autre souligne la fréquence de nos rituels de salutation :

> "Ils se disent toujours bonjour, bonsoir et merci, au revoir, même s'ils sont un peu froids."

C'est cependant notre valorisation de la grande "culture" qui impressionne le plus ces jeunes gens venus en France dans le cadre d'un programme universitaire américain. Cette représentation peut se composer de stéréotypes acquis chez eux en milieu académique, mais aussi d'expériences personnelles vécues à Paris.

> "Ils ont du savoir." "Leur sens très fort d'être français." "Ils sont attachés à leur manière de vie culturelle." "Leur appréciation de l'art et de l'histoire."

Il semble de toutes façons que le "capital culturel" soit une valeur hautement reconnue en France[1], tandis que ce qui est valorisé aux USA serait plutôt le "capital économique".

---

1. P. Bourdieu, *Ce que parler veut dire*, Paris, Fayard, 1982.

2.3. Analyse communicationnelle

Au plan communicationnel, la fréquence des références aux problèmes de langage (un peu plus d'une trentaine) et au désir d'être aidé (une vingtaine d'occurrences du verbe "aider"), place ces jeunes étrangers dans une position de "dominés" qui recherchent la ratification et la légitimation, en dépit de leurs difficultés linguistiques.

D'où leur réelle satisfaction pour ceux des Français qui "leur parlent lentement, répètent et expliquent pourquoi les choses sont comme ça". Il est probable que les qualités de "patience" et de "générosité" attribuées aux Français rencontrés sont également une manifestation des relations structurelles que ces jeunes gens ressentent comme profondément inégalitaires, du fait de leur problème de langue.

Le degré limité de leur compétence linguistique est vécu comme un handicap social, un "stigmate" toujours désavantageux dans la "présentation publique de soi[1]".

Du même coup, si l'on repense aux critiques négatives formulées par ces jeunes gens à la question n° 2, on doit se dire que l'"impolitesse", la "fierté" et la "froideur" attribuées aux Français rencontrés expriment, peut-être, la réaction d'un acteur social qui se sent trop souvent (injustement) non légitimé ou du moins qui se sent trop souvent en position de "dominé".

Dès lors, ce qui est le plus transparent dans ces représentations des Français vus par de jeunes Américains, c'est l'enjeu des "places" hautes/basses dans le système de communication interculturelle.

On sait que le système des places se constitue au moins en partie dans et par l'échange communicatif lui-même[2].

Lors de toute communication interculturelle, l'étranger est désavantagé non seulement par ses connaissances limitées en langue, mais aussi par son ignorance des normes communicationnelles propres au pays d'adoption. Or, les travaux de R. Carroll expli-

1. E. Goffman, *La mise en scène de la vie quotidienne. La présentation de soi* (trad.), Paris, Minuit, 1973.
2. C. Kebrat-Orecchioni, *Les interactions verbales,* 3 tomes, Paris, Armand Colin, 1990-1994.

quent que les normes conversationnelles des Américains diffèrent considérablement des nôtres.

En outre, nous savons, par expérience personnelle, que l'"engagement" aux autres et le degré de "co-opération" attendue ne sont pas du tout les mêmes en France et aux USA. Les étudiants américains ont donc souvent des difficultés à se repérer dans l'interprétation de l'organisation des significations de la culture française :

> "Ils sont moins ouverts que les Américains." "Parfois, ils sont très fermés, pas très ouverts émotionnellement." "Pas très approchables."

Leur processus habituel d'interprétation ne leur permet pas toujours de gérer au mieux les outils communicationnels que sont les significations françaises.

Quand leur processus d'interprétation doit traiter des significations qui leur semblent familières, ils peuvent survaloriser la qualité de l'interaction.

Dans les cas inverses, où les significations sont pour eux inattendues, le résultat de l'interprétation ne peut être que douloureux, cruel. Un constat d'agression en quelque sorte.

C'est pourquoi, quand ils sont "aidés" à cause de leur "stigmate", ils en reconnaissent bien la signification et apprécient la complémentarité structurelle de la relation en jugeant leurs partenaires très coopératifs ("polis", "chaleureux", "patients", "gentils", "généreux" !).

L'interaction est alors euphorique parce que la ponctuation des échanges est concordante et co-opérative.

Quand en revanche, au cours d'interactions, ils sont ignorés ou rejetés à cause de ce même "stigmate", la ponctuation des échanges avec des partenaires peu co-opératifs ne peut être que discordante et conflictuelle, agressive, parce qu'ils interprètent négativement une organisation des significations qui leur est tellement inhabituelle.

La complémentarité relationnelle inégalitaire leur devient alors insupportable.

Dans toute communication, l'enjeu consiste à définir et redéfinir les "places"[1].

Dans notre système de communication, il s'établit en permanence une négociation des places. Cette négociation exige un certain savoir-faire communicationnel que nous pratiquons le plus souvent de façon subconsciente, par suite de notre socialisation précoce.

Pour réaliser cette négociation des places, il est indispensable que la gestion des échanges soit au moins prévisible.

Dans les cas d'interaction "co-opérative", la gestion est parfaitement prévisible et la communication harmonieuse.

Dans les cas inverses, les partenaires les plus démunis (les "*one-down*") perdront la face.

"Faire perdre la face à quelqu'un est une insulte à sa « sacralité »" (Durkheim). C'est encore plus grave qu'une "impolitesse".

Dans la communication interculturelle en milieu français, ces jeunes Américains sentent parfaitement que leur "face" est souvent mise en péril et ils le disent à leur manière, dans leur interprétation des conduites françaises à leur égard.

Bien entendu, le danger pour la "face" de l'étranger est d'autant plus grand qu'il ne possède ni les normes ni les règles constitutives des programmes culturels que sont les rencontres.

Si parfois dans les rencontres en milieu parisien, les "attributs" ou "emblèmes" de la société américaine (qu'affichent nécessairement ces jeunes gens) peuvent être un "facilitateur d'accès" mutuel et un adjuvant à la communication, le plus souvent ces mêmes "attributs" et "emblèmes" sont considérés par les autochtones comme des "stigmates" perturbant l'accès à l'Autre, voire le bloquant.

Les relations interpersonnelles suivent un processus en "boucles de rétroaction" (G. Bateson). L'effet de ces rétroactions, en cas de dysfonctionnement, se résume en un rejet ou un déni.

Les jeunes Américains ont effectivement exprimé ce rejet dans leurs réponses.

1. F. Flahault, *La parole intermédiaire,* Paris, Seuil, 1978.

Il serait maintenant utile que quelqu'un leur explique les particularismes du système communicationnel des Français et qu'ensemble ils puissent réfléchir aussi aux particularismes de leur propre système.

Ce serait une étude ethnographique de la communication qui faciliterait leurs relations interculturelles et leur éviterait bien des souffrances et des malentendus inutiles.

RÉFÉRENCES BIBLIOGRAPHIQUES

Abdallah-Pretceille M., Porcher L., *Éducation et communication interculturelle,* Paris, PUF, 1996.

Bateson G. (1971), *La Cérémonie du Naven* (trad.), Paris, Éditions de Minuit.

— (1977), *Vers une écologie de l'esprit* (trad.), Paris, Seuil.

— (1988), *Communication et société* (trad.), Paris, Seuil.

Blumer H. (1969), *Symbolic Interactionism. Perspective and Method,* Berkeley, University of California Press.

Bourdieu P. (1982), *Ce que parler veut dire,* Paris, Fayard.

Boyer H. (1991), *Éléments de sociolinguistique,* Paris, Dunod.

— (1996) (sous la dir. de), *Sociolinguistique, territoire et objets,* Lausanne, Delachaux et Niestlé.

Brown P., Levinson S. (1987), *Politeness. Some Universals in Language Use,* Cambridge, CUP.

Carroll R. (1987), *Évidences invisibles, Américains et Français au quotidien,* Paris, Seuil.

Charaudeau P. (1992), *Grammaire du sens et de l'expression,* Paris, Hachette.

Durkheim E. (1960), *Les formes élémentaires de la vie religieuse,* Paris, PUF.

Flahault F. (1978), *La parole intermédiaire,* Paris, Seuil.

Garfinkel H. (1967), *Studies in Ethnomethodology,* Prentice-Hall (New Jersey), Engleewood, Cliffs.

Geertz C. (1986), *Savoir local, savoir global* (trad.), Paris, PUF.

Goffman E. (1973), *La mise en scène de la vie quotidienne* (trad.), 1. *La présentation de soi* ; 2. *Les relations en public,* Paris, Minuit.

— (1974), Frame Analysis, New York, Harper.

— (1974), *Les rites d'interaction* (trad.), Paris, Minuit.

Hall E.T. (1984), *Le langage silencieux* (trad.), Paris, Seuil, col. Points.

Hymes D. (1984), *Vers la compétence de communication* (trad.), Paris, Hatier, col. LAL.

Kerbrat-Orecchioni C. (1990-1994), *Les Interactions verbales,* 3 tomes, Paris, Armand Colin.

Lipiansky E.M. (1989), *La communication interculturelle,* Paris, Armand Colin.

Mead G.H. (1963), *L'Esprit, le soi et la société* (trad.), Paris, PUF.

Salins G.-D. de (1988), *Une ethnographie de la communication, rencontres en milieu parisien,* Paris, Hatier, col. LAL.

— (1992), *Une introduction à l'ethnographie de la communication, pour l'enseignement du français langue étrangère,* Paris, Didier.

Watzlawick P., Helmick Beavin J., Jackson D. (1972), *Une logique de la communication* (trad.), Paris, Seuil, col. Points.

Winkin Y. (1996), *Anthropologie de la communication, de la théorie au terrain,* Bruxelles, DeBoech Université.

Zarate G. (1993), *Représentation de l'étranger et didactique des langues,* Paris, Didier, col. Essais.

Chapitre III

PETITS MALENTENDUS ENTRE COMMUNAUTÉS : JAPONAIS ET AMÉRICAINS À PARIS[1]

Emmanuelle de Pembroke

Chercheur à Eurydice (Bruxelles)

POURQUOI LES PERSONNES EXPATRIÉES à Paris relèvent-elles comme première cause de frustration le non-respect de la politesse ? C'est que les enjeux de la politesse sont forts. Elle permet de se positionner face à autrui et de canaliser les relations en codifiant les gestes et en introduisant la réciprocité. De ce fait, elle permet de se protéger. Elle limite les risques de la relation et du jugement en dictant ce qu'il faut dire et faire. L'individu peut ainsi préserver la "face[2]" : image qu'il donne de lui et éviter à l'autre de la perdre. Elle permet alors de bien communiquer, d'entrer dans l'échange grâce à une interaction bien "huilée[3]".

La politesse permet aussi de "se dire". En effet, les comportements de politesse ne sont que les aspects visibles d'une conception du monde et d'une hiérarchie de valeurs. Entrer (ou non) dans

---

1. D'après la thèse "Vers une pédagogie de la communication interculturelle. Les notions de politesse dans les communautés américaine et japonaise à Paris", sous la direction de Louis Porcher, Paris III, 1996.
2. Goffman E., *Les rites d'interaction,* Paris, Ed. de Minuit, 1974.
3. Lacroix M., *Essai sur la littérature du savoir-vivre,* Paris, Julliard, 1990.

l'échange de politesse, c'est donc donner une image de son système de pensée. L'individu qui ne connaît pas les canaux d'expression ne peut communiquer ni ses intentions, ni ses valeurs, même si celles-ci sont positives. En retour, il ne peut percevoir celles d'autrui.

La politesse est donc intéressante à analyser dans une démarche interculturelle car son étude révèle les positions de chacun, ses priorités et ses valeurs. Trois niveaux constituant tout acte de communication y apparaissent clairement : les comportements (signifiants), les intentions (signifiés) et les valeurs (idéologie). Par principe d'économie, chacun a tendance à amalgamer ces trois niveaux. En effet, grâce aux réitérations au sein de son groupe d'appartenance, les comportements des partenaires prennent sens immédiatement et les processus d'interprétation deviennent inconscients. Les comportements de politesse sont donc des habitus : "grille selon laquelle j'entre en rapport avec le monde et les autres[1]." L'assimilation de ces modes de classement donne une identité culturelle à l'individu qui partage ainsi les critères comportementaux et esthétiques de sa communauté. Bien intégrée, la compétence de politesse devient naturelle au sein de son propre groupe.

Par contre, dès lors que la personne sort de son cadre culturel, elle est confrontée à des modes d'interprétation différents et déstabilisants. Plusieurs attitudes sont alors possibles :

- Soit, elle ne perçoit pas le décalage et interprète le message d'autrui selon sa propre grille. Cette attitude, lorsqu'elle est réitérée, n'est autre que de l'ethnocentrisme consistant à considérer que ses principes et ses valeurs sont universels. Cette personne aura tendance à penser que tout acte ne correspondant pas à ses attentes est impoli et ne cherchera pas à connaître l'intention véritable du partenaire.
- Soit elle réalise que son message n'est pas reçu ou qu'elle n'a pas compris celui de son interlocuteur. Mais cela ne signifie pas qu'elle connaisse l'intention véritable et qu'elle ait les moyens de la comprendre. Cette première prise de

1. Bourdieu P., *La distinction*, Paris, Ed. de Minuit, 1979.

conscience, pour le moins essentielle, est le début d'une démarche de recherche de sens.

L'approche que nous proposons vise donc à découvrir qu'un décalage est possible dans le cadre de l'échange et à remettre en question ses propres critères de classement. Cette prise de conscience permet de redécouvrir des modes d'interprétation devenus inconscients, grâce à la confrontation avec ceux d'autrui. Dans un deuxième temps, elle vise à donner des outils d'observation et de questionnement pour comprendre les classements de l'autre et clarifier les siens. En d'autres termes, elle donne les moyens de relever les indices porteurs de sens dans le comportement d'autrui et permet de s'interroger pour passer du niveau des comportements à celui des intentions, puis celui des valeurs.

Pour illustrer ce propos, nous allons étudier les réactions des Américains et Japonais expatriés à Paris. Ce public se trouve dans une situation de "frontière" entre deux groupes : celui de leur culture d'origine et celui de la culture d'accueil. Confrontées quotidiennement aux décalages, ces personnes sont sensibilisées aux difficultés d'interprétation. Il est intéressant de noter les situations qu'elles indiquent, comme autant d'indices porteurs de sens. Ils sont ce que Claude Levi-Strauss nomme les "noyaux structuraux[1]". Grâce à des questions référentielles et modales, nous pouvons repérer la diversité des comportements dans une même situation, les intentions sous-jacentes et la hiérarchie des valeurs qui les sous-tendent.

L'objectif de cette étude n'est pas de décrire telle ou telle culture, mais de faire apparaître les processus d'attribution de sens, lesquels émergent grâce à la confrontation des systèmes sémiotiques. Cette analyse est marquée par "l'intersubjectivité[2]" et les représentations des expatriés nous renseignent sur leurs propres modes de classement[3] : "Nous sommes des classeurs classés par nos classements." Elles nous donnent aussi un éclairage nouveau sur les nôtres. Enfin, ces points de vue sont perçus selon mon propre regard de Française interrogeant des personnes étrangères

1. Lévi-Strauss L., *Anthropologie structurale,* Paris, Plon, 1958.
2. Abdallah-Pretceille M., *Vers une pédagogie interculturelle,* Paris, Publications de la Sorbonne, 1986.
3. Bourdieu P., *op. cit.*

et m'interrogeant avec eux sur les phénomènes d'interprétation et de représentation.

La politesse est donc un mode d'entrée dans un système culturel pour en analyser la logique et l'idéologie. D'autres notions auraient pu nous permettre la même démarche : la ponctualité, la monochromie, la gestion de l'espace, la hiérarchie... Les valeurs qui émergent dans les discours auraient pu aussi être nos points de départ : le respect, la liberté, l'égalité. Comme nous le verrons, ces notions et ces valeurs se croisent et se renvoient l'une à l'autre. Entrer par l'une nous permet d'accéder à l'autre, à condition que l'on s'interroge sur leur hiérarchie et le sens qu'elles prennent dans un système.

LA POLITESSE VUE PAR LES AMÉRICAINS

1) Rare et précieux

La gestion du temps est le point qui suscite le plus de conflits entre Français et Américains. C'est particulièrement dans le domaine professionnel que s'exprime cette frustration. Dans des équipes internationales, les Français ont la réputation, d'une part d'oublier les réunions, d'autre part, de ne pas respecter la ponctualité, première des politesses aux Etats-Unis. Plusieurs phénomènes sont identifiables dans ces conceptions différentes de la ponctualité. La culture américaine, formelle et à faible référence au contexte[1], utilise le canal écrit pour informer des réunions. La culture française privilégie la communication à forte référence au contexte, en d'autres termes le bouche à oreille. Le fait de passer dans les bureaux pour rappeler à chacun la réunion est un mode normal de communication français favorisant les échanges informels. Le même comportement est interprété par les Américains comme un manque de professionnalisme. La tolérance au retard diffère également d'une culture à l'autre. L'habitude française d'arriver cinq à dix minutes en retard ne convient pas à des salariés américains pour qui ponctualité signifie exactitude. Dans la majorité des cas, chacun pense être à l'heure. Pourtant la frustration des cadres américains est à son comble s'ils doivent "perdre" quelques

1. Hall E., *Au-delà de la culture,* Paris, Le Seuil, 1979 (1976).

minutes. Ce décalage entraîne des modes de gestion des réunions très différents, les Américains renonçant à leurs réunions brèves et efficaces. Ils ne peuvent en effet proposer à des collègues français des séances de trente minutes, fréquentes aux Etats-Unis et pouvant être organisées le matin même, sur un mode de planification plus spontané et flexible. Les réunions françaises sont longues et lourdes. Encore une fois l'organisation du temps y diffère. Les Français, habitués à la polychronie[1], abordent différents sujets en même temps. Plusieurs interlocuteurs peuvent s'exprimer au même moment. En effet, la réunion joue un rôle de cohésion de l'équipe et la fonction phatique du discours y est importante. Les fréquentes digressions et interférences donnent aux Américains une impression de dispersion et d'inefficacité. Aux Etats-Unis, la rapidité de décision prévaut. "Seule la décision importe, les modes d'exécution ou les points de détail seront réglés ultérieurement[2]."

Dans une conception monochronique du temps comme celle des Etats-Unis, le planning est considéré comme un potentiel précieux, car non extensible, qu'il faut gérer avec parcimonie. Le temps accordé à une personne est donc représentatif du degré de respect qu'on lui voue. La politesse américaine vise alors à écourter les communications téléphoniques, à limiter les discussions pour ne pas déranger. Ces pratiques peuvent sembler peu courtoises à des Français dont la culture est riche de rituels oraux. Pourtant l'intention de l'interlocuteur est de préserver le temps d'autrui, même si, de son côté, celui-ci souhaite l'échange. D'une manière schématique, l'Américain préfère écourter un échange linéaire, tandis que le Français n'y donnera pas fin mais aura tendance à y intercaler des échanges parallèles (réponse à un coup de téléphone considéré par les Américains comme une "rencontre inopportune[3]").

Dans la vie privée, les Américains éprouvent la même sensibilité à la ponctualité. S'ils font preuve de plus de tolérance aux retards avec les amis, ils souffrent beaucoup des délais imposés par les prestataires de service. Encore une fois, c'est le respect de leur statut qui est en jeu. Le niveau de la personne est mesuré à

1. Hall E., *La dimension cachée,* Paris, Le Seuil, 1978 (1971).
2. Hall E., M.R., *Guide du comportement dans les affaires internationales,* Paris, Seuil, 1990.
3. Salins (de) G.D., *Une approche ethnographique de la communication. Rencontres en milieu parisien,* Paris, Hatier, 1988.

l'once de temps accordé et au respect de la ponctualité. La corrélation entre ponctualité et hiérarchie semble plus forte qu'en France. Or, aux Etats-Unis, le client est roi.

Plusieurs remarques expriment la conception américaine du temps : "Le temps c'est de l'argent" ; "Le temps est précieux parce qu'il est court" sont des leitmotivs dans les discours.

2) Besoin d'air

Les conceptions françaises et américaines de l'espace diffèrent également beaucoup. D'une façon générale, l'espace américain est vaste. Les notions d'ampleur et d'ouverture sont valorisées. Elles vont de pair avec les conceptions de confort et de liberté de mouvement. Dans des espaces plus petits comme les espaces parisiens, les Américains souffrent beaucoup de la promiscuité. Cependant, il n'est pas rare que ce manque d'espace reste inconscient, donnant une impression générale de malaise et d'invasion. Le manque d'espace est d'abord une sensation kinesthésique, généralement perçue mais non analysée. Les expatriés américains se plaignent d'être bousculés, collés, de ne pouvoir bouger librement. Ils ont l'impression désagréable d'être contraints. Cette frustration peut provoquer des réactions épidermiques très fortes. A Paris, il n'est pas rare, par exemple, qu'un Américain descende systématiquement du trottoir pour éviter d'être frôlé par un passant. Ce dernier n'a sans doute même pas remarqué cette proximité et, s'il avait été frôlé, il n'y aurait attaché aucune importance. L'Américain, quant à lui, rentre chez lui épuisé et furieux contre l'impolitesse des Parisiens.

Les lieux privés ne provoquent pas autant de frustrations car ils mettent en contact des personnes proches. Il est plus facile de supporter cette promiscuité avec la famille et les amis qu'avec des inconnus, même si cela demande également des efforts. Cependant, les petites pièces fermées ne conviennent pas à des personnes habituées à des salles, ouvertes les unes sur les autres, permettant la liberté de circulation. La politesse française visant à servir l'invité pour lui épargner tout déplacement ne convient pas non plus au besoin de mouvement et d'action des Américains. La cuisine, par exemple, est le lieu privilégié des échanges. Le fait qu'en France, la maîtresse de maison s'y isole gêne les invités américains. L'accueil veut qu'on accepte l'invité auprès de soi quel que soit l'état de la pièce. Pourtant, le Français a tendance à compenser l'absence d'espace par l'harmonie et l'esthétique de la salle de réception. Les Américains préfèrent, quant à eux, pénétrer dans des pièces mal rangées mais plus ouvertes.

Enfin, à propos de l'espace, nous pouvons nous interroger sur la représentation de l'intimité dans chacune des deux cultures. L'Américain considère l'espace qu'il a autour de lui comme une protection de son intimité. De grandes pelouses remplacent les barrières que nous connaissons en France. De façon générale, pas besoin d'isolation visuelle, de portes ni de cloisons. Contrairement à la France, l'intimité consiste davantage à se protéger kinesthésiquement que visuellement.

3) Agir au lieu de parler

Les frustrations sont moindres en ce qui concerne le langage car les décalages sont tout simplement identifiés et expliqués par la barrière linguistique.

Cependant, certains éléments du langage échappent à la conscience et des erreurs de communication peuvent rester au deçà du seuil de perception. Le ton et le volume de la voix, par exemple, considérés comme naturels sont pourtant des éléments incorporés dont les interprétations diffèrent. Un volume fort est synonyme d'enthousiasme et de dynamisme, valeurs hautement estimées aux Etats-Unis. En France, cette attitude risque d'être associée au "sans gêne" ou à l'invasion. Il est d'ailleurs intéressant de noter que les Américains se sentent envahis lorsque leur espace personnel est réduit tandis que les Français se sentent envahis par le volume sonore.

Plus subtile est l'intonation pouvant être interprétée à un niveau inconscient. Plusieurs Américains m'ont fait part de leur angoisse face au ton de voix d'un Français perçu alors comme agressif au cours d'une conversation conviviale. La répétition du phénomène leur a finalement permis de découvrir que l'intonation visait l'emphase et ne signifiait pas l'agression. Il est facile d'imaginer les conséquences diplomatiques d'une telle scène puisque la réponse de l'interlocuteur est alors en total décalage. Elisabeth

Guimbretière souligne d'ailleurs que la première signification d'un message est donnée par la courbe mélodique[1].

Si les Américains sont sensibles à la gestion du temps, symbole de la position sociale, les Français sont perçus comme extrêmement sensibles au langage. La langue française est riche de rituels langagiers permettant de définir les positions de chacun et de mettre en phase. Aux Etats-Unis, le langage vise, au contraire, à gommer les marques visibles de hiérarchie. Tout se passe comme si la notion de hiérarchie était écartée du discours. Elle apparaît dans les actes, la gestion de l'espace et surtout, nous l'avons dit, du temps. Les Américains ont donc des difficultés à utiliser le tutoiement et le vouvoiement, ainsi que toutes les marques de position. Dans le contexte professionnel, les cadres américains, exprimant le souhait de "traiter tout le monde pareil", tentent de généraliser le tutoiement, mais sont confrontés au refus des Français. La valeur d'égalité est conçue aux Etats-Unis comme un nivellement des différences. Nous avons pu noter que les cadres supérieurs sont le plus attachés à la hiérarchie horizontale, moyen de mobiliser toutes les énergies. En France, pour qu'une équipe marche, il faut, au contraire, que chacun connaisse sa place.

La mise en phase est aussi vécue de manière radicalement différente. Nous avons vu que les Français privilégiaient l'échange au cours des réunions et que la dimension phatique du langage était essentielle. Aux Etats-Unis, la synergie est principalement acquise par l'action commune. Nous arrivons ici à un nœud essentiel de la communication entre Américains et Français. Aux Etats-Unis, la parole permet de prendre une décision rapide et de passer à l'action. La concrétisation est bien plus importante que l'échange verbal assimilé à "perdre du temps". Le fond prime sur la forme. Le langage américain est davantage instrumental et informatif, ce qui correspond bien à une gestion monochronique du temps considéré comme précieux. En France "mettre les formes" est essentiel, et il est indispensable de connaître ces formes pour communiquer. Beaucoup d'Américains entrant dans un magasin pensent qu'il est seulement nécessaire de connaître le nom du produit désiré. Leur demande est parfois sèchement évincée car ils ont oublié de créer la relation par les rituels langagiers. Il faut dire que le Français a un rapport émotionnel à sa langue considérée comme son identité.

1. Guimbretière E., *Phonétique et enseignement de l'oral,* Paris, Hatier, 1994.

Ce phénomène est moins prononcé aux Etats-Unis car l'anglais est perçue comme une langue internationale avec laquelle ils n'ont qu'un rapport instrumental. Elle n'est le plus souvent pas la langue de leurs grand-parents.

4) L'avantage de l'uniformité

Le langage non-verbal fonctionne aussi selon une sémiologie spécifique. Les Américains constatent que les Français utilisent plus de gestes pour accompagner leur discours, ce qui n'est pas perçu positivement. Une étude plus fine souligne le fait que les Américains relèvent les gestes français car ils diffèrent de leurs habitudes. Leurs propres gestes, aussi nombreux, sont peut être plus calmes. Leur ampleur diffère également. De façon générale, l'hexis corporelle n'est pas la même. Le contrôle des Français, exprimé par la droiture, donne aux Américains une impression de retenue mais aussi de nervosité. Au contraire, la conception américaine privilégie le confort, l'aisance d'où l'expression utilisée par Lawrence Wylie de "démarche ample[1]".

Cette conception conditionne également la tenue vestimentaire. Aux Etats-Unis, l'uniforme prime dans le cadre du travail. Pratiques, évitant les choix esthétiques laborieux, le costume et le tailleur neutres permettent aussi de gommer les différences, y compris entre hommes et femmes ("Etre comme les hommes" souhaitent les femmes). Par contre, le jogging est l'uniforme des loisirs. Encore une fois, confort et gain de temps sont privilégiés.

En France, les Américains sont choqués par la tenue professionnelle des Français considérée comme beaucoup moins formelle. La variété des choix permet l'expression de la personnalité et l'esthétique. Les tenues des femmes, quant à elles, sont perçues comme beaucoup trop "sexy". Au lieu d'uniformiser, elles mettent en valeur la féminité. Ces représentations nous permettent de comprendre les conceptions américaines des positions sociales, de l'expression personnelle et de l'esthétique. Aux Etats-Unis, l'accent est mis sur l'horizontalité des hiérarchies et le gommage des diffé-

---

1. Wylie L., Strafford R., *Beaux gestes. A guide to French Body Talk*, Undergraduate Press Irwin, 1977.

rences. L'action en équipe prime sur l'expression personnelle et l'instrumentalité prévaut sur l'esthétique.

D'une certaine façon, les représentations du langage non verbal nous informent également sur les représentations du corps dans l'une et l'autre culture. Aux Etats-Unis, la conception instrumentale du corps privilégie l'action. Le corps n'est pas perçu dans sa dimension esthétique, mais essentiellement fonctionnelle. Dans ce type de conception, la sensorialité est peu développée. Au contraire, en France, la politesse s'exprime par les biais esthétique et sensoriel. La sensorialité est mise en valeur pendant le rituel du repas, par exemple.

Bien sûr, une conception différente du temps, de l'espace, du langage verbal et non verbal engendre des rituels de politesse particuliers par lesquelles s'expriment les valeurs. Ainsi, les valeurs de retenue, d'esthétique, de mise en forme du langage favorisent des rituels tels que ceux que nous connaissons à Paris : attente du geste d'accueil avant de pénétrer dans une pièce, nombreux préliminaires langagiers. Aux Etats-Unis, les valeurs de spontanéité, de liberté de mouvement, d'aisance et de confort prévalent, ce qui peut faire croire que les rituels n'existent pas. Pourtant, autres valeurs, autres rituels. Les Américains disent se soumettre aux rituels du sourire qu'ils ne ressentent pas comme spontanés, mais comme une imposition sociale. Par politesse, ils se sentent souvent obligés de feindre l'aisance, l'enthousiasme et le dynamisme afin de se mettre au diapason du groupe.

LA POLITESSE VUE PAR LES JAPONAIS

1) L'once de respectabilité

Le respect de la ponctualité est l'indice le plus révélateur de la position sociale au Japon. Observer les habitudes de gestion du temps permet de dégager la structure hiérarchique de la société. Qui peut donc se permettre de faire attendre une autre personne ? La réponse est la suivante : le client, la personne plus âgée et, à la limite, le pair du même âge. Par contre, ne peuvent en aucun cas arriver en retard une personne plus jeune et des enfants vis-à-vis de leurs parents. La croyance selon laquelle une femme ne pouvait faire attendre un homme tend à disparaître dans le discours explicite, mais cette habitude "incorporée[1]" perdure dans les gestes quotidiens. Par exemple, l'épouse prépare le repas et les effets de son mari dans la perspective de lui gagner du temps.

Le critère le plus opérant pour la définition des positions se dégage très clairement dans la gestion du temps : celui de l'âge. Contrairement à la France, il est plus opérant que celui du degré de proximité affective. Même dans le cadre d'une amitié, un individu plus jeune veille à ne pas faire attendre son aîné. Il est intéressant de noter que les parents sont respectés doublement, d'une part pour l'autorité qu'ils représentent sur un plan éducatif, d'autre part du fait de leur âge.

Dans le contexte professionnel, le critère générationnel est tout aussi important pour définir les hiérarchies. En effet, les cadres les plus âgés sont aussi les plus influents. Chaque promotion universitaire apporte son lot de jeunes diplômés qui progressent à l'ancienneté et il est impossible de voir au Japon de jeunes cadres dirigeant des salariés plus anciens, comme cela est fréquent en France et surtout aux Etats-Unis. Au Japon, l'ancienneté a plus de valeur que la jeunesse. Un seul statut échappe à ce classement par rang d'âge : celui de client. Le client est roi, quel que soit son âge. Il est, par exemple, le seul à pouvoir légitimement interrompre une réunion. Aucun autre appel téléphonique ne perturbe une séance de travail.

Comme la mauvaise gestion du temps français est légendaire au Japon, les expatriés éprouvent une agréable surprise en arrivant à Paris. Dans le cadre professionnel, les hommes découvrent que la ponctualité est respectée. Quelques points les dérangent néanmoins et nécessitent une adaptation de leur part. Le principal malentendu concerne la durée des réunions. Au Japon, la séance de travail entre collègues est très courte et efficace car elle a été préalablement préparée par un coordinateur. Celui-ci doit relever les remarques de chacun et proposer un projet qui recueille l'assentiment général. Si son travail d'écoute des collègues et d'ajustement est long, la mise en commun est, en revanche, très brève. Elle n'est qu'une lecture du consensus et des propositions recueillies. Encore une fois, les réunions françaises sont perçues comme longues et dispersées. Plusieurs sujets sont traités en même

1. Bourdieu P., *op. cit.*

temps. D'autre part, qu'un membre s'interrompe pour recevoir un appel est considéré comme un manque total de respect vis-à-vis des collaborateurs. Ces quelques remarques soulignent la gestion monochronique[1] du temps Japonais. Un seul locuteur à propos d'un seul sujet : telle est la règle. Pour un Japonais, l'efficacité est une question de concentration des énergies sur un point unique. Cela ne signifie pas que la communication soit "à faible référence au contexte[2]" comme cela est le cas aux Etats-Unis. En dehors des réunions, l'entrecroisement d'échanges est fort et véhicule une masse importante d'informations qui ne sont pas écrites. C'est une des raisons pour lesquelles les employés restent aussi longtemps que leur chef au bureau. Ils peuvent ainsi glaner des tas de données qui échappent aux absents.

Les femmes se plaignent, quant à elle, des services. Les caissières françaises ont la mauvaise habitude de parler à un tiers en même temps qu'elle servent le client. Le réceptionniste répond à un appel avant de satisfaire la personne présente. Autant de comportements vécus comme un manque total de respect. Deux valeurs sont niées dans ces situations. D'une part la monochronie qui signifie être totalement présent à la personne et à la situation. D'autre part, la position de client. Les femmes réclament particulièrement le respect dû à ce statut. Chargées du budget du ménage, elles ont une position dominante dans deux contextes : la situation d'achat et la responsabilité éducative. Ce qui est vécu comme impoli pour elles n'est pas tant l'interruption du service et la perte de temps occasionnée, que l'absence d'excuses qui auraient un effet "réparateur[3]" consistant à reconnaître leur position dominante. Leur statut est alors tout simplement nié.

Au Japon, ponctualité et monochronie sont donc les deux marques essentielles de respect de l'autre. Ce sont des données comportementales intégrées, incorporées et contraignantes. Ces paramètres peuvent échapper à un Français car la politesse dicte à un Japonais de ne formuler aucun reproche. Au Japon, le blâme est muet. Il n'en est pas moins percutant. C'est toute la réputation au sein du groupe qui est en jeu. Celui qui a l'impolitesse d'être en retard ne méritera pas la confiance de ses collaborateurs ou de ses

1. Hall E., *La dimension cachée,* Paris, Seuil, 1978 (1971).
2. Hall E., *Au delà de la culture,* Paris, Seuil, 1979.
3. Picard D., *Les rituels du savoir-vivre,* Paris, Seuil, 1995.

amis. Le Français qui ne respecterait pas ces valeurs ne percevrait donc aucun signe de contrariété chez ses interlocuteurs. Il se verrait tout simplement affligé de "mauvaise réputation" sans le savoir et la qualité de ses relations en serait compromise.

2) Un lieu d'harmonie

Yatabé qualifie les Japonais en transit à Paris de "flâneurs heureux[1]". En effet, tous semblent se plaire dans cet espace urbain où ils peuvent respirer et se mouvoir librement. Il faut dire que les Japonais se disent insensibles à la bousculade, habitués qu'ils sont à la promiscuité et au côtoiement. Pour pénétrer dans un train au Japon, le procédé le plus courant est la poussée et le jeu de coudes. C'est pourquoi cette bousculade n'est pas ressentie comme une impolitesse, mais comme un mode normal de déplacement. De façon générale, les individus ne qualifient pas d'impolitesse les désagréments dus à la foule. Ils n'attachent pas d'importance aux contacts kinesthésiques, tant qu'ils sont vécus dans un climat d'anonymat.

Si les Japonais ne souffrent pas du manque d'espace, ils souffrent néanmoins du manque de respect des règles régissant l'espace parisien. La fumée, par exemple, ne les dérange pas. En revanche, ils sont surpris que des fumeurs n'utilisent pas les lieux qui leur sont réservés. Ils sont encore davantage choqués que ces derniers jettent leur mégot sur la voie publique. Deux valeurs essentielles ressortent de ces propos. D'une part celle de respect des règles qui caractérise le Japon comme une société "formelle[2]". D'autre part, celle d'esthétique qui permet à l'individu d'être en harmonie avec son environnement. Des voitures rayées, des taxis sales, des trottoirs souillés, voilà qui gène terriblement la sensibilité des Japonais.

La réflexion est la même en ce qui concerne la gestion de l'espace privé. Peu de différences existent entre les intérieurs français et japonais. Dans les deux cas, la promiscuité exige réserve et retenue. Il faut attendre l'invitation de l'hôte pour entrer dans telle

---

1. Yatabe K., *Les Japonais en France : Parcours d'adaptation et ethnicité, dialogue ou autarcie ?,* Ecole des Hautes Etudes en Sciences Sociales (EHESS), Paris, 1992.
2. Hall E., *Le langage silencieux,* Paris, Seuil, 1984.

ou telle pièce. Les portes sont fermées pour marquer les limites et seule la salle de séjour, préparée pour recevoir les invités, est ouverte. Pourtant, les critères esthétiques diffèrent. Les Japonais, bien que ravis des soirées chez les Français (trop rares !) et parfaitement à l'aise dans les rituels de gestion de l'espace, trouvent les appartements parisiens surchargés. Comme le souligne Augustin Berque[1], propreté, sobriété, épuration sont les critères esthétiques de la culture japonaise, issus de la tradition confucéenne et zen. Le respect de ces critères est essentiel puisque Tanazaki[2] parle de fusion de l'individu avec son environnement. Il est évident que la perception visuelle prédomine dans ce rapport à l'espace.

3) Répondre à l'attente d'autrui

Le langage est le domaine qui génère le plus de difficultés pour les Japonais expatriés à Paris. En effet, au Japon le silence est d'or et l'expression verbale n'est pas valorisée. Saluer verbalement dans un magasin, par exemple, est un moyen de se faire remarquer plus qu'une marque de politesse. La salutation est d'ailleurs réservée aux personnes légitimées, c'est-à-dire qui ont été présentées et que l'on situe bien. Sinon, l'anonymat impose la réserve et il n'est pas question de saluer dans un lieu public au risque de déranger l'intimité des personnes. De façon générale, le langage non verbal remplace avantageusement les salutations ou les remerciements. Un signe de la tête est preuve d'humilité et de discrétion, valeurs essentielles. Le remerciement verbal est, au contraire, ressenti comme trop direct et condescendant. Seul un directeur peut, par exemple, remercier un employé. C'est dans ce cas une marque très forte (car rare) de reconnaissance. Les excuses sont davantage valorisées au Japon. Elles permettent de se mettre en position inférieure, prônée dans les relations. Autant dire que les Japonais ne comprennent pas toujours les interactions avec les Français. En un mot, ceux-ci remercient trop, mais s'excusent peu. Encore une fois, les personnels de service sont mal perçus car ils semblent ne pas respecter les positions hiérarchiques. Ils devraient s'excuser pour le moindre problème ou retard afin de valoriser la position du client.

1. Berque A., *Vivre au Japon,* Paris, PUF, 1982.
2. Tanazaki J., *L'éloge de l'ombre,* Paris, POF, 1977.

Le ton de la voix n'est pas non plus ressenti de la même manière dans les deux cultures. Les Japonais jugent le ton des Français trop émotionnel. Cette émotivité va de pair avec le fait qu'ils s'expriment en leur nom et souhaitent faire passer leurs idées. Au Japon la valeur positive qui régit les relations est celle de compassion. Or, compassion ne rime pas avec émotivité mais est associée à la sérénité et au calme. Les voix sont graves et lentes, signe de paix et de contrôle. L'écoute est la valeur suprême. L'essentiel n'est pas l'expression de soi, mais la mise en phase avec autrui. A ce titre, les oppositions sont perçues comme une rupture au contrat d'harmonie qui unit deux interlocuteurs. Les fonctions phatiques et informatives sont davantage valorisées au Japon que la fonction expressive. Les expatriés japonais n'ont donc pas l'habitude de donner leurs opinions. Il leur est extrêmement difficile de trancher puisqu'il est plus important de répondre à l'attente d'autrui que de s'exprimer soi-même. S'ils essaient d'adopter cette habitude française, ils ont toujours peur de blesser ou de rompre la communication. Ce souci d'harmonie dans la relation peut être interprété, à tort, par les Français comme de la fausseté.

Dans une conversation avec des Français, les Japonais ont aussi des difficultés avec ce que nous nommons "échange polyphonique" en référence à la notion de polychronie. Ce mode d'échanges, qui permet le chevauchement de plusieurs conversations, nécessite un apprentissage : savoir profiter de pauses très courtes pour prendre la parole, s'exprimer même lorsque l'on n'est pas sollicité, gérer plusieurs conversations en même temps. L'échange monophonique va, bien sûr, de pair avec le mode monochronique de gestion du temps que les Japonais partagent avec les Américains.

Au Japon, le langage est particulièrement révélateur de la distance sociale. Un individu plus jeune doit se taire face à un aîné. D'autre part, les femmes parlent entre elles et les hommes entre eux. A l'écoute d'une conversation, il est possible de connaître le degré de proximité des personnes. Echangent beaucoup entre elles les personnes de même génération et de même sexe, bien que ce critère tende à s'estomper. Cette habitude d'ajuster l'échange à la position de l'interlocuteur rend le choix du tutoiement et du vouvoiement très facile aux Japonais. Dans la langue japonaise, un signifié (tel que nous le concevons en France) a une multitude de signifiants, choisis en fonction de la place de l'interlocuteur. Puisqu'il faut ajuster son discours à la personne et devancer ses attentes, aucune parole n'est adressée à une personne étrangère au cercle relationnel. Le silence peut donc avoir deux significations selon les contextes : respect ou anonymat. Mais de façon générale, le souci de réserve et d'harmonie valorise davantage le silence et prime sur le désir d'expression personnelle.

4) Lire le visage et les gestes

Puisque le silence est d'or, le visage est un vecteur essentiel de la communication au Japon. L'observation des expressions remplace la parole. Comme les spectateurs du théâtre no, les Japonais sont capables de déceler des signes qui échappent à la perception des Français. Le moindre mouvement intérieur y est perçu. Les valeurs de calme et de sérénité imprègnent cette conception de la face que les Français jugent, à tort, inexpressive. D'autre part, la pudeur s'attache essentiellement à contrôler les émotions. Par souci d'autrui, le visage doit donc suggérer le calme. Les sentiments et les émotions sont des éléments de "la face cachée[1]", c'est-à-dire qui ne s'expriment que dans l'intimité.

La conception du regard diffère aussi des représentations françaises. Les Japonais souffrent de la durée et de la fixité des regards. Dans les arts martiaux, fixer l'adversaire permettait de le pénétrer jusqu'à l'âme. La force mentale de l'autre était ainsi éprouvée. La tradition révèle que l'issue d'un combat samouraï se jouait dans cet échange visuel. Baisser les yeux est, au contraire, un signe de réserve et de non opposition. De façon générale, l'échange de regards est donc impliquant et réservé aux proches. Il exprime la transparence et la sincérité entre amis, mais ne peut concerner des personnes étrangères l'une à l'autre. C'est la raison pour laquelle personne ne se regarde dans une foule.

Le sourire est aussi investi de significations précises. Les Japonais apprécient la spontanéité du sourire français, mais soulignent que, contrairement au Français, le Japonais sourit pour se cacher. Au Japon, le sourire est une manière de ne pas "perdre la face[2]". Il peut traduire une gêne et n'est pas forcément reçu positivement.

1. Goffman E., *op. cit.*
2. Goffman E., *op. cit.*

Comme les expressions de visage, les gestes remplacent avantageusement la parole. Ainsi que l'explique Ichikawa Hiroshi, l'esprit est intimement lié au corps qui en est le vecteur. En France, c'est au contraire la parole qui exprime la pensée. Ninomiya Masayuki souligne que "Omou" : "penser" signifie aussi "contenir", "cacher la face". C'est un processus intérieur. Le sens dérivé peut signifier "que le sentiment s'exprime à travers des signes perceptibles, surtout dans la physionomie[1]". La pensée est donc davantage lisible dans les expressions que dans le langage verbal et la sincérité ne s'exprime pas par le même canal que celui des Français.

Dans le cadre des rituels de politesse, la gestuelle consiste surtout à s'incliner, ce qui signifie "enchanté" ou "merci". Ce geste, signe d'humilité, disparaît avec l'intimité. Dans les transactions commerciales, la poignée de main a parfois remplacé l'inclinaison. Mais de façon générale, les personnes gardent leur distance et ne se touchent pas. Comme le regard, le contact est impliquant et véhicule beaucoup d'informations sur l'autre (niveau d'énergie, tension). Nommé "skinship", il est donc réservé à la famille dont il soude les relations.

Les gestes sont présents dans de nombreux rituels. Ils ponctuent les présentations, les rencontres et les repas. Dans les relations professionnelles, la carte de visite est un préambule. Comme tout don, elle est tendue à deux mains, signe d'investissement total dans l'échange. Dans les relations privées, l'offrande de denrées alimentaires prédomine. Deux fois par an, l'employé fait un tel don à son supérieur. C'est aussi ce qu'apporte des invités à leur hôte. La nourriture a un sens profond et sacré dans un pays dont le principal fléau a été la famine.

Il serait impossible de recenser l'ensemble des rituels dont la culture japonaise est si riche : se déchausser, ne pas empiéter sur le tatami. Il est important de souligner que tous ces rituels ont une signification. Marqués par la tradition, ils sont gages de cohésion. Leur point commun est essentiellement de préserver le calme, l'harmonie, la hiérarchie et l'esthétique au sein du groupe.

---

1. Ninomiya M., "Dire et penser, perspectives opposées de l'expression personnelle en japonais" in *Pratiques et représentations sociales des Japonais* (Textes rassemblés par J. Cobbi), Paris, L'Harmattan, 1993.

ACCORDS ET DÉSACCORDS

1) Malentendus sur les intentions

Cette étude des représentations et des critères de politesse utilisés par des individus de nationalités différentes nous permet de relever les significations sous-jacentes aux comportements, ainsi que les décalages de sens.

Il arrive fréquemment qu'un même comportement ait une signification totalement différente dans deux systèmes culturels. Nous verrons aussi comment des comportements différents peuvent viser un même but. Enfin, il arrive aussi que les comportements observables et les intentions qui leur sont attribuées soient similaires dans deux communautés, mais qu'elles ne correspondent pas nécessairement au même système de valeurs.

Dans chacune des cultures observées, le sourire est un élément de politesse. Il harmonise les relations par le biais d'un message non verbal. Cependant, les Américains interrogés soulignent qu'imposé socialement, il signifie le dynamisme et l'enthousiasme tandis qu'il exprime davantage la sincérité chez les Français. Au Japon, le sourire vise essentiellement à cacher la face, c'est-à-dire à camoufler sa gêne ou ses émotions afin de ne pas déranger l'interlocuteur. Les valeurs qui émergent de ce comportement sont la jovialité et l'enthousiasme pour les Américains, l'expression d'une émotion pour un Français et la préservation de l'harmonie pour les Japonais.

S'il est toujours perçu comme positif par les Américains et les Français, il peut être interprété par les Japonais comme le contraire de la transparence (exprimée par l'impassibilité).

Nous retrouvons le thème de l'uniformité dans les cultures japonaises et américaines, par opposition à la culture française valorisant créativité et expressivité. Cependant, l'uniforme signifie efficacité et gain de temps pour les Américains et fierté d'appartenance à un groupe pour les Japonais.

Nous avons vu aussi que les Américains et les Japonais partageaient une gestion monochronique du temps. Cependant, les représentations diffèrent. Aux Etats-Unis, ponctualité et gain de temps sont associés aux notions de rentabilité et d'efficacité. D'autre part, le pays est peu orienté vers un passé court et accorde beaucoup de valeur au futur.

Au Japon, bien que la rentabilité soit prise en compte, c'est surtout le respect du rythme qui prévaut. Présent dans le zen, dans la cérémonie du thé ou dans l'art, le rythme est associé, d'une part au respect de la vie, d'autre part au rituel. L'écrit sur les cinq roues encore étudié dans les séminaires de cadres souligne : "En toute chose, il y a un rythme... Lorsque le rythme domine, l'exécution est bonne...Tout obéit au rythme et à la cadence[1]" Le rythme est également associé au rituel, nécessaire aux personnes dans leur vie quotidienne : "Tous les jours sont organisés selon le même planning. Chaque chose est faite à la même heure et on ne peut déranger les gens dans leur organisation." Ce rituel au quotidien permet aux Japonais d'organiser leur vie de manière harmonieuse. A cette notion, s'ajoute celle de concentration : totale disponibilité mentale à l'action en cours. Les Japonais ont donc l'impression que les Américains, sans racine dans le passé, sont toujours projetés dans le futur. "Toujours à l'affût du progrès, les Occidentaux s'agitent sans cesse à la poursuite d'un état meilleur que le présent[2]." Présents dans l'instant, les Japonais favorisent le long terme et préfèrent donc concevoir un projet avec calme, ce qui peut être perçu comme de la lenteur par les Américains.

Ces différents paramètres dans la représentation du temps (gestion à court ou long terme, orientation vers le passé, le présent ou l'avenir, rythme, cadence lente et régulière ou rapide) indiquent bien que le fait de partager un mode monochronique ne suffit pas à se comprendre dans l'organisation du temps.

2) Quand différents comportements visent un même but

Dans une foule, il est important de savoir qu'un Américain qui engage la conversation et un Français qui se tait ont la même intention : gérer la tension créée par la promiscuité. L'Américain utilise la parole pour remplir le malaise du silence et désamorcer le stress du côtoiement physique. Le Français (comme le Japonais)

1. Musashi Y., *L'écrit sur les cinq roues,* Paris, Maisonneuve Larose, 1985.
2. Tanazaki J., *op. cit.*

privilégie le silence, garant de l'intimité de chacun. Le silence est perçu positivement comme un espace sacré. Si l'invasion est essentiellement perçue kinesthésiquement par l'Américain, elle est souvent perçue auditivement par le Français. Dans cette situation, les individus ont tout intérêt à essayer de comprendre l'intention implicite de leur partenaire.

Dans un autre contexte, il est possible de dire qu'en présence d'un proche, un Français exprimera sa sympathie par le discours, tandis que le Japonais favorisera le silence. En France, la parole est presque toujours requise pour se mettre sur la même longueur d'ondes. Au Japon, le partage du silence permet bien souvent de ressentir son état de calme ou de tension, de communiquer par le biais d'autres canaux sensoriels. C'est pourquoi il est fréquent que le thé se partage en silence, préalable à l'échange verbal.

3) Les hiérarchies de valeurs

Les systèmes américains et japonais tendent à privilégier un mode de gestion des temps de parole monophonique. L'intention sous-jacente est la même : accorder un temps exclusif à chacun. Les valeurs associées peuvent être celles de respect du locuteur et d'efficacité. Pourtant, la compréhension est incomplète si l'on ne retient pas une valeur spécifique à la culture japonaise : le respect de la place de chacun.

Français et Japonais partagent aussi une habitude : confiner les invités dans une seule pièce préparée à cet effet. Ici aussi l'intention est la même : favoriser l'esthétique. En effet, dans les deux cas, l'hôte a préparé un cadre agréable pour le confort de ses convives. Pourtant, un décalage est décelable au niveau des valeurs : l'esthétique, associée à la sobriété et à l'épuration au Japon peut, au contraire, être associée au chatoiement et à la diversité en France.

Ces quelques exemples montrent à quel point la compréhension du message d'autrui peut être erronée si elle ne considère qu'un seul niveau. Seule la prise en compte des trois niveaux du message définis par Roland Barthes[1] permet d'accéder à la signifi-

1. Barthes R., *L'aventure sémiologique*, Paris, Seuil, 1985.

cation profonde. Ce sont, en fin de compte, les valeurs qui donnent tout leur sens aux comportements.

4) Comportements, intentions et valeurs

Comprendre le message d'un interlocuteur issu d'une culture différente de la sienne requiert donc plusieurs compétences :

1. Prendre conscience du décalage. Nous avons vu que cette prise de conscience était un préalable à la recherche de sens. Elle peut être favorisée et accompagnée par les éducateurs et les enseignants. Toute rencontre, tout échange valorisant l'explicitation et l'écoute favorise l'ouverture à un nouveau mode de pensée. Comme toute découverte, elle comporte un risque pour l'individu : celui d'être déstabilisé, de subir la transition entre un mode de pensée et un autre. Cependant, ce processus est celui de l'apprentissage, de la construction de nouveaux savoirs et savoir-faire. Par ailleurs, la démarche de compréhension doit aussi mettre l'accent sur la découverte de ses propres fonctionnements ce qui, loin de se perdre, permet de mieux se connaître soi-même grâce au regard de l'autre.

2. Au niveau des comportements : savoir relever des indices porteurs de sens. En effet, une réelle compétence d'observation est requise ici, car nous avons tendance à ne relever que ce que nous connaissons déjà. Ainsi, certains signes nous échappent tout simplement car ils ne sont pas signifiants pour nous. Nous avons nos propres critères de découpage et de sélection du monde qui nous entoure. Il nous faut donc, d'une part en prendre conscience, d'autre part repérer ceux des autres systèmes culturels. "La recherche sur la communication entre les hommes ne commence qu'à partir du moment où est posée la question : parmi les milliers de comportements possibles, quels sont ceux retenus par la culture pour constituer des ensembles significatifs[1] ?"

3. Au niveau des intentions : savoir remettre en cause son interprétation immédiate et vérifier quelle est l'intention de l'interlocuteur. Il s'agit déjà d'un travail d'enquête et de recherche. La compréhension des intentions du partenaire est possible par l'observation de situations réitérées dont certains paramètres changent.

1. Bateson G., *Vers une écologie de l'esprit,* Paris, Seuil, 1977.

Ainsi certains comportements sont possibles avec telles personnes mais non avec telles autres. Il est possible d'agir ainsi à tel moment du repas, de la journée, de l'année, mais non à d'autres. Tels types de lieux requièrent telle ou telle attitude. De façon générale, il s'agit d'identifier les positions et les statuts des acteurs, les moments, ainsi que les lieux. Dans le cadre de la politesse, nous avons pu relever une quarantaine d'éléments signifiants classés en cinq catégories : le temps, l'espace, le langage verbal, le langage non verbal et les rituels. Le questionnement sous-jacent est le suivant :

- Que signifie pour vous ce comportement ?
- Quel est l'effet attendu ?
- Que se passerait-il si vous faisiez différemment ?
- Quel autre geste pourrait signifier la même intention ?
- Ce comportement peut-il signifier autre chose ?

Savoir poser ces questions et à qui est aussi une compétence à apprendre.

4. Au niveau des valeurs : savoir quelles sont les valeurs qui motivent les choix grâce à l'échange et l'explicitation. La compréhension des valeurs d'autrui nécessite une démarche de questionnement. Permettre à la personne d'expliciter ce qui est fondamental à ses yeux dans la communication revient à emprunter à la socio-psychologie les techniques sur l'entretien modal. Cette démarche, mise au point par Carl Rogers[1] pour l'entretien non directif, repose sur les valeurs d'empathie et d'écoute.

- En quoi cela est-il important pour vous d'agir ainsi ?
- Lorsqu'une personne agit différemment, quelle valeur importante pour vous n'est pas respectée ?

Nous finirons sur quelques remarques essentielles pour que cette démarche reste ouverte et ne devienne pas le cadre étroit d'une description figée. Comme nous l'avons souligné, observer et analyser permet de devenir acteur dans l'instant présent de l'échange. Chaque situation requiert donc une nouvelle analyse et une flexibilité mentale. Les catégories d'analyse que nous avons suggérées ne sont que des outils méthodologiques favorisant l'observation et l'accès à la logique implicite.

1. Rogers C., *La relation d'aide et la psychothérapie,* Paris, E.S.F., 1993 (1970).

D'autre part, il est nécessaire d'insister à nouveau sur "l'intersubjectivité[1]". La perception de la position d'autrui n'est perceptible qu'en fonction de ma propre position. Un Américain peut être considéré comme formel ou informel, d'une part selon le cadre de l'action, d'autre part selon le degré de formalité que l'observateur aurait assigné à cette même situation. Chaque représentation est une construction en fonction d'un angle d'observation. C'est pourquoi la mise en perspective permet de mieux connaître sa position, le point de vue duquel on parle et sa propre identité grâce à la découverte d'autres regards.

Enfin, puisqu'aucun individu ne se retrouve dans l'ensemble du système qui constitue sa culture[2], il faut bien garder à l'esprit que le système de politesse est un contrat collectif. Dans ce cadre, chaque individu fait des choix qui lui sont propres (y compris celui de sortir de la norme). Pour exprimer une même intention, une diversité de comportements sont possibles que Roland Barthes nomme le "trésor de choix[3]". La compréhension d'un système socioculturel ne doit donc pas prévaloir sur la compréhension de chaque individu. Au contraire, elle la favorise grâce à la décentration dans l'instant présent de l'échange.

> "La visée consiste à apprendre un système, c'est-à-dire l'ensemble cohérent des principes à partir desquels se meuvent les apprenants de cette communauté. Mais il ne s'agit pas d'apprendre ce système en lui-même (pas plus que, pour apprendre à pratiquer une langue vivante, il ne s'agit d'apprendre le système linguistique qui la structure.) Ce que l'on cherche en effet dans un tel enseignement, c'est à apprendre comment les natifs de cette culture incarnent ce système, le mettent en action, l'ont incorporé, l'ont intériorisé comme un habitus[4]."

Ce travail permet la décentration et l'objectivation nécessaires à une réelle communication basée sur la compréhension. Le souci de rétroaction et de vérification doit être constant. Il est plus enrichissant de demander : "Pourquoi faire cela est-il nécessaire ou

1. Abdallah-Pretceille M., *op. cit.*
2. Abdallah-Pretceille M., *op. cit.*
3. Barthes R., *op. cit.*
4. Porcher L., "Simples propos d'un usager", in *Etudes de linguistique appliquée,* n° 66, Paris, Didier Erudition.

important pour vous ?" que de classer la personne par un jugement sans appel. Bien sûr, le désir de comprendre l'autre, l'ouverture à l'altérité et la curiosité intellectuelle sont des pré-requis. En d'autres termes, pour entrer dans cette démarche de décentration, plus contraignante que la généralisation qui fonctionne à l'économie, il faut le vouloir. Mais la découverte de la diversité des processus de construction de sens, la prise de conscience de ses représentations et de celles d'autrui, ainsi que la richesse des relations qui en découlent en valent la peine.

Chapitre IV

COMMENT COMMUNIQUER SANS CONNAÎTRE LA LANGUE DE L'AUTRE : ANALYSE DES ÉCHANGES ÉDUCATIFS EUROPÉENS

Anna Triantaphyllou,

Chercheur, Institut de recherches pédagogiques, Athènes

LA PRÉSENTE ÉTUDE s'appuie sur une expérience faite lors des échanges éducatifs entre des groupes de jeunes de langue et de culture différentes. Il s'agit de rencontres entre des élèves grecs et italiens et entre des élèves grecs et danois ayant comme langue véhiculaire une langue autre que leur langue maternelle. Un enregistrement vidéo des activités quotidiennes des groupes ont permis de saisir des informations quant aux stratégies mises en œuvre pour communiquer.

Communiquer avec l'autre implique la réciprocité. Communiquer c'est mettre en commun, interagir, c'est-à-dire échanger des messages qui mettent les individus en relation réciproque. Les participants engagés dans une interaction interculturelle disposent d'un certain nombre de possibilités linguistiques et comportementales et mettent en œuvre les différentes composantes de leur potentiel langagier dont le décodage définit le degré de la communication.

Mettre en relation trois langues et deux cultures (échange entre Grecs/Italiens avec le grec, l'italien et l'anglais) ou quatre langues et deux cultures (échange entre Grecs/Danois avec le grec, le danois, le français et l'anglais) implique d'une part, des systèmes linguistiques différents et complexes et d'autre part des cultures différentes. Comment arrivent-ils à communiquer et quelle est la réponse aux besoins communicatifs des groupes ? Les interactions avec une langue autre que la langue maternelle désignent des commutations. Les interlocuteurs font appel à d'autres éléments, empruntés à leur langue maternelle ou à d'autres langues, ou bien ont recours à d'autres supports comme les gestes, l'écriture, le rire, la théâtralisation. Cela constitue un second lexique. Ces stratégies communicatives, conscientes ou pas, qui sont mises en œuvre, viennent combler les lacunes que la situation exolingue impose. Si bien qu'une approche holistique semble impérative.

Les stratégies sont de nature langagière et aussi relationnelle, car ce ne sont pas seulement les éléments comportementaux qui comptent mais également les rapports instaurés par ces éléments, la construction de la relation interpersonnelle. C'est à partir de cette analyse des règles et des concepts que la découverte d'"une logique de communication" est tentée.

Pour la découverte des stratégies communicatives qui conduiront à la prise de conscience des multicomposantes comportementales des groupes en situation d'échange, une étude ethnographique pour la découverte du sens littéral s'avérera utile et de grand intérêt. L'étude pragmatique donnera ensuite le sens en contexte. Quel est alors ce "répertoire communicatif[1]" et comment fonctionne-t-il ? Vu ces stratégies, quelle est la relation qui s'instaure entre les participants ? Voilà ce sur quoi on tentera d'apporter réponse en examinant les pratiques dont les jeunes participants font usage.

L'analyse est faite selon les trois niveaux de communication : niveau verbal, niveau non verbal, niveau paraverbal. En outre chaque niveau est étudié par rapport aux deux composantes parmi les trois que E.T. Hall[2] propose à l'égard des actions pratiques,

1. Dabène L., *Repères sociolinguistiques pour l'enseignement des langues*, Paris, Hachette, 1994, p. 86.

2. Hall E., *Le langage silencieux*, Paris, Editions du Seuil, 1984, pp. 79-117 (éd. Or., 1959).

c'est-à-dire les manifestations sociales : le comporten (situations fermées où les groupes travaillent en pré professeurs et où les comportements sont étudiés, calcu spontanés) et le comportement informel (situations ouv qui, vu l'absence de l'intensité de travail, donnent la possibilité d'un comportement spontané sur le plan affectif et émotionnel impliquant des amitiés, des hostilités, des associations et des négociations).

1. SIGNAUX VERBAUX

En parlant du verbal on entend cette partie du faire communicatif qui est lié aux objets que l'homme met en jeu dans le but de communiquer. Cependant la partie pragmatique du dialogue, ne peut pas être négligée. Les interactants exercent des influences mutuelles, "sont nécessairement partie prenante à son déroulement, et acceptent d'être coresponsables de son succès et de son échec[1]". Il n'y a pas de conversation idéale structurée comme un dialogue théâtral avec des locuteurs et des auditeurs idéaux, où chacun attend son tour de parole et respecte les règles linguistiques sans dévier, à savoir sans interventions, sans interruptions, sans chevauchements ou combinaisons possibles, sans incohérences de syntaxe. En revanche, dans une conversation, tous ces éléments "hérétiques" existent et sont légitimés par la réussite du but communicatif. La pauvreté linguistique ne semble pas être déterminante surtout au cours d'une interaction interculturelle, puisque les déviations par rapport à la norme constituent un enrichissement.

La pertinence censée manquer à ce type de conversation est contestable : ce n'est pas ce qu'on dit qui compte, mais la façon dont on le dit afin de pousser l'interlocuteur à agir et à collaborer à la communication verbale tout en supportant les informalités. Dans une rencontre interculturelle, l'étranger se trouve plongé dans un milieu linguistique où il est obligé d'utiliser ses connaissances en langue étrangère, si pauvres soient-elles, pour pouvoir communiquer. S'écarter des normes tout en utilisant un répertoire stratégi-

1. Jacques F., *Dialogiques. Recherches logiques sur le dialogue,* Paris, PUF, 1979, p. 336.

que n'empêche pas de véhiculer des messages explicites ou codés, liés soit à la langue propre soit à la culture.

a) Transgression du code linguistique

Il s'agit des déviations par rapport à la langue véhiculaire, rencontrées dans les situations plurilingues et visant à la réussite de la communication. Tentative sera faite de comprendre la nature et la signification de la transgression du code linguistique, les situations et le contexte dans lesquels les interactants désobéissent aux règles, les effets de la violation des règles sur la communication et à quoi cela correspond dans une séquence ou dans une autre.

Les résultats obtenus à la suite de l'analyse filmique sont répartis selon les catégories suivantes :

Stratégies de facilitation à travers l'usage de la langue maternelle

Au cours des situations ouvertes un recours à la langue maternelle afin de faciliter la communication est observé :

a) *pour résoudre des problèmes pratiques* ;

b) *pour s'adresser à un compatriote, même en présence des correspondants étrangers* : c'est la spontanéité qui intervient et également le sentiment de pouvoir mieux s'exprimer dans sa langue maternelle ;

c) *pour parler avec leurs compatriotes sur des sujets culturels* : c'est surtout par méconnaissance du lexique propre à ces thèmes.

Dans les situations fermées, lorsqu'il s'agit de présentations de thèmes en public le passage de la langue véhiculaire à la langue maternelle est utilisé *pour demander de l'aide* : en cas de lacunes lexicales ou par manque d'idées afin d'assurer la continuité de son discours.

En revanche, on observe une seule demande d'aide dans les situations ouvertes. Ce qui prouve que les lacunes sont comblées à l'aide d'autres stratégies, comme la théâtralisation, la gestualité, le rire, les pauses ou la manipulation du sujet de conversation. Si les situations fermées sont considérées comme des interactions "centrées" (focused interaction[1]) où la langue utilisée doit être conforme aux règles grammaticales et selon un lexique donné, le recours aux autres stratégies n'est pas admissible.

Références culturelles partagées ou non partagées

Les mots ayant une forte charge culturelle partagée par un des groupes sont énoncés en langue maternelle par tous les correspondants. Ainsi ce n'est pas que le mot grec "souvlaki" (la brochette) n'ait pas d'équivalence linguistique dans la langue véhiculaire. C'est surtout la transmission de ses implicites culturels qui est prépondérante et qui renvoie à ce que le souvlaki représente pour un Grec et devrait représenter pour un étranger en contact avec celui-ci : un plat traditionnel, apprécié surtout des jeunes, qu'on peut manger debout dans la rue, qui ne coûte pas cher, qui remplace souvent le dîner. On peut l'acheter à presque tous les coins de rue et il marque souvent un lieu de rendez-vous. Ces connotations ajoutent une autre dimension à la sémantique du signe et ne sont reconnues que dans l'énoncé en langue d'origine. A part les connotations différentes qui constituent un signe de reconnaissance entre les interlocuteurs, l'aspect connivence, issu de la reconnaissance, apparaît et renforce la relation. En outre cet enrichissement de par la compréhension de la "valeur ajoutée[2]" à la signification du mot donnera l'impression d'accès à un monde différent et aussi un sentiment d'épanouissement personnel.

Le répertoire langagier partagé relatif à la culture jeune est également prononcé en langue d'origine, voire avec l'accent de la langue d'origine, ce qui ne se fait pas dans la conversation courante (les noms des idoles, que ce soit des chanteurs, des acteurs ou bien des joueurs de foot-ball et les titres de leurs feuilletons préférés). Il s'agit d'une attitude de défense non seulement de leur langue mais de leur identité.

---

1. Goffman E., *Behavior in public places. Notes on the social organisation of gatherings,* New York, The Free Press, 1963, p. 24.
2. Galisson R., *De la langue à la culture par les mots,* Paris, Clé International, 1991, p. 119.

Aspect ludique de la transgression du code linguistique

– *"Jonglerie verbale*[1] *"*

Le passage d'une langue à l'autre ou à d'autres à des fins de jeu devient fréquente, pour ne pas dire systématique, dans les situations ouvertes entre Grecs et Italiens. Il est rare qu'une conversation se développe au-delà de deux ou trois phrases sans l'intervention d'éléments ludiques avec l'intervention des trois langues (italien, grec, anglais), et parfois d'autres langues.

Les éléments présentés ici retracent la conversation entre deux Italiennes, D. et E. et deux Grecs, A. et N.

D à N. : *Ma che cosa....* (= mais, qu'est-ce que...)

A. : *ti amo* (= je t'aime)

E. : *agapi mou* (= mon amour

N. : *my love* (= mon amour)

E. : *s'agapo* (= je t'aime)

A. : *ma den boro* (= mais je ne peux plus). (Puis en chantant) : *s'agapo, s'agapo* (= je t'aime, je t'aime)

D. : (en chantant) *ftaii o erotas...* (= c'est à cause de l'amour...)

Les deux Italiennes se parlent en italien. N. chante une chanson grecque.

E. : *from the begining* (= vas-y, recommence)

N. à E. : *ftou skoulikonirmigotrypa* (il s'agit d'une comptine qui fait fourcher la langue)

E. fait de vains efforts pour répéter.

N. : *no, no, no.*

E. reprend la comptine.

A. répète syllabe par syllabe et puis il se met à une autre : *pare psomi* (prends un petit pain)

E. : *répète.*

1. Terme utilisé par Louise Dabène, *op. cit.*, p. 94.

N. : *o koulouras* (= le marchand de petits pains) et s'adressant à E. : *say, say* : *o koulouras*

D. répète et ajoute : *una faccia, una razza.*

E. répète et ajoute : *passata la musica, passata la festa.*

L'interaction continue de la même façon. Il est évident que la communication est sans objet, mais la "jonglerie verbale" rend l'ambiance vivante et gaie. Les jeunes profitent d'un mot pour passer à un autre de la même famille ou d'un sens analogue, soit dans la même langue, soit dans la langue de leur interlocuteur. Ou bien, un mot sert de prétexte pour chanter une chanson du même registre. Le peu de moyens linguistiques que les correspondants ont en commun, à part la langue véhiculaire, assurent la communication qui est centrée autour de petits mots-clefs, la syntaxe et la cohérence étant inexistants.

– *Apprendre en jouant ou jouer en apprenant*

Le désir d'identification avec l'autre passe aussi par l'échange de mots ou de phrases dans leurs langues maternelles et prend l'aspect du jeu. Une grande partie des conversations entre les correspondants est régie par l'énumération de connaissances linguistiques dans la langue d'autrui, par la correction et l'enrichissement lexical. Il s'agit d'une tentative d'apprentissage qui se limite à des mots ou des expressions banals comme "bonjour", "merci", "ça va" ; les jours de la semaine ; les saisons ; la conjugaison du verbe "être" ; l'heure ; les paroles de chansons et surtout l'apprentissage d'un lexique propre à l'amour et aux gros mots. Cours de langue et plaisir ludique vont de pair.

Sans aucun doute l'attitude ludique est une composante communicative à travers laquelle des messages différents sont émis. Ce qui est le plus important et qui constitue l'objet principal de séquences entières, est celui des sous-entendus sexuels exprimés souvent avec des gros mots et des vulgarités, toujours émis dans la langue de l'autre. Les jeunes construisent en effet des énoncés qui les choquent moins, car les connotations en langue étrangère sont considérées comme moins pesantes. Ce phénomène ludique ne peut se produire que sous des conditions de familiarité et de connivence qu'il contribue parallèlement à produire. Il désigne aussi un trait de la culture jeune, celui qui peut identifier les groupes en contact et signaler des modifications dans leurs relations. Le jeu verbal se transforme en jeu de séduction.

Charge affective

Il y a alternance codique spontanée au cours des interactions à charge affective, quand par exemple on se met en colère, quand on prononce des injures grossières, quand on soliloque ou quand le message prend un caractère privé ou confidentiel. L'usage de la langue maternelle obéit à des motifs sentimentaux où les mots sont chargés affectivement de nuances plus marquées.

La transgression motivée peut refléter aussi l'appartenance à un groupe. Il a été demandé à une Italienne de parler de son vécu en Grèce. Elle a commencé spontanément dans sa langue maternelle, se demandant par la suite en quelle langue elle devrait s'exprimer.

Charge affective et spontanéité sont étroitement liées. La transgression du code linguistique pour des raisons affectives reflète soit l'appartenance à un certain groupe ethnique et la différenciation vis-à-vis des partenaires étrangers lorsque la langue maternelle est utilisée, soit l'identification avec l'autre lorsque la langue de ce dernier est utilisée

Création des néologismes

C'est le mécanisme d'interférence avec des emprunts lexicaux ou grammaticaux à la langue maternelle. Ainsi le mot italien "schiffo", utilisé par un Grec devient "schifos" et le mot "Pontii" (= les habitants autour de la Mer Noire) devient "Pontious" avec l'addition de la terminaison grecque. Le mot anglais "cultural" devient "politistical" par hellénisation.

Phonétisme de noms propres

Il s'agit des difficultés dues à la déviance phonologique des énoncés par les partenaires en tant qu'émetteurs et/ou récepteurs, celles qui concernent les noms propres, à savoir les noms propres liés à l'histoire du pays. Le Grec, qui parle à son correspondant étranger de l'histoire de son pays, ne peut pas associer ses représentations liées à des personnages et à des lieux avec des paysages sonores qui lui sont étrangers. L'identification avec le passé que de son pays et l'idéalisation des faits historiques ont comme effet évident le refus d'adapter les noms propres à une langue qui n'est pas la sienne et qui est considérée comme privée de connotations. Comme si prononcer à la manière de la langue véhiculaire pouvait priver le mot de son contenu et voler une partie de la gloire hellénique. Comme si le locuteur pratiquait un acte de trahison contre son héritage culturel et le sens véhiculé. Une stratégie protectrice des représentations et de l'ethrtocentrisme est alors mise à l'œuvre.

L'émetteur grec modifie donc son comportement phonétique lorsqu'il s'agit des noms propres et l'auditeur étranger mobilise sa capacité à combiner trois phonétismes (celui de sa langue, de la langue de l'autre et de la langue véhiculaire) afin de pouvoir suivre le déroulement du discours.

2. SIGNAUX NON VERBAUX

En parlant du non verbal on entend cette partie du fait communicatif qui englobe des domaines, tels que la gestuelle et le langage du corps, les expressions faciales, la proxémie, l'habillement, le maquillage. Faire une grimace ou un geste pour répondre, mimer le dégoût ou le plaisir, s'éloigner de son interlocuteur, tout cela peut contribuer au renforcement de la signification et réduire les risques de malentendus quant au sens.

Les signes non verbaux peuvent traduire tout ce qu'un individu peut vouloir dire dans un énoncé verbal. Ils sont traités comme plus révélateurs que les énoncés verbaux, car il est plus difficile de les manipuler et de les falsifier. Langue muette, le geste renseigne[1] sur le caractère des utilisateurs et a une fonction expressive, c'est-à-dire qu'il transmet des informations concernant des caractéristiques comme l'identité sociale (âge, sexe, personnalité) et les émotions. Il a aussi une fonction *réactive* qui est la manifestation des réactions aux comportements d'un partenaire. Au niveau dialogique, il montre *la relation* entre les utilisateurs, par exemple un

1. Scherer K.R., "Les fonctions des signes non verbaux dans la conversation", in Cosnier J. et Brossard A. (sous la dir. de), *La communication non verbale*, Neuchâtel, Paris, Delachaux et Niestlé, 1984, p. 86.

actant de statut supérieur tend à s'asseoir avec une posture assymétrique, tandis que son interlocuteur de statut inférieur est assis droit, les membres en position symétrique.

Au cours de rencontres interculturelles, le rôle des signes non verbaux devient plus significatif, car la possibilité de communiquer des partenaires est perturbée par une insuffisante acquisition de la langue de communication. C'est ainsi que le comportement est caractérisé par une gestualité abondante. Celle-ci révèle le désir inconscient du locuteur de "traduire" avec ses gestes explicatifs qui couvrent les lacunes du verbal pour que l'interlocuteur comprenne, mais aussi pour lui-même, qui se trouve dans la même situation d'"infirmité".

Les éléments non verbaux doivent être décrits et interprétés car ils sont des langages. Si tout comportement est communication, le langage gestuel est alors considéré comme un des niveaux de la communication et peut être étudié selon les modèles appliqués au langage verbal.

a) Les contacts physiques

Selon E.T. Hall la culture influence la structuration et l'utilisation de l'espace : par exemple la distance que les individus gardent entre eux, ou bien la conception des maisons et des villes. Un concept qu'il faudra retenir est celui de territorialité, qui est "la conduite" adoptée par un organisme pour s'approprier un territoire et le défendre contre les membres de sa propre espèce. De nombreux peuples évitent de toucher les étrangers ou leurs compatriotes, ayant souvent des réactions négatives quand cela arrive ; chez d'autres, "à contact", la distance est diminuée et le toucher joue un rôle important dans leur vie. Le système tactile varie en fonction des cultures. Souvent l'usage différent des sens et la non-perception de la différence apporte le dysfonctionnement ou l'échec de la communication interculturelle.

Quant à la territorialité des jeunes, celle-ci entre en jeu plusieurs fois lors de la rencontre interculturelle et est liée à la distance entre les deux groupes comme "distance de fuite[1]. Pour les

1. Hediger H., *Studies of the Psychology and Behavior of Captive Animals in zoos and Circuses,* London, Butterworth & Company, 1955.

deux groupes la distance de fuite consiste à prendre leurs distances et à se réunir, plusieurs fois dans la journée, en groupes homoculturels bien distincts et sans désir de se mélanger. Mécanisme de défense contre l'invasion de l'autre étranger et qui renforce l'intimité entre les membres du même groupe, la préservation des limites de l'espace traduit le besoin de la territorialité comme système de comportement.

Quelle est donc la fonction du toucher dans les interactions communicatives interculturelles ? Pourquoi les partenaires se touchent-ils les uns les autres ?

a) *Pour attirer l'attention de l'interlocuteur* : nous sommes amenés à constater que, pour les Italiens comme pour les Grecs, l'usage des contacts physiques dans le but d'attirer l'attention de l'autre est considéré comme naturel. Le non-verbal remplace le verbal, ou renforce le message énoncé. En revanche dans l'échange entre Grecs et Danois, il n'est observé qu'un seul exemple dans le but d'attirer l'attention.

b) *Pour manifester la sympathie, l'affection, la connivence* : c'est le cas le plus fréquent chez les Grecs et les Italiens. Dans presque toutes les séquences, des contacts physiques de ce type sont présents : le discours verbal de la jeune Italienne (C) est accompagné par les contacts physiques continus de son interlocutrice grecque (M.). M. lui caresse les cheveux, lui arrange la frange, lui tient la main, lui touche le bras, comme si elle voulait imprimer une marque sur son amie. Elle touche également le petit sac personnel de C. ; ce petit sac, caractéristique de tous les Italiens, n'est jamais abandonné par ces derniers, il joue le rôle de fétiche. Dans une perspective interactive ce code communicatif inclut plusieurs nuances : le dépassement des limites du territoire personnel d'autrui est un signe de pouvoir qui assure une position haute, au moins au moment où il est énoncé. C'est avant tout l'expression de sentiments de sympathie, d'affection, de connivence, cela constituant un signe de renforcement de l'amitié. L'absence d'embarras de la part de C. est un message de reconnaissance de l'autre.

L'exemple mentionné ci-dessus est très riche en informations. Les contacts physiques reflètent les états émotifs des interactants, leur intimité et leur connivence, indépendamment du sexe. C'est aussi la transcendance symbolique des hiérarchies.

c) *Pour séduire* : à travers le contact tactile peuvent passer des émotions très fortes, des sous-entendus d'avances, des messages d'attirance. Ceci est toujours accompagné par des regards significatifs, des rires étouffés ; c'est-à-dire que dans ce cas-là, le toucher n'est qu'une composante d'un tout qui renforce l'aspect narcissique et érotique.

Le comportement tactile ne semble pas avoir une signification différente chez les Grecs et les Italiens. Quant aux élèves danois, cela ne fait pas partie de leur comportement. Si, conformément aux séquences filmées, de rares cas sont observés, ils sont dûs à l'initiative grecque et souvent sans répondant de la part de leurs correspondants. Si, à partir de cette expérience, les premiers peuvent être caractérisés comme des peuples "à contact", les deuxièmes appartiennent à la catégorie "sans contact".

b) La gestualité

"Gestualité" et "gestuelle" s'appliquent aux mouvements corporels. Il s'agit d'une vision morcelée du corps, car, en l'occurrence, les expressions faciales ne sont pas prises en compte. C'est une tâche extrêmement difficile que celle de pouvoir saisir toute la complexité des gestes quotidiens de jeunes grecs, d'Italiens et de Danois. Tentative sera faite d'en repérer une grande partie afin d'étudier le rapport du geste et du verbe lorsqu'ils coexistent dans un message. Pour ce travail sera utilisée la typologie de M. Argyle[1] qui classe les gestes selon les catégories suivantes :

- **Cadences**. Les mains, la tête, les sourcils, le menton participent au rythme de la parole.
- **Feed-back**. Ces gestes appartiennent à l'interlocuteur qui réagit avec des mouvements affirmatifs de la tête, des yeux, des "hum, hum" qui encouragent le locuteur.
- **Idéographes**. Ils ont une fonction redondante. Ils schématisent le cheminement de la pensée tout en participant à l'argumentation ou la narration. Le pouce ou l'index sont utilisés pour l'énumération des idées.
- **Déictiques**. Ils indiquent un objet.

1. Argyle M., *Social Interaction,* London, Methuen's and co. Ltd, 1969.

• **Spatiaux**. Ils signifient ici, là-bas. Ils sont utilisés pour indiquer une direction.

• **Kinétographes**. Ce sont des gestes qui doublent la parole pour mimer des actions ou des états comme "pleurer, dormir, marcher, sauter, manger, ennui, fatigue".

• **Pictographes**. Les mains dessinent dans l'espace une forme, une taille ou des éléments constituants de l'objet décrit. Ils renforcent le sens d'un mot.

• **Emblèmes**. Ils sont des substituts de langage. Il s'agit de paroles sans voix qui miment leurs gestes.

La première constatation d'une étude filmique comparée est que les gestes sont quantitativement aussi abondants dans la relation entre Grecs et Italiens que dans la relation entre Grecs et Danois, mais avec une variation du degré d'intensité. Dans le premier cas ils ont un caractère intense, ample et rapide, dans le deuxième les gestes sont relâchés mais tout aussi révélateurs.

Dans les deux paradigmes d'échange, l'analyse quantitative donne la priorité aux idéographes, tant dans les situations ouvertes que dans les situations fermées, ce qui n'est pas surprenant car, à part le fait que dans les cultures occidentales rares sont les personnes qui n'accompagnent pas le cheminement de leur pensée par des idéographes, intervient ici l'embarras lié à l'usage d'une langue autre que la leur et la communication avec des étrangers. (La jeune grecque fait des mouvements circulaires de sa main pour désigner la répétition. Une autre accompagne le "non" d'un mouvement de l'index levé. En chantant l'histoire d'un chat elle griffonne.)

Entre les Grecs et les Italiens, les emblèmes, qui arrivent en second, apparaissent surtout au cours des situations ouvertes, alors que les situations fermées qui exigent une attitude plus formelle sont caractérisées par leur moindre présence (L. lève le bras, les doigts ouverts pour saluer quelqu'un, P. forme un cercle avec le pouce et l'index, signe de succès). En revanche entre les Grecs et les Danois, les emblèmes sont presque inexistants. On peut supposer que leur rôle modeste est dû à la rareté des occasions de se rencontrer au cours de situations ouvertes et à une attitude moins spontanée lors des interactions.

Il convient de préciser l'usage fréquent des kinétographes au cours des situations fermées où la parole destinée à tous doit être fluide et bien structurée et l'activité verbale liée à l'activité motrice d'une manière différente qu'en cours de situations ouvertes : une petite mise en scène inconsciente mobilisera les kinétographes, d'abord en tant que mécanisme de défense qui régulera le besoin homéostatique découlant de l'incertitude quant à la maîtrise de la langue véhiculaire devant un public. En second lieu, le besoin de présenter son discours amélioré et enrichi et de le rendre plus éloquent, autrement dit de transmettre théâtralement des indications plus conformes, conduira le locuteur à la mobilisation de sa mimique : la main se dirige vers l'avant et ensuite vers l'arrière pour décrire le trajet "from Russia, here", mouvement de main vers l'intérieur pour le retour au pays "they come back". De même pour les déictiques dont l'usage fréquent donne des indications explicites sur le sujet du discours. Quant au reste des catégories, leur nombre apparaît restreint, excepté les feed-back qui apparaissent dans toutes les situations ouvertes.

Il faudrait s'arrêter un instant sur le rôle culturel des gestes tout en soulignant que la gestualité n'est pas seulement un phénomène naturel mais surtout un phénomène culturel de par son mode d'emploi qu'on apprend et transmet. Le film indique que les sujets en interaction n'ont pas de difficulté à identifier les gestes et leur attribuent pour la plupart la même signification. Certaines particularités des gestualités propres à la culture de chacun n'ont pas entravé la communication, au contraire elles ont joué un rôle homéostatique : on peut, par exemple, y remarquer de jeunes Grecs, dans une tentative d'identification avec les Italiens, en train d'imiter le geste qui consiste à réunir le bout des doigts et à bouger la main du haut en bas, en disant "ma che fa !" avec l'intonation italienne.

c) Les cheveux

Signe de féminité la chevelure contient des symbolismes très riches. Son usage varié est un acte expressif, à caractère redondant, qui participe à la communication et sert à la transmission de messages, comme d'ailleurs tout langage. Il a une relation métonymique avec tout ce qui se passe en même temps et dans le même contexte et transfère à son tour une partie du message. Dans tous les cas elle maintient et régularise le geste et la parole, tout en offrant un équilibre supplémentaire.

S'occuper avec, de manière intensive, n'est pas rare chez les jeunes grecques et les jeunes italiennes. En revanche pour les jeunes danoises c'est assez rare. Il ne s'agit pas alors d'un élément second, au contraire, il fait partie de la structuration individuelle. Au cours de situations fermées la prise de la parole est accompagnée d'un mouvement de main vers les cheveux, soit pour les ranger, soit pour les mettre derrière l'oreille. C'est, en l'occurrence, un acte habituel et répété dont la sémantique est liée à la timidité face à un public. Signe identifié à l'embarras, l'hésitation ou la concentration sur la continuité du discours, souvent suivi d'une onomatopée, offre à l'actant un refuge, un souffle pour un regain d'énergie et la reprise de son activité.

Au cours des situations ouvertes l'usage de la chevelure inclut des connotations plus complexes. Couvrir le visage avec les cheveux peut signifier la timidité vis-à-vis de l'interlocuteur ou bien le refus de converser et le désir de rompre la conversion. Le refus peut également être manifesté par le rejet des cheveux en arrière tout en disant "non", tandis que l'embarras ou la timidité se manifestent par des attouchements sur les cheveux. Ces mouvements extériorisent un état émotionnel qui implique une prise de distances par rapport à l'interlocuteur.

Toucher ses cheveux ou les cheveux d'autrui vise à satisfaire des besoins d'ordre sensoriel et affectif et exprime la relation avec l'autre. C'est un acte de chaleur humaine mixte qui a pour but la recherche de l'établissement d'un lien avec l'autre en pénétrant dans son territoire.

Signe de féminité, comme il a été déjà dit, l'usage des cheveux indique le désir de séduire. Une longue chevelure qui se balance avec grâce de droite et de gauche, des sourires malicieux et de lents mouvements corporels tantôt d'un côté, tantôt d'un autre, ce sont là des attitudes de coquetterie qui répondent aux visées et aux désirs des participants, ou bien provoquent ces derniers.

La chevelure peut également conférer un aspect ludique et théâtral à l'interaction : changer sa coiffure ou celle de son interlocuteur, se déguiser en jouant avec une perruque, tirer les cheveux de l'autre pour le taquiner. Voilà des formes détournées de séduction.

Chercher à donner toujours du sens à l'usage des cheveux est difficile. Il y a des moments où le seul sens qu'on puisse attribuer au mouvement de la main qui range ou simplement touche les cheveux est la marque de la fin d'une phrase. Cela correspond à une pause propre au locuteur, qui n'existe pas vraiment car l'interlocuteur a déjà repris la parole.

3. SIGNAUX PARAVERBAUX

Parler des signaux paraverbaux pose des problèmes de frontière entre le verbal et le paraverbal. Les critères selon lesquels on peut tenter de fonder une distinction ne sont pas convaincants. On pourrait dire qu'il s'agit de productions vocales, sans grammaire, des exclamations diverses, des vocalisations, des cris, des "demi-mots[1]". Les mécanismes prosodiques comme l'intonation, la position de l'accent, la mélodie, enfin toutes les variables et déviances phonétiques font partie des signifiants paraverbaux. Il s'agit de l'environnement sonore des échanges verbaux et selon Aristote les sons émis par la voix sont symboles des états d'âme. Comme les signes verbaux et non verbaux, ils sont également porteurs de sens, ont des fonctions communicatives et créent un réseau de significations qui permet à l'interaction de progresser. De par leur nature, loin d'être stéréotypés, ils sont toujours en synergie avec les autres canaux et surtout avec le canal non verbal, et contribuent à la synchronie conversationnelle. Comme les autres niveaux de communication, les signaux paraverbaux peuvent fournir des informations sur l'identité des interactants, sur leur état affectif et sur la relation qu'ils entretiennent entre eux.

a) Le silence

Si l'on admet que "dans une interaction tout comportement a la valeur d'un message[2]", alors l'individu qui s'arrête de parler

1. Kerbrat-Orecchioni C., *Les interactions verbales*, I., Armand Colin, 1990, p. 139.
2. Watzlawick P. et al., *Une logique de la communication*, Paris, Editions du Seuil, 1972, p. 46 (éd. Or, 1967).

communique un message. Il ne sera pas question de silences syntaxiques qui correspondent à une virgule à l'écrit et qui séparent deux tours de parole, mais de ceux qui, généralement plus longs, donnent l'impression d'une rupture de communication et qui peuvent être déterminés selon leur fonction dans l'interaction verbale.

Le silence en tant que stratégie communicative diffère selon le type d'interaction verbale. Dans les situations fermées, des silences fréquents interviennent, précédés souvent d'une onomatopée qui est un signe annonciateur. Ils renferment la réflexion pour la recherche d'un mot ou d'une idée qui assurera la suite du discours.

Une grande partie des silences légers correspond au passage du tour de la parole. Il y a abandon provisoire de la conversation où l'interlocuteur profite de la rupture et réagit en répondant.

Le silence peut aussi signifier l'*hésitation* et dépendra alors du statut des participants. La position basse provoque plus de silences que le sentiment d'égalité ou de position haute.

Le silence peut vouloir exprimer des *implicites*. Ce silence, en l'occurrence volontaire, est chargé de significations tantôt intelligibles tantôt difficiles à déchiffrer.

Le silence pesant implique soit *le refus,* soit *la difficulté de communiquer*. Il est de longue durée et accompagné de détournement du regard, d'onomatopées embarrassées. Parfois l'arrivée d'une nouvelle personne rompt le silence. Ou bien il y a manipulation du sujet avec changement de thème.

b) Les onomatopées

Ce sont des constructions métaphoriques et métonymiques. Elles remplacent un mot ou un sentiment et en imposent un autre en relation de contiguïté avec celui qu'elles relèguent. En synergie avec l'intonation, les onomatopées conduisent à la signification (valeur sémantique). Elles sont nécessaires dans une interaction car elles préservent la possibilité de communication, donnent une continuité à la parole (valeur syntaxique), provoquent des réactions et deviennent la cause de diffusion de messages (valeur pragmatique). Dans certains cas, l'ambiguïté des onomatopées rend l'interprétation du message incertaine.

Elles apparaissent fréquemment comme *substitut* d'un mot ou d'une phrase soit par difficulté linguistique soit par difficulté à poursuivre le flux parolier. Elles remplacent également des mots ou des phrases comme "oui", "quoi ?", "j'ai compris", "je ne comprends pas". La *valeur émotionnelle* attachée à la surprise, à l'enthousiasme, à l'admiration, à la sympathie, à l'ennui, au dégoût est fréquemment manifestée par des onomatopées. Leur usage comporte également un *aspect ludique*.

Beaucoup plus riches en onomatopées sont les situations fermées. Les présentations faites par les jeunes sur des sujets culturels exigent des idées fécondes et l'usage d'un lexique sophistiqué. Le discours est constamment rompu par des onomatopées, signe de recherche d'un mot ou d'une idée qui assurera la continuité. L'usage des onomatopées, en l'occurrence, comme substitut d'un mot ou d'une phrase constitue un cas rare.

Il est hors de doute que les onomatopées sont une partie significative de l'échange, par redondance ou par laconisme, par litote ou par hyperbole qui ne se lexicalisent pas. Toujours spontanées, permettant de produire ou de mieux suivre la conversation, elles sont un des éléments les plus importants et facilitent la communication.

c) Le rire

Le rire est avant tout une attitude physique de détente qui exprime le plaisir et l'euphorie. Il assouplit les situations en dysharmonie. Phénomène de convergence "le rire est une fonction sociale[1]".

Que signifie le rire ? Qu'y-a-t-il au fond de risible ? De par sa nature et de par sa fonction, le rire est un langage à déchiffrer. Il existe dans toutes les séquences de situations ouvertes et pas du tout dans les situations fermées, sauf dans le cas où l'embarras est manifeste, et également, où la gêne, la timidité, l'absence de spontanéité dans les relations provoquent de petits rires qui viennent combler les lacunes autant linguistiques que communicationnelles.

1. Bergson H., *Le rire*, Paris, Quadrige/PUF, 1993, p. 6 (1re éd. 1940).

Les jeunes locuteurs rient. Ils rient beaucoup. Ils rient avec de petits rires, ont le fou rire ou bien ricanent. La production du rire, du rire franc et spontané, soit collectif soit individuel, diffère selon les situations et les sujets. Ont été établies les classifications suivantes :

Rire gai de joie : il est provoqué automatiquement et particulièrement par le comique.

Rire d'admiration et d'enthousiasme (souvent suivi d'une onomatopée).

Rire malicieux et narcissique : il émet des messages riches en sous-entendus et promesses et apparaît souvent accompagné de postures de coquetterie et de regards éloquents. Il a une fonction d'attraction et de distraction. L'interlocuteur est mis au défi de participer à ce jeu de séduction.

Rire de connivence et de consentement : lorsque les jeunes partagent des moments de gaieté, il y a complicité avec les autres rieurs, souvent accompagnée de rapprochements corporels et faciaux. On peut reconnaître dans cette attitude un code rituel qui renforce l'unité de la relation.

Rire de politesse : sans vraiment participer aux plaisanteries, des fois les jeunes se sentent parfois obligés, par politesse, de s'adapter à la situation et de faire semblant de s'amuser. Dans ce cas, le rire exprime la sympathie, l'identification et l'implication au rituel. C'est un geste à la fonction "confirmative[1]".

Rire qui interrompt le silence ou manipule la conversation : il arrive pour combler les lacunes communicatives, éviter ou atténuer le malaise ressentis lors de certaines situations et rechercher l'équilibre conversationnel et communicatif.

De cette typologie ressort la fonction régulatrice, communicative et relationnelle du rire. Il est clair que c'est l'effet d'une convergence d'humeurs, un signal réparateur des sentiments négatifs potentiels. Son langage efface le spectre de la maîtrise sur l'autre, abolit le pouvoir et fournit le moyen de participer à un échange qui libère et donne la possibilité de s'évader du réseau des con-

---

1. Goffman E., *La mise en scène de la vie quotidienne*. 2, p. 76, Paris, 1973, Editions de Minuit (éd. Or, 1971).

traintes dictées par l'attachement au désir de sauver la face. Il contribue à dé-dramatiser et à sauver la situation.

4. INTERACTIONS MIXTES

A côté des deux grandes catégories d'interactions, "à dominante verbale" et "à dominante non verbale" il y a une troisième, celle appelée "mixte[1]". C'est souvent le cas des échanges où les actions verbales et non verbales se succèdent et s'entremêlent et qui sont également indispensables au déroulement du rituel. La théâtralisation, acte fréquemment rencontré au cours des échanges, appartient à ce troisième type d'interaction.

a) La théâtralisation

Elle est définie comme un jeu entre un (des) émetteur(s) et un (des) récepteur(s). C'est un système de communication où différents personnages mettant en jeu leur comportement verbal, non verbal et paraverbal passent de leur moi à celui d'un autre et transfèrent des messages implicites. Cette métaphore d'une identité explicite et littérale à une autre implicite s'adresse toujours à un public et c'est bien lui qu'il s'agit de séduire. L'altérité est alors à la base de la théâtralisation, spectateurs et acteurs pouvant échanger facilement leurs rôles. N'importe quel espace peut servir de scène. Pour en revenir aux stratégies appliquées par les jeunes, la théâtralisation devient quotidienne. Dans ces circonstances il y a des acteurs et des publics qui aiment participer à ce jeu à caractère cérémonieux et qui, à partir du langage du théâtre, construisent leur relation. La théâtralisation peut survenir à la suite d'un silence pesant. Elle constitue alors la solution pour éviter la dyscommunication.

Jouer le rôle du speaker est un des sujets préférés. S'appropriant le micro du caméscope, C. annonce des programmes, des émissions et passe le micro aux spectateurs qui à leur tour doivent s'en servir en prenant la parole et donner suite au jeu. Ou bien le micro est fictif, cependant cela n'empêche pas la réussite de la

1. Kerbrat-Orecchioni C., *op. cit.*, pp. 135-136.

scène. Le passage de relais aux spectateurs qui deviennent à leur tour créateurs provoque des dramatisations continues, le rire et une ambiance euphorique. L'énoncé d'un mot ou d'une phrase innocents qui inspirent tout de suite une chanson suscitent souvent des situations dramaturgiques. Les interlocuteurs tiennent des rôles proprement pragmatiques : un acte de langage en appelle un autre.

Faire semblant d'être agresseur, mendiant, journaliste, star du cinéma, chanteur ou animateur à la télé c'est dépasser la personne et devenir personnage : "...On a une image à imposer et à défendre qui demande à être confirmée par le public ; la parole devient une stratégie de séduction ou de pouvoir....elle est exhibition plus que communication[1]." Cet aspect de domination sur l'autre par la séduction n'empêche pas la communication. En revanche, l'autre se permet d'être séduit et avec l'alternance des rôles, il entre lui aussi à son tour dans ce jeu de séduction. La fonction homéostatique de la rencontre est alors assurée par la connivence et une ambiance agréable.

5. LA RHÉTORIQUE DES STRATÉGIES COMMUNICATIVES

La rhétorique est un art qui a pour objet l'éloquence. Elle étudie les moyens qui permettent d'aboutir au résultat visé, entre autres, ceux de la manipulation, pas forcément en mauvaise part, du discours. Les pratiques langagières déjà analysées possèdent des caractéristiques communes, c'est-à-dire qu'elles sont toutes orientées vers le même but : la manipulation du discours à des fins communicatives. On ne peut donc pas limiter la rhétorique à l'art de la persuasion mais il faut plutôt adopter la définition de la rhétorique comme "la négociation de la distance entre des hommes à propos d'une question, d'un problème[2]." Cette distance qui en est l'enjeu peut être diminuée, accrue ou maintenue selon le cas. Elles sont alors des stratégies rhétoriques profondément ancrées dans les pratiques des participants au cours des échanges pédagogiques.

---

1. Ladmiral J.-R., Lipiansky E.M., *La communication interculturelle,* Paris, Armand Colin, 1989, p. 156.
2. Meyer M., *Questions de rhétorique,* Paris, Le livre de Poche, 1993, p. 22.

Au niveau verbal, transgresser le code linguistique et passer d'une langue à une autre pourrait être assimilé à une pratique métonymique. Des mots dans une langue remplacent des mots dans une autre pour donner le même sens. Dans l'aspect ludique de la langue ou dans la commutation dûe à la charge affective, on pourrait voir la métaphore de la préoccupation identitaire des partenaires. C'est ainsi donc que la reconnaissance de l'autre est manifestée par l'effacement de la différence culturelle par le biais du ludisme. En revanche, dans la création des néologismes et le phonétisme de noms propres apparentés à la langue maternelle, on pourrait voir une métaphore dans la tendance à ne pas reconnaître l'autre, à dévaloriser sa culture et à l'effacer.

Dans l'expression non verbale et paraverbale on pourrait également distinguer un caractère métonymique. Car les mots ou les états d'âme sont remplacés par des gestes, des attouchements, des mouvements de cheveux, des silences, des onomatopées, des rires, dans le but de donner des indications explicites ou implicites au sujet. Ainsi, à part leur travail de remplacement d'un mot ou d'une phrase (métonymie), les signes verbaux et paraverbaux remplacent des messages affectifs (hésitation, embarras, réticence, joie, admiration...). Une grande partie de ces derniers qui peuvent être manifestés avec des mots ou des gestes, ont affaire à des significations plus complexes, comme les contenus sexuels cachés sous une attitude innocente. Il n'y a aucun doute sur le lien entre cette fonction de la rhétorique des jeunes en situation d'échange et le rôle de la séduction.

Les actes expressifs de jeunes danois sont régis par la litote des stratégies communicatives (litote verbale, non verbale et paraverbale), provoquant chez leurs correspondants grecs une conduite laconique qui fait que le groupe se comporte comme une entité distinctive. Au lieu de jouer sur la défense avec l'appui sur certaines figures qui consisteraient à influencer favorablement le public, on minimise la question pour rejeter l'interlocuteur. La rhétorique, en l'occurrence, au lieu de diminuer la distance, l'augmente soulignant l'identité. En revanche la relation entre les Grecs et les Italiens est pleine d'éléments hyperboliques qui renforcent la transmission des informations ou en produisent de nouvelles et qui sont un enrichissement pour la communicabilité. Minimisation ou amplification traversent tout le discours visant à dévaloriser ou à atténuer la distance, à attaquer l'adversaire ou à négocier la relation avec lui.

Au cours des interactions fermées, la rhétorique ne coïncide pas tellement avec ce qui vient d'être analysé. Le discours y devient presque stérile par rapport à celui des échanges ouverts. En fait on pourrait parler d'une langue de bois accompagnée de clichés, qui, suivant le rituel, ne s'autorise pas les déviances qui rendent la communication plus vivante.

L'utilité et l'efficacité des stratégies rhétoriques sont constatées. Comme il est également constaté que l'"éloquence", pour qu'elle puisse se produire et s'épanouir, a besoin de liberté. Elle a aussi besoin d'interlocuteurs qui soient dans la même lignée, prêts à admettre les écarts et à ne pas les considérer comme détournement et abus : parce que la rhétorique entre dans le mécanisme de la culture.

Chapitre V

BOLIVIE : "L'UNITÉ DANS LA DIVERSITÉ". QUELLE PLACE POUR L'INTERCULTUREL ?

Véronica Pugibet

Maître de Conférences, I.U.F.M. Paris

"L'UNITÉ DANS LA DIVERSITÉ." Telle est la devise de cette république de l'Amérique andine qui compte actuellement 7 413 834 habitants (recensement de 1992). Ce pays privé d'accès à la mer, s'étale sur l'Altiplano et couvre aussi une partie du territoire amazonien. Variété de climats, différences de peuplements et bien évidemment mosaïque de langues, soit 19 (castillan : langue officielle, quechua, aymara, guarani et autres langues minoritaires telles le takana, l'ayoreo, ou le chacobo pour n'en citer que quelques unes) marquent l'identité de ce pays. D'après le recensement de 1992, on estime qu'environ 40 % de la population est monolingue castillan. Alors quels sont les rapports entretenus par ces diverses communautés, quelles représentations ont-elles les unes des autres ? En quoi cette généreuse devise a-t-elle prise sur la réalité ?

Que veut dire Unité ? S'agit-il de la norme-castillan, en vigueur depuis la colonie ? Quelle est la véritable place laissée à la diversité : est-ce juste un état de fait "sauvage" contre lequel "on" ne peut rien ? "Sauvage" c'est-à-dire que coexistent divers systèmes.

Mais y-a-t-il rencontre, échange, écoute, compréhension, tolérance ? C'est bien souvent au moment où des obstacles à la communication surgissent que l'on parle d'interculturel, alors que dans le quotidien de nombreuses situations pas forcément conflictuelles sont vécues par les uns et les autres mettant tout naturellement en question les rapports entretenus par leur culture propre. La dimension interculturelle ne se joue pas seulement au sein des instances éducatives, elle se vit chaque jour en Bolivie et pas simplement au travers du multilinguisme qui existe dans ce pays mais au travers de diverses cultures liées à ces langues d'une part mais aussi à la culture rurale face à la culture urbaine, la culture "blanche" face à la culture métisse ou indienne.

Nous nous inscrivons dans notre préoccupation au-delà de la linguistique et de la sociolinguistique "comprendre l'ethnodiversité, la perte des langues, l'identité exilée et l'éducation indigène, par exemple, constituent des problématiques qui élargissent les objectifs de la sociolinguistique[1]".

CONTEXTE

Il est important pour comprendre certaines attitudes de rappeler que près de 60 % de la population bolivienne est d'origine indienne parlant l'aymara, le quechua et le guarani (dont le niveau de bilinguisme varie considérablement d'une région à l'autre et de génération à génération[2]). Cette population est essentiellement rurale. On peut suivre l'évolution linguistique bolivienne entre 1976 et 1992 (cf. tableau ci-après).

Ainsi donc on se rend compte que près de 60 % de la population parle une langue indigène, même si l'on observe une diminution des langues indigènes et une augmentation du castillan tant en chiffres absolus qu'en chiffres relatifs. De toute évidence dans les villes le renforcement du castillan tend à se faire nettement sentir. Les recherches de Xavier Albo permettent de formuler des

1. H. Muñoz Cruz, *Experiencias sociales y comunicativas como factores de la enseñanza/aprendizaje del lenguaje en contextos indoamericanos,* Unesco/DSE/ Unicef/AECI, Santa Cruz de la Sierra, Bolivia, 1996, p. 2.

2. X. Albo, *Bolivia plurilingüe. Guía para planificadores y educadores,* 1995, CIPCA y Unicef-Bolivia, vol. 1, p. 23.

Catégorie	*1976 (milliers)*	*%*	*1992*	*%*	*Augmentation relative*
– savent le castillan	3 210	78,8	4 594	87,4	8,6
– savent le quechua	1 594	39,7	1 806	34,3	– 5,4
– savent l'aymara	1 156	28,8	1 238	23,0	– 5,8
– savent d'autres langues indigènes	56	1,1	70	1,6	0,5
– ne savent que le castillan	1 508	36,3	2 203	41,7	
– ne savent qu'une langue indigène	944	20,4	608	11,5	

Source : Xavier Albó, *Bolivia plurilingüe. Guía para planificadores y educadores*, 1995, CIPCA y Unicef-Bolivia.

tendances valables non seulement pour la Bolivie mais aussi pour l'ensemble du continent.

"a) Le pourcentage de l'espagnol augmentera tant en chiffres absolus qu'en chiffres relatifs.

b) Le pourcentage de chaque langue native diminuera, tout au moins légèrement (sauf peut-être pour le guarani).

c) Les chiffres absolus de toutes les langues augmenteront dans une proportion supérieure à la croissance générale de la population, dans le cas du castillan et inférieure à celle-ci dans le cas des langues indigènes dominantes (quechua et aymara).

d) Il y aura enfin une augmentation sensible des bilingues castillan et une autre langue indigène.

e) Cependant ceux qui ne parlent que des langues indigènes (quechua et/ou aymara) diminueront, y compris en chiffres absolus.

f) Dans les capitales, tous ces avantages en faveur du castillan seront beaucoup plus accentués[1]."

Ce bilinguisme ou plus exactement ce multilinguisme recouvre une grande diversité ethnique, culturelle, sociale et économique. Cette mosaïque loin de conduire à l'unité dans la diversité

1. X. Albo, *op. cit.*, vol. 1, p. 24.

comme le proclame la devise nationale couve de nombreux conflits qui remontent au moins à l'époque de la Conquête espagnole (l'empire Inca avait déjà voulu "quechuaiser" les populations qu'il tenait sous sa coupe), époque où les Blancs ont voulu imposer leur pouvoir, leurs valeurs, leur mode de pensée, leurs représentations. Mais c'était sans compter avec la force des cultures indiennes puisque 500 ans plus tard, 60 % des habitants parlent encore une langue autochtone et vivent avec bon nombre de leurs coutumes ancestrales et valeurs comme le sens très profond de la communauté par exemple. On peut donc comprendre sans schématiser trop rapidement, qu'en bas de l'échelle sociale et culturelle se trouvent les indiens ne parlant pas l'espagnol tandis qu'en haut de l'échelle sociale et économique on retrouve les métis et quelques Blancs, ignorant (ou reniant même) pour la plupart une langue indigène.

> "En Amérique Latine les langues indigènes sont, en général, les langues de la pauvreté ; les pauvres parlent des langues indigènes ; parler des langues indigènes est aujourd'hui symbole de pauvreté matérielle. En Espagne les différences ethnico-linguistiques sont des différences culturelles qui s'expriment de façon contradictoire par rapport à la langue nationale, mais dans des conditions d'égalité. Ceux qui parlent le castillan en Espagne ne sont pas les riches et les puissants, par rapport à ceux qui parlent le basque ou le catalan, qui sont aussi les riches et les puissants[1]."

Aussi la pratique du castillan revêt-elle une valeur hautement symbolique permettant de se distinguer, de prendre des distances vis-à-vis de celui qui ne le manie pas bien ou avec un fort accent. Ainsi on retrouvera la même attitude vis-à-vis des coutumes aymaras, quechuas, guaranis par exemple, que l'on s'empresse de reléguer et oublier pour s'hispaniser ou mieux encore s'américaniser. On voit de la sorte combien la langue et la culture constituent rapidement des enjeux stratégiques que l'actuel pouvoir en place a saisis pour établir une réforme éducative.

1. E. del Val, *El País*, 18/07/1991. Et d'ajouter : "Aucune langue n'est plus importante qu'une autre, aucune langue n'est plus efficace qu'une autre pour exprimer le monde. Ce qui existe par contre ce sont des langues associées aux pouvoirs de l'Etat ; au Mexique le castillan est la langue de l'Etat, ce que l'on appelle langue nationale." Ceci bien évidemment est valable pour les pays d'Amérique Latine où les populations indigènes sont nombreuses.

C'est à partir de la révolution de 1952 que l'école primaire est devenue obligatoire en Bolivie, cette loi "El código de 1955" décrétait aussi l'égalité de tous les Boliviens. Le caractère obligatoire de l'enseignement de l'espagnol était prôné, visant à hispaniser la population et les programmes d'enseignement étaient homogénéisés pour l'ensemble des petits Boliviens Néanmoins la durée moyenne de la scolarité ne dépasse pas trois années ; l'analphabétisme a certes diminué : 76 % en 1956, 29 % en 1990 mais on estime que l'analphabétisme fonctionnel atteint près de 50 % de la population. C'est pourquoi depuis 1989 de nouveaux programmes pilotes prenant en compte l'hétérogénéité culturelle, linguistique, ethnique et régionale du pays ont été expérimentés avec l'aide de l'Unicef[1]. Cette nouvelle réforme prône la participation populaire des communautés indigènes et paysannes pour qu'elles interviennent par leurs décisions dans le processus éducatif en cours, l'interculturalité et le bilinguisme.

Il s'agit aujourd'hui d'alphabétiser les enfants dans leur langue et de leur enseigner le castillan progressivement afin de lutter contre l'échec scolaire, la désertion scolaire et enfin la perte de l'identité culturelle "nationale" qui réside dans sa diversité. Les détracteurs de cette réforme qui crée des remous, avancent les arguments suivants : jamais la Bolivie ne s'ouvrira si on se "remet" à parler les langues indigènes, pourquoi n'enseigne-t-on pas plutôt l'anglais aux enfants, ce qui sera plus utile au futur de la nation, pourquoi investir autant dans cette réforme alors que les enfants boliviens n'ont même pas de quoi manger, à quoi cela leur servira-t-il de parler leur langue s'ils la parlent déjà, autant les faire "progresser", bref leur donner une chance, etc.[2]

---

1. PEIB = Programme d'Education Interculturelle Bilingue, prenant en compte trois programmes bilingues en quechua, aymara, guarani. Et pour les zones rurales confrontées à une grande dispersion des petites communautés campagnardes le PEM = Programme d'Education Multigrade. Le PEIB concerne actuellement 8 000 élèves et le PEM 156 000. Diverses évaluations ont montré que ces enfants apprenaient plus que ceux qui venaient des écoles rurales traditionnelles. Ce sont ces expériences qui sont à l'origine de la réforme lancée par la réforme éducative. (D'après Sonia Comboni Bolivie, "Enquête de la qualité et de l'équité dans l'éducation", in *Revue Internationale d'éducation,* CIEP, Sèvres, septembre 1995).

2. "Un de mes regrets est de n'être pas parvenu pendant ces trois années à convaincre définitivement des bienfaits de l'éducation bilingue interculturelle. A cela il faut ajouter que le processus de transformation éducative doit être accompagné d'une transformation globale de la société et du pays", Victor Hugo Cárdenas, vice président de la République bolivienne in *El Pizarrón,* 13/10/1996.

Suite aux élections du 1er juin 1997, que le général Banzer a remportées, on ne sait pas encore quelle impulsion et tendance sera donnée à la réforme.

MODE DE RECUEIL DES DONNÉES ANALYSÉES

Dans le cadre de la réforme éducative menée par le gouvernement bolivien, je me trouvais en mission à La Paz, parallèlement à un stage organisé par l'Ambassade de France et l'Alliance française dans ce pays. Ce stage rassemblait 36 professeurs de FLE, originaires de l'ensemble du pays venus pour une formation animée autour du thème "Enseigner la grammaire ?[1]".

Etant donné la situation que connaît la Bolivie : retour aux langues indigènes et en même temps attirance pour le modèle nord-américain et donc l'anglais, on peut donc apprécier la valeur hautement symbolique que joue le maniement de la langue française et l'appropriation de la culture française dans une société de plus en plus "aspirée" et "modélisée" par le monde anglo-saxon.

C'est pourquoi je me suis intéressée à ces enseignants de FLE. J'en ai donc profité pour questionner les collègues qui participaient à ce stage[2].

Est-ce que mes interlocuteurs considéreraient comme interférence de la communication, ce qui relevait davantage d'une observation d'une différence prêtant à sourire, à l'étonnement et parfois même au mépris ? Qu'est-ce qui serait perçu comme véritable motif du dysfonctionnement de la communication ? Un geste mal interprété, un ton de voix inapproprié dans une situation donnée, une façon de parler mal à propos... ? Ce dysfonctionnement serait-il expliqué par un rapport à une norme implicite qui aurait intégré ou au contraire évacué l'interculturel ?

Après leur avoir expliqué l'objet de cette recherche autour de la communication interculturelle, je leur ai demandé de bien vouloir collaborer en partageant une expérience vécue ou dont ils

1. Stage animé par Mme Bouix-Leeman entre le 13 et le 17 mai 1996 à La Paz.

2. Le groupe était composé d'une majorité de femmes (31). On comptait sur les 36 inscrits au stage, 19 universitaires, 2 étudiantes et 15 enseignants d'Alliance Française.

avaient entendu parler à ce propos. Il fallait d'abord préciser le contexte ; puis raconter ce qui s'était passé enfin expliquer en quoi il y avait eu d'après eux dysfonctionnement/interférence sur le plan de la communication[1]. Il nous faut bien sûr reconsidérer la place de la culture dans la communication : est-elle cause ou conséquence du dysfonctionnement et des malentendus ? D'un côté on peut certes considérer que le "problème culturel a bon dos" en cas de dysfonctionnement :

> "On attribue, trop rapidement et trop systématiquement la source des difficultés de communication à des appartenances et des habitudes culturelles, alors que l'origine du différend est d'abord et avant tout une mauvaise relation que l'on va ensuite chercher à justifier en faisant appel à des différences culturelles faute de vouloir remettre la relation elle-même en cause. Il est souvent plus facile d'avouer ne pas connaître ou de ne pas aimer des pratiques culturelles que de dire à son interlocuteur que l'on n'éprouve aucune sympathie pour lui. Le « culturel-alibi » est souvent utilisé, mais souvent nié, comme facteur explicatif des dysfonctionnements communicationnels[2]."

On peut assurément appréhender le dysfonctionnement de cette manière mais on notera aussi dans notre étude que souvent l'explication ou la justification d'un comportement, d'un dysfonctionnement est le fait d'une méconnaissance culturelle. On peut ainsi reléguer l'Autre dans la différence, l'indifférence pour se réfugier derrière sa culture emblème du pouvoir : le monde castillan. Cette attitude permet de maintenir "à bon compte un équilibre personnel ou collectif menacé[3]".

Le questionnaire était bien sûr anonyme et le choix de la langue (espagnol ou français) était laissé libre — ceci parce que dans le cadre d'un stage autour de la "grammaire", il n'était pas souhaitable que les participants se sentent jugés sur leur niveau de lan-

---

1. Les participants pouvaient citer un ou deux cas s'ils le souhaitaient. Nous avons disposé d'une demi-heure. Nous avons ainsi dépouillé 26 "questionnaires" puisque 4 collègues ont refusé de répondre et 6 autres collègues n'étaient pas présents à ce moment du stage.

2. M. Abdallah-Pretceille/L. Porcher, *Education et communication interculturelle,* Paris, PUF, 1996, p. 119.

3. C. Camilleri, "Les conditions structurelles de l'interculturel", *in Revue Française de Pédagogie,* Paris, INRP, n° 103, avril-mai-juin 1993.

gue alors que ce qui nous intéressait de prime abord bien évidemment était leur expérience. Ce questionnaire a suscité la curiosité puisqu'ultérieurement nous avons rencontré certains des participants au stage qui souhaitaient commenter davantage leur expérience personnelle. Enfin, on a trouvé des formules qui montraient leur "bonne volonté" afin de répondre au mieux à mes attentes supposées : "Peut-être ce n'est pas exactement ce que vous demandez mais j'ai eu une expérience..."

Le contexte dans lequel se déroulait la passation du questionnaire était important puisque cela avait lieu pendant le stage, dans les locaux de l'Alliance française. Il leur était demandé en quelque sorte de se "dé-centrer" par rapport à leur thématique initiale "Enseigner la grammaire ?", pour plonger dans un univers apparemment léger, voire relevant de l'anecdote ou encore ne méritant pas qu'on perde de temps[1].

L'analyse des données de notre corpus nous conduit à regrouper les réponses autour de différents axes :

1) Mise en avant d'une interférence linguistique entre le français et l'espagnol.

2) Mise en avant d'interférences linguistiques en Bolivie selon les "spécificités régionales", selon des critères personnels d'ordre affectif, par rapport à l'espagnol d'autres pays d'Amérique Latine et enfin selon les langues indiennes.

3) Interférences sur le plan de la communication liées à des rapports de classe.

4) Interférences sur le plan de la communication liées à des malentendus culturels selon des comportements attribués aux habitants de certaines régions.

5) Interférences sur le plan de la communication où on met en avant la culture nationale pour expliquer ou justifier un malentendu, un dysfonctionnement..

---

1. C'est ainsi que l'on peut interpréter le refus de "participer" de certains collègues universitaires. On peut aussi envisager ce refus comme un désir de distinction, de distanciation par rapport à nous et au reste du groupe. Par contre on peut considérer que ceux qui ont bien voulu accepter de participer ont ainsi montré qu'ils avaient à partager une sorte de connivence avec l'enquêteur-chercheur, basée sur l'expérience, le vécu, "nous sommes des collègues".

Comme nous le verrons le cloisonnement n'est pas toujours strict dans la mesure où la dimension "ethnique", linguistique et régionale vont parfois se recouper.

1) Le premier aspect frappant mais finalement peu surprenant puisqu'il s'agissait d'enseignants de langue en formation est l'association presqu'immédiate entre communication et langue. Ici les malentendus, interférences et dysfonctionnements culturels sont dûs à des malentendus, interférences et dysfonctionnements langagiers et linguistiques. Nous avons relevé 7 cas pour ce qui concerne la langue française et l'espagnol :

• Les *faux amis* : *"Pisar"* = "marcher sur/pisser", anecdote qui bien sûr a été vécue par quelqu'un d'autre, ce qui permet de montrer que l'on maîtrise le français, que l'on n'est pas tombé dans le piège. *"Besar"* = "embrasser/baiser", celui qui rapporte l'anecdote ne l'a, à nouveau pas vécu directement, il a été le témoin de la scène qui a prêté à confusion. *"Gato"* = "un chat" en espagnol/"un gâteau" (interférence phonétique). Il semble que l'on assiste à un répertoire des "fautes classiques" à ne pas commettre pour un hispanophone...

• Les *constructions ambiguës,* parce que calquées sur l'espagnol et qui prêtent à confusion. Le professeur se complaît à citer ce type d'exemples : "Le monsieur a de la classe" et son interlocuteur de réagir "mais non on est samedi !" : souci d'hypercorrection propre à l'enseignant de langue et à l'individu sûr de "maîtriser" la dimension culturelle car :

> "C'est ainsi qu'en matière d'usage de la langue, les bourgeois et surtout les intellectuels peuvent se permettre des formes d'hypocorrection, de relâchement, qui sont interdites aux petits-bourgeois, condamnés à l'hypercorrection. Bref, un des privilèges de la consécration réside dans le fait qu'en conférant aux consacrés une essence indiscutable et indélébile, elle autorise des transgressions autrement interdites : celui qui est sûr de son identité culturelle peut jouer avec la règle du jeu culturel[1]."

1. P. Bourdieu, *Ce que parler veut dire. L'économie des échanges linguistiques,* Paris, Fayard, 1982, p. 131.

Ce que l'enseignant peut se permettre (s'il l'a remarqué au niveau de la pratique de la langue et culture étrangère), l'élève lui n'a aucunement le droit de se tromper. Ou bien encore, à la fin d'un repas réplique d'une étudiante (on situe à nouveau la "victime/coupable" de la faute) "Merci, madame, je suis pleine" : traduction littérale de l'espagnol pour dire que l'on a beaucoup mangé.

• Les *niveaux de langue inappropiés* entre les interlocuteurs (le "chiote" en s'adressant par téléphone au plombier français) expérience vécue directement et dont on semble se souvenir avec humour.

• *Expressions* ponctuant le rythme de la phrase et traduites littéralement qui ne trouvent pas d'écho chez l'interlocuteur ("clair !" = *¡ claro !,* soit "bien sûr !").

• Une *représentation différente* autour de ce que recouvre un même mot au demeurant transparent (*"tripas"* = tripes, mais dans le plat la présentation et la préparation ne correspondent pas aux attentes respectives liées à une réalité culturelle nationale différente ; ce qui prête à un trouble momentané)... Le cas des tripes relève de l'évidence pour chaque interlocuteur, le Français et le Bolivien qui seront confrontés dans le contexte bolivien à une réalité inespérée pour le Français, naturelle pour le Bolivien : comment pourrait-il en être autrement ? Et le Français de penser : "Comment peut-il en être autrement ?", parce que *pour lui* (c'est souligné) dans son contexte, "les tripes c'était pas les tripes".

On observe donc des sortes de listes des pièges classiques qui vont distinguer celui qui sait (l'enseignant, l'universitaire, le professeur d'Alliance...) de celui qui ne sait pas. Il n'est jamais fait mention de comment la personne à qui arrive la mésaventure se tire d'affaire, quelle stratégie elle adopte pour faire face à la situation. Le dernier cas de figure est intéressant, en ce sens qu'il évoque le problème de l'inadéquation entre le troc des mots tripes/*tripas* qui pourrait bien entendu être étendu à de nombreux autres exemples.

2) Si nous poursuivons avec les évocations de type linguistique, nous retrouvons :

• *Des expressions régionales* qui prêtent à sourire ceux qui ne les pratiquent pas, car ils les interprètent d'une autre façon le plus souvent à un double niveau très connoté sexuellement (*"fresco"* se dit de quelqu'un d'effronté, mais à Santa Cruz ce mot désigne un homosexuel. Ici dans l'anecdote citée l'enseignante voyant un élève copier sur son voisin le traite de *"fresco"* et ce quiproquo a conduit des parents d'élève et un directeur à s'expliquer[1]. Un autre enseignant citera un cas ambigu de ce type lié cette fois, à une gestuelle interprétée différemment selon la région et selon qu'il s'agisse d'un homme ou d'une femme. D'autres cas de figures de ce genre ont été évoqués, ce qui nous montre combien au sein du même pays, avec la même langue "le castillan", les idiomes sont importants, marquant des différences nettes permettant de "situer" immédiatement l'origine d'un individu.

• Un autre cas de figure cité est l'usage *des mots à valeur affective* que l'on utilise volontiers dans l'espace privé, dans la vie familiale. Mots qui pour une personne extérieure peuvent provoquer un certain étonnement et qui dans le cas précis était mal ressenti par la personne directement concernée : *"tanquecita"*, diminutif du mot *"tanque"* (réservoir, citerne) appliqué à une petite fille qui d'après ses propos, était grosse. Selon elle, sa famille utilisait ce surnom de façon affectueuse tandis qu'elle le ressentait comme une insulte. Et de conclure qu'il n'y a pas de "communication uniforme selon les personnes, quelque soit leur région, leur pays". En effet "l'individu n'est pas toujours conscient de tout ce qu'il communique, ce qui suppose l'acceptation d'un décalage et éventuellement d'un désaccord entre la production et la réception culturelles[2]". Et c'est ce qu'elle affirme en montrant l'écart de perception entre le récepteur et l'émetteur de la communication ; quant à une communication "uniforme", il s'agit de quelque chose de standard, valable pour tous, où ne serait pas prise compte la dimension affective et où il n'y aurait alors pas de dysfonctionnement possible.

• Dans la même langue maternelle, on attribue une représentation différente (un signifié) à un mot *"buñuelos"* — sorte de beignets — (un signifiant). En Colombie et en Bolivie (qui pourtant partagent la même langue) ce terme renvoie à des objets diffé-

1. Ce malentendu débouchera sur une altercation entre deux types de pouvoir : les parents de l'élève et le directeur face à l'enseignante calomniatrice "par ignorance" d'une insulte locale, cette affaire devient une petite affaire d'état. On ne remet pas en cause inopinément une identité sexuelle.

2. M. Abdallah-Pretceille/L. Porcher, *Education et communication interculturelle, op. cit.*, p. 132.

rents : une autre manière de préparer un aliment considéré essentiel dans les deux pays. C'est par la comparaison entre les *buñuelos* des deux pays que l'enseignant analysera l'interférence, en expliquant que cela relève de l'approche culturelle. Il propose ce concept sans le définir, pour montrer que son attente n'a pas été comblée (attente liée à ce qu'il connaît chez lui : "Les *buñuelos* colombiens n'ont rien à voir avec nos *buñuelos*"). On part du et on se réfère au connu, pour parler de la nouveauté.

• Enfin le problème particulier des langues autochtones a été évoqué de différentes manières, "comme susceptible de créer des interférences sur le plan de la communication, (...) tous les jours et partout. Il y a différentes causes, par exemple, les personnes qui parlent quechua ou aymara ici. Ils ne peuvent pas parler bien d'autres langues". Cette figure de la généralisation, exclue et écarte d'une norme (la langue officielle — le castillan —) les aymarophones ou quechuaphones, en les reléguant dans un espace flou caractérisé par un "manque", une "absence" : la non-maîtrise parfaite du castillan (et surtout sans accent). On voit combien l'enjeu symbolique que constitue le castillan permet d'établir une distanciation "naturelle". Car cette même personne considère ensuite le cas spécifique des idiomes : "Les personnes qui viennent de différents lieux comme Santa Cruz ou Tarija ont une forme personnelle de parler." En l'occurrence, il s'agit bien du castillan qui n'est pas "mal parlé" mais parlé différemment. On reconnaît ainsi le droit à la différence pour cette catégorie, car c'est au sein de celle-ci que l'on est capable d'évaluer et apprécier les nuances régionales à la différence d'un castillan "chapurreado" (balbutié) par des indiens. Une autre analyse souligne que "le problème de la communication s'accroît lorsqu'il s'agit d'entrer en relation avec des individus d'autres régions dont les coutumes, les habitudes sont totalement différentes". Non seulement la langue et ses variétés régionales conduisent à des "incompréhensions ou mauvaises interprétations du message" mais en plus la manière de vivre peut créer des dysfonctionnements dans la communication. Il semble alors qu'aux variétés d'idiomes se greffent des coutumes différentes qui constituent de véritables obstacles à la communication. La diversité certes est donc omniprésente mais le sentiment d'une communauté nationale ne semble pas se dégager. Cette même personne conclut en signalant que "sans aller loin, près, dans mon pays il m'est arrivé d'aller à Potosi où je n'ai pas pu communiquer avec les gens du lieu car ils parlaient juste le quechua et pas du tout l'espagnol. C'était un vrai chaos."

Potosi est le lieu mythique de l'enrichissement des conquistadores (el Cerro rico), on dit *"es un Potosi"* ("c'est une mine d'or"), *"no vale un Potosi"* ("ce n'est pas le Pérou"), *"vale un Potosi"* ("valoir son pesant d'or"). Néanmoins c'est aussi le lieu de grande concentration de population indienne d'origine quechua. Ce lieu symbolique renvoie sans cesse à la souffrance du peuple conquis, envoyé aux mines pour enrichir les colons mais aussi à un peuple qui n'a jamais renoncé à sa langue et à sa culture. C'est donc un lieu de "résistance stratégique" qui ne peut qu'être mal perçu par ceux qui prônent le castillan et sa culture comme norme. Par ailleurs le mot "chaos" reflète bien la perte des repères par rapport au connu, à la règle : aucun échange ne semble possible alors que l'on revendique pourtant la pluralité dans l'unité. C'est bien ici l'unité au sens de modèle castillan de domination qui semble l'emporter[1].

3) Interférences sur le plan de la communication liées à des rapports de classe.

Au-delà de l'échange purement linguistique (langues indigènes/castillan) se jouent des rapports de force révélateurs des positions stratégiques des interlocuteurs.

- Tel est le cas de cette mère d'une fillette de 3 ans qui se voit contrainte pour poursuivre ses études à l'Université de confier son enfant à une jeune fille qui venait de la campagne. "Cette jeune fille parlait plutôt l'aymara (elle ne dit pas si bien ou mal car elle n'est pas compétente pour juger et il est inutile de s'attarder sur cette langue) et très mal l'espagnol. Ma fille donc a appris beaucoup de mots avec elle dans un espagnol très mal prononcé. Finalement je n'arrivais même plus à comprendre certains mots

1. A ce sujet Héctor Muñoz Cruz (*op. cit.*, p. 3) affirme : "Il existe des forces puissantes d'expulsion qui jettent les indigènes hors de leurs communautés fermées, hors de leurs régions ancestrales, mais il n'existe pas de ressources suffisantes ni proportionnelles d'absorption dans la société réceptrice. Les communautés indigènes ne demeurent pas dans un état entièrement "traditionnel", mais même quand elles sont dévorées, elles ne sont pas complètement digérées. Bien qu'elles ne puissent pas survivre complètement dans un seul de ces espaces, elles sont acculées dans d'autres espaces qui ne sont ni traditionnels ni modernes, mais qui constituent un champ fertile pour le développement et même l'invention d'identités indigènes et de formes sociales, dont nous ignorons l'essentiel de la dynamique."

qu'elle me disait." Cette mère constate une sorte d'éloignement de son enfant dans un contexte bilingue : elle ne parle pas l'aymara mais sa fille oui, la "nounou" s'est "imposée" d'une certaine façon à sa fille en lui apprenant sa langue maternelle ; or c'est pourtant elle la patronne et la jeune fille n'est que l'employée. On voit le rapport de force qui semble être renversé dans cette présentation des faits.. Enfin l'aymara est la langue des gens de la campagne. Et en plus sa fille se met à parler l'espagnol avec l'accent des "bouseux", des indiens, à tel point même que sa mère finit par ne plus la comprendre ! C'est ce qu'elle appelle une "expérience d'interférence à niveau communicationnel avec ma petite fille de 3 ans". On est bien évidemment loin des nurses, des jeunes filles au pair prisées pour enseigner aux jeunes enfants une langue étrangère. Car ici la langue enseignée en situation naturelle n'a pas un statut social reconnu sur le plan symbolique.

• Un autre cas évoqué, part d'une interférence linguistique : un étudiant tutoie la Directrice du Département de Langues de l'Université qui, gênée, ne sait pas comment réagir. Elle semble un instant déstabilisée. L'étudiant intervient à nouveau pour exposer son problème, la Directrice finit par lui répondre. L'interférence s'inscrit dans un rapport de classe quadrillé : d'après l'enseignant témoin de la scène, la Directrice est plus âgée que son interlocuteur et "appartient à un niveau social assez élevé". Ce qui n'est pas dit non plus, c'est que sa position hiérarchique implique là, le vouvoiement. La Directrice quant à elle a expliqué à l'enseignant qu'il ne "s'agissait pas de l'attitude d'un étudiant sans éducation, mais que pour lui c'était normal de « tutoyer » puisqu'il arrive de la campagne". Et l'enseignant de conclure sur sa fiche : "Dans ce cas-là, l'interférence est due à la langue maternelle « le quechua »". Finalement le malentendu a certes été résolu dans la mesure où il y a eu communication alors que la situation aurait pu laisser place à une attitude agressive ou encore de mépris empêchant toute réponse à la requête de l'étudiant. Néanmoins on se rend compte que le renvoi de l'étudiant à la catégorie "campagne-quechua" le situe sur un plan d'inégalité : on l'excuse parce qu'il est différent.

> "Le plus difficile à réaliser, n'est pas de percevoir l'Autre dans sa différence, mais bien de percevoir la distance qui nous sépare de l'Autre, de concevoir que la diversité est, par

nature, polycentrique alors que la différence est duelle et se situe toujours sur le registre de l'inégalité[1]."

L'enseignant qui rapporte cette anecdote lui donne un titre "Arrivée d'un étudiant de la campagne en ville". Ce titre semble évoquer non pas tant la fable de La Fontaine que le parcours initiatique semé d'embûches bien sûr, pour cet étudiant d'origine quechua, synonyme de campagnard, de rustre. Où est la place de l'interculturel dans cet échange ? En réalité l'analyse suggérée expose clairement que l'on observe l'Autre, qui ne maîtrise pas les codes de l'échange, et de la sorte on aboutit à la "juxtaposition" de la culture urbaine avec la culture rurale-quechua. On y enferme l'Autre dans une appartenance culturelle où il est surdéterminé par ce trait avec toutes les connotations sous-jacentes déjà exposées.

• Voici un autre exemple de rapports sociaux qui sont gérés par le rapport ville/campagne mais aussi par l'âge, ceci dans une situation inverse du cas précédent :

> "Quand j'étais petite, je suis allée passer mes vacances à la campagne chez mon grand-père. Il m'a présenté un couple de paysans qui travaillaient dans sa ferme. Ca m'a étonnée, quand j'allais serrer leurs mains de me voir touchée timidement sur les deux épaules. Mais j'ai compris et immédiatement j'ai fait pareil. Après je voulais les tutoyer, mais ils m'ont toujours vouvoyée, timides et respectueux. Comme j'étais enfant je n'ai pas réussi à surmonter leur façon d'agir."

On distingue d'emblée la situation de classe : le propriétaire terrien et ses ouvriers agricoles. L'enfant encore naïve veut leur donner la main comme elle le fait avec les adultes dans son cadre habituel mais eux se contentent d'un simple contact. Soucieuse d'aller dans leur sens, elle pense : "J'ai compris" et sent que pour aller vers eux il faut faire de même : devenir "caméléon". Quant à l'échange verbal il porte à nouveau sur le tutoiement/vouvoiement mais là, c'est elle qui cherche à tutoyer. Habitude due à ses liens avec une éventuelle "nounou", avec le personnel domestique que les enfants ont l'habitude de tutoyer ainsi qu'à l'âge qui fait que l'enfant tutoie d'emblée. Elle attribue à la timidité, au respect (c'est la petite-fille du patron) cette attitude qui ne lui semble pas normale puisqu'elle cherchera à la modifier "Je n'ai pas réussi à sur-

1. M. Abdallah-Pretceille/L. Porcher, *op. cit.*, p. 158.

monter leur façon d'agir". A nouveau il ne semble pas qu'il y ait eu de dysfonctionnement dans la relation mais perception par la petite fille d'un mode de fonctionnement culturel différent. Par contre une fois celui-ci repéré, on observe deux attitudes : imiter l'Autre pour en quelque sorte le respecter, (elle ignore en fait quel est "le bon code" mais elle sent qu'il y en a un de particulier), ou essayer de changer l'Autre pour le faire entrer dans le modèle connu (là quelque chose lui a échappé qu'elle mettra sur le compte de son jeune âge).

Voici enfin un autre cas différent pour plusieurs raisons. Cette enseignante avait une employée de maison qui est partie au bout d'un mois. Pourtant cette employée semblait très contente de son travail, mais elles ont eu un "malentendu" à divers niveaux. Après un mois de travail, l'employée est rentrée chez elle un week-end. Elle revint avec sa mère à 7 h du matin, mais comme le professeur devait donner cours à 7 h 15, elle est partie après les avoir saluées rapidement. La mère de l'employée lui a dit qu'elle ne devait plus travailler avec "une dame qui était idiote". L'analyse proposée est que la notion du temps et de la ponctualité sont différentes dans tous les cas selon les obligations de chacun. "La mère ne pouvait pas comprendre que quelques minutes fassent une différence", mais l'enseignante considère aussi qu'elle aurait dû mesurer avec plus de justesse leur rapport à toutes deux vis-à-vis d'elle-même : "crainte, méconnaissance, fatigue, incertitude..." et ainsi prendre le temps de les recevoir et de parler un peu avec elles. L'enseignante cherche à saisir les raisons du malentendu apparemment exprimé verbalement par l'employée : elle évoque tout d'abord des conceptions du temps différentes selon les contraintes de chacun, et par ailleurs l'affect de ces deux femmes. C'est le rationnel et l'affectif qui sont confrontés : le malentendu n'a pu être évité mais *a posteriori* il a pu être analysé et compris par l'enseignante, on ne sait ce qu'il en est de l'employée. L'employée semble être celle qui n'a pas joué le jeu (elle n'a pas respecté la règle implicite) puisqu'elle n'a pas observé les horaires de l'enseignante. Ce qui par ailleurs peut nous frapper nous, lecteur occidental (fait que l'enseignante ne souligne guère) c'est que l'employée soit revenue avec sa mère et que cela n'ait semblé lui créer aucun problème...

• Autre comportement marquant la distance culturelle de classe face aux grands événements de la vie, en l'occurrence, un enterrement. Cette enseignante assiste à l'enterrement de la mère d'un de ses élèves puis est invitée comme hôte d'honneur (elle est l'enseignante) chez eux. Là elle est conviée à boire. Face à son refus, l'élève lui fait comprendre que son attitude constitue une offense. Aussi a-t-elle dû boire de la chicha (alcool de maïs fermenté, mais aussi boisson ordinaire considérée comme populaire — du peuple —), puis "bien sûr je suis partie très vite et en cachette ". Et de conclure : "Il y a eu interférence parce que dans leur culture, boire jusqu'à l'ivresse et manger, c'est aussi une manière d'accompagner leurs morts." On observe un profond malaise lors de la confrontation de deux cultures/deux modes de fonctionnement (classes moyennes /classes populaires) dans le même pays, lié à des pratiques socioculturelles ancestrales et de classe. Car même si l'on "connaît" et peut "expliquer" le mode de fonctionnement de l'Autre (elle était parfaitement consciente du clivage : Eux/Moi), la distance demeure, infranchissable. Et la gêne causée ne disparaît pas pour autant. On peut remarquer combien sa stratégie d'adaptation à une situation nouvelle, conflictuelle a été ébranlée. Elle a véritablement fui, ne pouvant affronter cet autre monde/réalité. On constate ainsi une cohabitation de cultures (elle porte un regard de l'extérieur) sans interférence, sans interpénétration dans le sens culture populaire rurale vers culture moyenne urbaine.

4) Interférences liées à des pratiques culturelles régionales spécifiques. On tend à considérer comme spécifique ce qui est différent de son modèle, de son schéma de valeurs et mode de fonctionnement. Le modèle de références continue d'être le modèle connu sans lequel on semble perdu. C'est pourquoi aussitôt sortie de sa province, cette étudiante s'est sentie démunie devant les comportements "individualistes" des "jeunes" de l'université de Cochabamba. Elle développe son point de vue : "Ils manquent de savoir-vivre. (...) ils ont l'esprit fermé...", qu'elle justifie en s'excusant : "Ce n'est pas une critique ! c'est simplement une observation.... D'abord je croyais que le problème c'était moi ! mais quand je me suis aperçue que le reste de la population bolivienne a le même point de vue que moi, l'observation est devenue une réalité." Elle part donc de son expérience personnelle malheureuse, pour aller vers un jugement stéréotypé qu'elle considère naturellement partagé par l'ensemble de la population nationale, au point que ce qui était une impression subjective est en fait réalité. Elle est pleinement confortée dans son sentiment que ce sont les Autres qui sont particuliers et ainsi ne se remet pas en question.

Au contraire, et c'est pourquoi on peut parler de subjectif et de jugement stéréotypé, une autre enseignante évoque à son tour les difficultés de communication à cause des différences culturelles régionales. Ainsi elle considère que la communication entre un habitant de La Paz et un habitant de Cochabamba n'est pas évidente car selon elle, les Cochabambinos sont plus ouverts que les habitants de La Paz. C'est l'expérience personnelle qui fait à nouveau loi en la matière.

5) Interférences sur le plan de la communication où on met en avant la culture nationale pour expliquer ou justifier un malentendu, un dysfonctionnement.

Dans cette dernière partie nous avons pu regrouper des observations qui vont fonctionner toujours sur le mode de la différence : Eux/Nous. Il s'agit cette fois d'un Moi collectif se réclamant de l'identité culturelle nationale bolivienne. C'est une fois confrontée à d'autres identités nationales, que l'identité nationale semble être mise en avant de manière privilégiée.

• D'un côté on a trois regards sur des cultures nationales différentes : algérienne, syrienne et coréenne. Mais dans le premier cas il s'agit d'un malentendu où le ton a monté à partir d'un sujet topique "le machisme". Ce qui a conduit l'enseignante à conclure : "Depuis je ne parle plus avec des jeunes de ce pays parce qu'ils prennent tout mal." Cette femme a voulu expliquer la réaction de son interlocuteur mais en réalité elle a exprimé son identité de femme contre le machisme, son appartenance nationale et latino-américaine. Dans le deuxième cas c'est toujours à propos du même sujet mais à partir d'un comportement concret : des amis syriens qui marchaient devant les filles latino-américaines : "Je les ai interpellés en leur demandant s'ils allaient avec nous ou tout seuls. Dans leur culture, la femme marche derrière l'homme, dans la mienne on marche ensemble." On peut vraisemblablement imaginer que suite à sa remarque il y ait eu à nouveau communication.

Mais on remarquera à nouveau que le moment où tout a semblé être remis en cause est bien sûr le malaise qu'elle a ressenti face à un comportement différent de ce qu'elle connaissait. C'est ce malaise qui déstabilise. Pour en venir à bout, elle est passée par une explication rationnelle (ce qui ne veut pas dire néanmoins qu'elle accepte de vivre cette différence culturelle puisqu'elle demande à ses amis de marcher avec elles). De la même manière face à des amies coréennes qui demandaient à deux boliviennes de sortir de la maison afin de retirer leurs chaussures, la gêne a été profonde. Non seulement parce qu'il y avait au départ méconnaissance du code culturel mais encore parce que cela a été ressenti comme violent :

> "Elles nous ont crié dessus (...) ce qui nous a semblé un manque d'éducation envers nous. Puis après, elles ont « compris » : Dans la culture asiatique... (on passe subrepticement du particulier : deux amies coréennes au général, les Asiatiques, globalisant et uniformisant) c'est très mal de rentrer chez quelqu'un avec ses chaussures et dans notre culture bien sûr cela n'a pas une telle signification."

Ce "bien sûr" montre que la découverte d'une culture autre reste "extérieure", on ne cherche pas à comprendre de l'intérieur le fonctionnement de l'autre culture avec sa véritable signification ; on s'arrête seulement aux manifestations extérieures les plus grossières. Ainsi cette personne explique que par la suite leur comportement s'est trouvé modifié car basé sur la réserve, sur une mise en garde permanente. La rencontre avec l'altérité a provoqué une sorte de peur, de méfiance.

• Par ailleurs d'autres expériences ont été citées renvoyant à des différences de comportement entre Français et Boliviens : règles de savoir-vivre différentes : "(...) Après j'ai compris que pour les Français c'était normal" (nettoyer son assiette avec du pain, sans distinguer ce qui pourrait relever d'un comportement de classe). De son constat elle tire une règle généralisante, qu'elle applique à l'ensemble des Français. C'est la même démarche qu'adoptent les autres : "En Bolivie c'est comme ça mais peut-être pas pour les Français..." ; "En Bolivie si l'on vous demande d'appeler quelqu'un par son prénom, cela veut dire implicitement « tu peux me tutoyer », pas pour les Français..." Voici encore qu'à partir d'une expérience personnelle on dégage certaines caractéristiques culturelles que l'on va appliquer avec une large extension à une population qui est alors majoritaire et représentative dans l'absolu de l'essence même de la francité dans le cas présent.

Face à notre question initiale de trouver quel sort était fait à l'interculturel à partir d'une généreuse devise, nous devons constater que suite aux réponses fournies, il apparaît que le sentiment d'unité n'est pas profondément ancré. Le seul cas de figure où l'on ait pu observer la revendication d'identité nationale surgit par opposition à l'Autre (point n° 5 : l'étranger ou encore dans certains cas d'interférences linguistiques avec une langue étrangère). Edmond Marc-Lipiansky citant E. Erikson souligne à ce sujet que

> "les identités ethniques servent habituellement de prototypes inconscients auxquels le sujet s'identifie, prototype idéal dans le cas d'un groupe ethnique dominant ou valorisé, prototype mauvais dans le cas d'un groupe ethnique marginal ou d'une minorité exploitée[1]."

Mais même dans cette situation, on n'est guère frappé par une cohérence forte dans les discours tenus. Il semblerait que la notion d'identité nationale reste floue et abstraite non pas tant au profit du sentiment d'une identité/d'identités ethnique(s) (indigènes) qu'au sens d'identités régionales propres. La Bolivie semble être une juxtaposition de régions où s'effectuent certains échanges mais vécus sur le mode de l'étrangeté dès lors qu'il s'agit d'individus non originaires de la région. Quant aux indigènes comme nous le formulions en hypothèse de départ, en dépit d'une présence importante, d'un attachement à une langue et une culture ancestrale, leur perception par les autres membres de la communauté nationale relève toujours de l'ordre de la différence (où ce sont eux qui sont différents). On a alors l'impression en regardant les rapports de force symboliques qui se dessinent au travers des discours répertoriés que deux catégories d'individus existent : ceux qui maîtrisent le castillan (langue, accent et culture) considéré comme norme avec ses régionalismes tolérés par rapport à une norme implicitement établie et ceux qui s'en écartent totalement :

> "Une langue vaut ce que valent ceux qui la parlent, c'est-à-dire le pouvoir et l'autorité dans les rapports de force économique et culturels des détenteurs de la compétence correspondante (...). Toutefois, les produits de certaines compétences ne procurent un profit de distinction que pour autant que, du fait de la relation qui unit le système des différences lin-

1. E.M. Lipiansky, "Groupe et identité", *Identités collectives et relations interculturelles,* Bruxelles, Ed. Complexes, 1978, p. 72.

guistiques et le système des différences économiques et sociales, on a affaire non pas à un univers relativiste de différences capables de se relativiser mutuellement, mais à un univers hiérarchisé d'écarts par rapport à une forme de discours reconnue comme légitime. Autrement dit, la compétence dominante ne fonctionne comme un capital linguistique assurant un profit de distinction dans sa relation avec les autres compétences que dans la mesure où les groupes qui la détiennent sont capables de l'imposer comme seule légitime sur les marchés linguistiques légitimes (marché scolaire, administratif, mondain, etc.)[1]."

Ici le modèle dominant est le castillan. Or il est toujours frappant de voir combien une même langue (et par là-même sa culture) est socialement valorisée ou non selon les individus, les lieux et les époques. En ce qui concerne l'espagnol dans nos pays occidentaux développés :

"Le castillan n'a pas bénéficié du même prestige que d'autres langues européennes. Tandis que l'anglais, le français ou l'allemand ont été le véhicule de la communication politique, économique et culturel dans le monde, la reconnaissance de l'espagnol s'est limitée à quelques manifestations littéraires comme le fameux boom latino-américain d'il y a quelques années[2]."

L'espagnol demeure en Bolivie la langue des dominants, des intellectuels, des élites qui revendiquent le droit à l'anglais, éventuellement au français mais pas vraiment aux langues autochtones, marque de la diversité.

Enfin à la lumière de cette étude on comprend d'autant plus l'enjeu de la réforme éducative, en particulier dans son projet interculturel.... Le travail de formation auprès des enseignants sera certainement déterminant pour la réussite du projet afin de voir enfin la devise devenir réalité.

---

1. P. Bourdieu, "L'économie des échanges linguistiques", *Langue française*, n° 34, mai 1977, p. 22 et 24.
2. R. Ancira González, "Lengua, sociedad y cultura", *El boletín*, UNAM, 1991, p. 5.

Deuxième Partie

A travers la littérature

Chapitre I

COMMUNICATION INTERCULTURELLE ET QUÊTE D'IDENTITÉ DANS DEUX ROMANS FRANÇAIS CONTEMPORAINS : *Un aller simple* de Didier Van Cauwelaert et *La honte* de Annie Ernaux

Dominique Villaume-Groux
Professeur des Universités (IUFM Versailles)

LA LITTÉRATURE offre de nombreux exemples de communication interculturelle. De Jacques Cartier à Patrick Leigh Fermor, les récits de voyage relatent des rencontres entre individus appartenant à des cultures différentes. C'est souvent l'incompréhension qui domine. Ainsi, peut-on lire les phrases suivantes dans *Voyages au Canada*[1] :

> "Les habitants du « Cap d'Espérance » "vinrent jusqu'auprès de notre barque, dansant et faisant plusieurs signes de joie et de vouloir notre amitié, nous disant en leur langue : « Napou tou daman asurtat », et autres paroles que nous ne comprenions pas."

1. J. Cartier, *Voyages au Canada,* Paris, Editions La Découverte, Paris, 1992, p. 121.

Entre fleuve et forêt[1] relate une rencontre entre l'auteur et un Souabe :

> "Il me demanda ce que j'étudiais ; je ne savais que répondre. Les langues ? l'art ? la géographie ? le folklore ? la littérature ? Aucune réponse n'était vraiment satisfaisante. Les secondes passaient et je lançai, en désespoir de cause : "Gar nichts !" ("Absolument rien !") Le silence scandalisé de mon hôte dura encore plus longtemps, et fut encore plus inconfortable. Aux yeux d'un Allemand adorateur de la diligence et de l'application — Fleissigkeit, en vérité —, mon aveu était blasphématoire, et Istvan en riait encore par intermittence sur le chemin du retour."

Par delà la langue et les codes culturels, ce sont souvent les valeurs de l'autre qui échappent au voyageur. Cette méconnaissance est parfois génératrice de malentendu, voire de dysfonctionnement interculturel[2]. Les récits de voyage sont riches de ces situations qui mettent à jour des codes différents en fonction des aires géographiques. Mais il n'est pas nécessaire de quitter son pays pour découvrir des usages, des valeurs, des principes différents : je veux parler des codes sociaux spécifiques aux différentes classes sociales.

L'œuvre de Proust présente de nombreuses situations de conflit interculturel. Swann, critiqué par Odette parce qu'il vit "au milieu de meubles cassés et de tapis usés[3]", n'essaie pas de "contrecarrer ses idées vulgaires[4]". Il écoute Odette lui parler "d'une amie qui l'avait invitée et chez qui tout était « de l'époque ». Mais Swann ne put arriver à lui faire dire quelle était cette époque. Pourtant, après avoir réfléchi, elle répondit que c'était « moyenâgeux ». Elle entendait par là qu'il y avait des boiseries[5]." Les habitus culturels de Swann et de sa maîtresse sont foncière-

---

1. P. Leigh Fermor, *Entre fleuve et forêt,* Paris, Petite Bibliothèque Payot, 1992, p. 172.

2. M. Abdallah-Pretceille précise que le malentendu interculturel repose sur une méconnaissance des signes, alors que le dysfonctionnement interculturel repose sur une détérioration de la relation. Le malentendu, contrairement au dysfonctionnement qui conduit à une rupture de la communication n'induit pas une situation de blocage.

3. M. Proust, *Un amour de Swann,* Paris, Gallimard, Folio, édition 1980, p. 81.

4. *Ibid.,* p. 82.

5. *Ibid.,* p. 81.

ment différents. Swann relève le "mauvais goût qu'elle avait en toutes choses et qu'il aimait d'ailleurs comme tout ce qui venait d'elle[1]" et avoue qu'"il aimait qu'Odette fût ainsi, de même que, s'il avait été épris d'une Bretonne, il aurait été heureux de la voir en coiffe et de lui entendre dire qu'elle croyait aux revenants[2]." Il existe indéniablement un décalage culturel important entre ces deux personnages qui manifestent des goûts dissemblables et qui se réfèrent à des codes différents.

Je me propose d'étudier les situations de communication interculturelle dans deux romans français contemporains pour lesquels cette approche me semble particulièrement intéressante. Il s'agit de *Un aller simple* de Didier Van Cauwelaert et de *La Honte* de Annie Ernaux. Pourquoi proposer cette étude à partir de textes littéraires ? D'une part, les situations de communication interculturelle peuvent être décryptées et analysées dans un texte littéraire beaucoup plus facilement qu'elles ne le seraient dans la vie quotidienne, dans des échanges entre locuteurs anonymes. En effet, le texte est figé ; il est en quelque sorte prisonnier du lecteur qui dispose à sa guise de tous les éléments que le narrateur a bien voulu lui donner, même s'il existe entre le narrateur et son lecteur cette "nébuleuse discursive" dont parle Umberto Eco et si tout texte littéraire manifeste une indéniable polyphonie, comme M. Bakhtine l'a montré si justement. D'autre part, les deux romans étudiés qui présentent une pluralité et une diversité de situations de communication interculturelle font également une place importante à la quête d'identité. Il est fort tentant de mettre en relation ces deux thèmes. Peut-il y avoir recherche d'identité sans une confrontation préalable avec l'autre ? L'ego ne peut-il se définir que par rapport à l'alter ? ou encore peut-il y avoir une communication interculturelle "pure" qui n'aurait aucune conséquence sur l'être ? Chaque fois qu'il y a rencontre avec l'autre, il y a un risque — une chance —, de modification de mes structures mentales, de mes habitus culturels, de mes valeurs. Il peut même exister une sorte de confusion identitaire entre l'autre et moi, dérive possible de notre quête d'identité.

1. M. Proust, *Un amour de Swann,* Paris, Gallimard, Folio, édition 1980, p. 82.

2. *Ibid.*, p. 83.

Ce jeu ambigu entre les personnages qui enfreignent leurs limites pour se fondre et se confondre de façon troublante, en recourant à l'artifice (?) de la communication interculturelle, mérite d'être analysé. Pour ce faire, j'ai retenu deux romans apparemment très différents par le thème traité et le genre littéraire auquel ils appartiennent mais qui se ressemblent toutefois étrangement.

Didier Van Cauwelaert raconte le retour dans son prétendu pays d'un faux Marocain qui est en réalité un "pur" Marseillais. Empruntant les règles du récit de voyage, ce texte est en fait un récit initiatique et une quête de soi. Annie Ernaux raconte la fracture qui a détruit son monde de vérité et qui l'a amenée à prendre conscience de sa propre identité grâce à la découverte d'un autre monde.

Les deux romans présentent un cheminement personnel, un parcours que l'on peut qualifier d'initiatique et qui ne peut se réaliser que grâce à la communication interculturelle. J'étudierai les caractéristiques de celle-ci dans les deux textes et analyserai ses modalités et ses enjeux. Puis j'aborderai le thème de la quête d'identité et m'attacherai tout particulièrement à savoir comment les personnages se cherchent et se représentent. Enfin, je tenterai de saisir l'évolution des personnages et j'étudierai la transformation, voire la métamorphose qu'ils ont provoquée ou subie. Il s'agira en fait de reconstituer les trois temps essentiels de l'évolution des personnages dans les deux romans qui peuvent se résumer par des verbes : parler, se représenter, se transformer ou par des substantifs : la communication, la représentation, la métamorphose.

Il existe dans *Un aller simple* et dans *La Honte* deux modes de communication interculturelle parfaitement antithétiques : à l'exubérance et à la profusion de paroles qui émanent du roman de Didier Van Cauwelaert s'opposent le silence et l'absence de mots dans les situations de rencontre interculturelle chez Annie Ernaux.

La fille de *La Honte* se trouve brutalement confrontée avec des représentants du "monde du dessus", alors qu'elle avait vécu jusque là dans un univers clos, imperméable à toute influence de l'extérieur : "Je vivais à douze ans dans les codes et les règles de ce monde, sans pouvoir en soupçonner d'autres[1]." Lorsqu'elle rencontre l'autre monde, tout se passe comme si les paroles étaient

1. A. Ernaux, *La Honte,* Gallimard, Paris, 1996, p. 61.

gelées, au sens rabelaisien. En effet, ni elle, ni l'autre, ne s'expriment. Mépris des représentants de l'autre monde, incompréhension de la protagoniste.

Lorsqu'elle rencontre Élisabeth, la fille de treize ans, qui étudie elle aussi dans une école religieuse, la narratrice note :

> "Elle n'a pas répondu à mes avances, se contentant de me sourire quand je lui parlais, de la même façon que sa mère, dont la bouche s'ouvrait sur plusieurs dents en or et qui n'adressait jamais la parole à mon père[1]."

Notons au passage que le père subit le même traitement que sa fille. Méprisé lui aussi par l'autre monde, ses histoires drôles tombent à plat et "les autres ont un rire forcé[2]". Lorsque, comme son père, la fillette échange de façon laconique (un mot !) avec le monde du "dessus", Élisabeth en l'occurrence, elle est ouvertement méprisée. Elle évoque ainsi le court échange avec celle-ci : "Tu es allée à la fête de la Jeunesse ?". J'ai été fière de dire oui, prenant sa phrase accompagnée d'un grand sourire pour une marque de connivence entre nous deux. Ensuite, à cause de l'intonation bizarre, j'ai senti que cela signifiait : "Tu n'as rien d'autre à te mettre que tu t'habilles en gymnastique[3]."

L'incompréhension domine chez la narratrice de *La Honte*. Ce qu'elle prenait au premier abord pour une marque de connivence se révèle être du dédain et trahit un désir de mise à distance de l'autre. La rencontre avec l'autre est décapante. Elle permet la prise de conscience de ses propres valeurs : "J'ai mis au jour les codes et les règles des cercles où j'étais enfermée", mais elle ne permet pas une compréhension simultanée des codes et des règles de l'autre cercle. D'où le malentendu et l'interprétation erronée des propos de l'autre.

Aziz Kemal, le protagoniste de *Un aller simple,* n'est pas un silencieux, comme la fille de *La Honte*. Il parle beaucoup et sa parole exubérante, vole et virevolte au gré des rencontres. Il existe chez ce personnage une sorte de surenchère dans la communication : il dit ce qui est, mais il dit aussi ce qui n'est pas. Troublante, sa parole est reconstruction de la réalité. Aziz impose une histoire

1. A. Ernaux, *La Honte,* Gallimard, Paris, 1996, p. 118.
2. *Ibid.,* p. 123.
3. *Ibid.,* p. 118.

qu'il s'est construite et avec celle-ci, l'histoire imaginaire de son peuple, les hommes gris d'Irghiz qui "vivaient dans une vallée complètement secrète, sans routes et sans progrès, un paradis de verdure avec des fleurs préhistoriques continuant de pousser à l'abri des montagnes pelées que voyait le touriste qui ne se doutait pas, car les hommes gris se transmettaient leur vallée de génération en génération en jurant le secret[1]". Il justifie aussi son départ de la tribu "parce que la vallée s'écroule à cause des travaux de la nouvelle route dans la montagne, voilà, alors, j'étais parti chercher du secours[2]".

La parole d'Aziz est délire verbal mais elle atteint son but : loin de provoquer la confusion, elle convainc l'autre, l'homme d'un milieu différent, l'attaché humanitaire qu'Aziz, l'homme sans nom, appelé par hasard Kemal ("Je ne sais pas d'où ça vient. C'était peut-être l'année des K[3]"), veut séduire. Il séduit, il trompe et il en est le premier surpris :

> "J'étais en route dans les nuages vers un pays inconnu où j'avais planté ma légende en guise de racines (...). Une légende, ça ne se discute pas ; ça s'écoute. Mais c'est vrai que c'était la réalité, pour lui. J'étais un peu étonné qu'il m'ait cru aussi facilement. Peut-être qu'il se mettait à ma place, et qu'avec son intelligence il ne pouvait pas soupçonner que je raconte un mensonge gratuit[4]. (...) C'était fou, le pouvoir d'une légende, quand on se donnait la peine d'y croire[5]."

La communication d'Aziz avec les autres est toujours fausse. Elle est viciée, car elle repose, dans tous les cas de figure qu'expose le roman, sur le mensonge. Son attirance pour Lila, la Tsigane, avec qui il a été élevé, est forte. Mais elle est contrecarrée par la famille de la jeune fille :

> "Lila a dix-neuf ans, comme moi. On s'est connus enfants et maintenant il faut qu'on fasse attention, à cause de mes origines. Ses frères lui destinent un Manouche comme eux, un Saintes-Maries pur fruit, Rajko, le spécialiste Mercedes[6]."

1. D. van Cauwelaert, *op. cit.*, p. 49.
2. *Ibid.*, p. 49.
3. *Ibid.*, p. 6.
4. *Ibid.*, p. 50.
5. *Ibid.*, p. 52.
6. *Ibid.*, p. 8.

L'aventure avec Lila est marquée elle aussi, et de ce fait, au sceau du mensonge :

> "Dans la cité, quand on se croise, Lila et moi, c'est bonjour-bonsoir et le regard qui se détourne. Mais une fois par semaine, elle prend la micheline, je pique un scooter, et on se retrouve dans la calanque de Niolan, qui est le plus bel endroit du monde[1]."

C'est alors, exemple unique dans le roman, que la parole d'Aziz cesse d'être profusion et mensonge. Elle est contenue. Elle n'est plus.

> "On était libres et seuls au monde et je me sentais enfin chez moi. Elle m'avait dit « je t'aime » dans sa langue ; moi je n'ai pas de langue à part celle que je parle — pas de langue à moi, je veux dire, secrète — alors je n'ai rien dit, mais le cœur y était[2]."

C'est comme si Aziz avait pu dépasser son sentiment d'étrangeté. Pour un bref instant, sa différence culturelle a été mise entre parenthèses, mais bien vite, celle-ci réapparaît :

> "Le soir, à la veillée, chacun se rappelle ses origines, ses traditions (...). Moi je me tais. (...) Ça me fait mal d'être le seul (sans histoire)[3]."

Tout se passe comme si Aziz, l'usurpateur d'identité, tantôt Tsigane, Arabe de Marseille, Marocain du Maroc, Marseillais, homme du Nord, ne pouvait pas communiquer. Partout où il passe, il est en porte à faux. Il ne convainc que dans le rêve, dans la légende. Il ne trouve sa vérité que lors de son court séjour à l'école, parce que là, il peut "étudier ce qui existe et pas forcément les choses parce qu'on en vient" et il résume ainsi ce passage en classe :

> "Alors, le bonheur, c'est quand je suis allé à l'école[4]. (...) (On) m'avait donné la joie d'apprendre et c'était plus sacré que tout sur terre, c'était ça mes racines[5]."

---

1. D. van Cauwelaert, *op. cit.*, p. 9.
2. *Ibid.*, p. 9.
3. *Ibid.*, p. 10.
4. *Ibid.*, p. 10.
5. *Ibid.*, p. 23.

Instant privilégié où Aziz communique, avec ses copains comme Pignon, le futur flic, avec l'instituteur qui lui offre l'Atlas des légendes du monde :

> "C'était le cadeau d'un homme qui n'était pas obligé, qui m'avait donné la joie d'apprendre[1]."

Cette nostalgie de la communication normale, Aziz la garde tout au long du roman. Il essaie de lui trouver d'autres formes :

> "Je me serais volontiers battu avec lui entre Arabes pour communiquer normalement avec quelqu'un, pour une fois, comme je savais faire[2]."

Succédané de la communication verbale, la bagarre est recherche de contact avec l'autre et elle constitue alors la norme de la communication. Il y a bien échec de la communication interculturelle dans les deux romans. On pourrait avancer l'hypothèse que cet échec est dû, d'une part à la raideur du monde originel, chez Annie Ernaux, d'autre part à l'exubérance du monde originel et à la profusion d'identités, chez Didier Van Cauwelaert. Dans les deux cas, le lien entre la communication interculturelle et la quête d'identité est à mettre à jour.

On peut tout d'abord s'interroger sur ce qui est recherché dans la rencontre avec l'autre. D'ailleurs celle-ci est-elle provoquée ou bien n'est-elle que le fruit du hasard ? Dans les deux romans, les protagonistes ne cherchent pas la communication avec l'autre. Elle est le résultat de circonstances extérieures, un voyage à Lourdes pour Annie et son père, un "retour au pays" contraint pour Aziz Kemal. La rencontre avec l'autre n'est pas voulue ; elle est fortuite. Il n'y a donc rien d'étonnant à ce que la communication interculturelle ne soit pas ouverture sur l'autre, découverte généreuse de l'altérité, car elle n'est qu'un prétexte à la découverte de soi. Elle constitue une possibilité de se mieux connaître, parce que l'autre renvoie une image de soi-même jusque là inconnue et aussi parce que le regard porté sur l'autre est riche d'enseignement pour soi.

C'est en fait à une quête d'identité que se livrent les protagonistes des deux romans. Ils se cherchent et ils utilisent pour ce faire le miroir que leur proposent le regard de l'autre et le regard

1. D. van Cauwelaert, *op. cit.*, p. 23.
2. *Ibid.*, p. 79.

porté sur l'autre. La métaphore du miroir est d'ailleurs utilisée de façon forte par la fille de *La Honte*. C'est la fameuse scène du restaurant de Tours où elle se regarde dans le miroir et où celui-ci lui renvoie son image, celle d'une fille "pâle, l'air triste avec ses lunettes, silencieuse à côté de (son) père, qui regardait dans le vague[1]". Se superpose alors à ce couple silencieux, un autre couple, heureux celui-là. La fille de douze ans a découvert "une fille de quatorze ou quinze ans, en robe décolletée, bronzée, avec un homme assez âgé, qui semblait être son père. Ils parlaient et riaient, avec aisance et liberté, sans se soucier des autres[2]". Troublant parallélisme que celui de ces deux couples père-fille si antithétiques. Et si cette rencontre, imaginée peut-être, n'existait que dans l'esprit de la narratrice et n'avait pour simple fonction que la prise de conscience de sa différence et de son appartenance sociale ?

> "L'image du restaurant de Tours est la plus nette. En écrivant un livre sur la vie et la culture de mon père, elle me revenait sans cesse comme la preuve de l'existence de deux mondes et de notre appartenance irréfutable à celui du dessous[3]."

Cette vision dans le miroir, tout comme la scène initiale de *La Honte* (le père voulant tuer la mère) sont des révélateurs pour la fille de douze ans :

> "Après chacune des images de cet été, ma tendance naturelle serait d'écrire « alors j'ai découvert que » ou « je me suis aperçue de » mais ces mots supposent une conscience claire des situations vécues. Il y a eu seulement la sensation de honte qui les a fixées hors de toute signification[4]."

C'est au cours de l'été 1952 que l'enfant de *La Honte* est parvenue à la découverte de soi par la confrontation avec l'autre. Ce voyage à Lourdes lui révèle l'existence d'un autre monde, parallèle au sien :

> "Je savais qu'il existait un autre monde, vaste, avec du soleil écrasant, des chambres avec des lavabos d'eau chaude,

1. A. Ernaux, *op. cit.*, p. 126.
2. *Ibid.*, p. 124.
3. *Ibid.*, p. 126.
4. *Ibid.*, p. 126.

des filles discutant avec leur père comme dans les romans. Nous n'en étions pas. Il n'y avait rien à redire[1]."

Ce monde nouveau exerce un attrait fascinant sur la protagoniste. Et on peut lire dans les phrases qui suivent une certaine volonté de mimétisme :

> "Je voyais tout ce qui me séparait de cette fille mais je ne savais pas comment j'aurais pu faire pour lui ressembler[2]."

La fille rencontrée par hasard au restaurant représente cette figure du double et incarne la gémellité. Ce jumeau si semblable et si différent, qui séduit par sa proximité et qui attire par sa dissemblance, Aziz Kemal le rencontre aussi. C'est cet attaché humanitaire qui est contraint de le raccompagner au Maroc et qui ne sait pas encore que son destin va lui être irrémédiablement lié.

Aziz et Jean-Pierre si différents par leur milieu, par leur histoire[3], vont s'emprunter alternativement leur identité. Aziz note que "Jean-Pierre, entre deux essais de téléphone, prenait des notes comme un fou, au dos des papiers officiels qu'il enlevait de (son) dossier, pour se fabriquer une vie à partir de (la sienne)[4]". L'attaché humanitaire se nourrit de l'histoire d'Aziz et enrichit sa propre vie à partir d'elle. Et Aziz nourrit le même projet :

> "J'avais envie de « transposer », moi aussi, de me refaire une enfance à partir de la sienne, maintenant que mon passé n'existait plus[5]."

Aziz retrouve une identité grâce à la création littéraire. C'est Jean-Pierre qui le fait renaître, qui le crée en fonction des éléments qu'il lui donne :

> "Tout sera axé sur ce personnage en qui je pourrai dire « je », un jour, à force de m'imprégner de son regard, et de son imagination[6]."

Et le phénomène de création s'inverse puisque finalement, ce sera Jean-Pierre, disparu, qui revivra sous la plume d'Aziz, qui

1. A. Ernaux, *op. cit.*, p. 127.
2. *Ibid.*, p. 125.
3. Aziz écrit : "Il venait d'un autre milieu et nos histoires n'avaient sûrement rien à voir (...). Et pourtant on se ressemblait." (D. van Cauwelaert, *op. cit.*, pp. 44-45)
4. D. van Cauwelaert, *op. cit.*, p. 59.
5. *Ibid.*, p. 62.
6. *Ibid.*, p. 88.

s'emparera de son identité, de ses lieux, de ses parents, de son milieu. Chacun fait vivre alternativement l'autre par le regard qu'il porte sur lui et par le regard qu'il reçoit de l'autre. Il lui donne ainsi une identité. Aziz explique son projet d'écriture et l'idée du truchement littéraire :

> "Ça m'a paru important de faire exister Jean-Pierre dans mes yeux, de décrire notre rencontre avec mes mots à moi, pour que les gens se rendent compte[1]."

Il décrit aussi cette étrange confusion identitaire qui s'est emparée de lui[2] :

> "Je fais semblant d'écrire, comme lui, de boire son thé et d'aimer tout ce qu'il aime."

Dans la famille de Jean-Pierre à Uckange, Aziz qui est venu raccompagner le corps[3] de son ami (disparu de façon étrange[4]), s'approprie sa chambre, son frère, — "c'est bon d'avoir un frère" — et jusqu'à l'amie qui l'a abandonné, dans un mouvement final étonnant de symbiose et d'osmose identitaire :

> "Un jour, j'inviterai Agnès pour lui lire tes dernières pages. Elle entrera dans ta chambre, elle s'assiéra sur ton lit, elle retrouvera ta voix. Et elle regrettera de t'avoir dit non, le jour des croissants de plâtre. (...) Un jour, si tu le veux, nous lui ferons l'amour[5]."

C'est à un véritable parcours initiatique que nous sommes conviés et qui s'effectue entre Marseille et Uckange. La confusion identitaire du départ pour Aziz qui ignore ses origines et vit son enfance dans un no man's land culturel tout en se rêvant le fils d'un attaquant de l'OM ou l'héritier des savons de Marseille, persiste tout au long du roman. "Marocain provisoire", "Tsigane adoptif", Aziz s'empare de l'histoire et de l'identité de Jean-Pierre au moment où celui-ci abandonne son projet d'écriture de l'histoire d'Aziz : "Je ne veux plus de son histoire, tout à coup. La mienne

1. D. van Cauwelaert, *op. cit.*, p. 117.
2. et qui avait saisi aussi Jean-Pierre : "C'est moi, m'a-t-il expliqué. Enfin : vous, dans le roman." (p. 59).
3. Situation inverse de la situation initiale : "J'étais présenté comme Aziz Kemal, le convoyeur spécial du consulat français." (p. 109).
4. Pour mieux justifier la substitution symbolique d'identité.
5. *Ibid.*, p. 120.

commence[1]." Effectivement, l'histoire de Jean-Pierre va commencer, mais sous la plume d'Aziz qui lui ravit son identité. La confusion identitaire du départ est encore plus forte à la fin du roman. Nous assistons, aussi bien dans *La Honte* que dans *Un aller simple,* à une véritable quête d'identité qui passe par la confrontation avec l'autre et par la communication interculturelle. Si la situation paraît relativement claire dans *La Honte* où le personnage se fragmente et se transforme après la série de chocs vécus au cours de l'été 1952, il n'en est pas de même dans *Un aller simple,* où il n'existe pas d'évolution de l'identité initiale du héros, pour la simple raison qu'il n'avait pas d'identité stable au départ. Il n'y a pas évolution ou transformation mais substitution d'identité.

Annie Ernaux écrit :

> "La mémoire n'apporte aucune preuve de ma permanence ou de mon identité. Elle me fait sentir et me confirme ma fragmentation et mon historicité[2]."

Cette fragmentation apparaît de façon forte dans *La Honte* et l'œuvre littéraire représente une tentative pour réduire cette fracture. Le minutieux inventaire du "monde du dessous" n'est dressé que pour mieux comprendre le déchirement vécu :

> "J'ai répertorié les langages qui me traversaient et constituaient ma perception de moi-même et du monde[3]."

Dans les deux romans, la souffrance accompagne la transformation. Tout se passe comme si l'on ne pouvait se trouver qu'au prix d'une intense douleur. Pour la fille de douze ans de *La Honte,* c'est un univers de certitude qui s'ébranle. Le monde d'avant était "le monde de la vérité et de la perfection, de la lumière[4]". La découverte de l'autre monde a provoqué la sensation d'une "lourdeur", d'une "néantisation". Ce sentiment de réduction au néant est si fort que la jeune fille aura dû attendre deux ans pour retrouver identité et permanence de son être[5]. La douleur qui résulte de la fracture de l'être est associée à la honte :

1. *Ibid.*, p. 95.
2. A. Ernaux, *op. cit.*
3. *Ibid.*, p. 107.
4. *Ibid.*, p. 80.
5. "L'orgasme où je ressens le plus mon identité et la permanence de mon être, je ne l'ai connu que deux ans après." (p. 133).

"Il y a eu seulement la sensation de honte qui les a fixées (les situations vécues) hors de toute signification. Mais rien ne peut faire que je n'aie éprouvé cela, cette lourdeur, cette néantisation. Elle est la dernière vérité. C'est elle qui unit la fille de 52 à la femme en train d'écrire[1]."

Le sentiment de honte par rapport à son milieu, par rapport aux siens est récurrent dans les deux œuvres, comme si la quête identitaire ne pouvait se faire qu'au prix du reniement des siens et de son groupe culturel (dominé !). De ce reniement, de cette honte éprouvée, naît un sentiment de culpabilité indéniable. Jean-Pierre, l'attaché humanitaire, fils de fondeur, se repent :

"J'ai abandonné mon sol, moi aussi. J'ai renié mon milieu, mes origines. Et depuis, tout va mal[2]."

Il évoque aussi "le jour de la honte. La double honte" et raconte l'arrivée de ses parents sur le quai de la gare, alors qu'il venait d'être nommé au Quai d'Orsay.

"Quand je les ai vus, tous les deux, rougeauds, tout gris, endimanchés, veste à carreaux, manteau de fourrure de la voisine ayant déjà servi pour le mariage de mon frère, je n'ai pas pu. La valise en skaï jaune, le sac Prisunic avec le cake. Son cake. Impossible de bouger, d'aller vers eux, de me forcer.(...) Je n'ai pas bougé. La double honte. Honte de ce qu'ils étaient restés, honte de ce que j'étais devenu pour ne pas leur ressembler[3]."

On peut lire une scène semblable, de moindre intensité certes, dans *La Honte,* mais le sentiment de honte éprouvé vis-à-vis des parents est le même. Il s'agit de la visite du château de Blois.

"Mon père, qui a pris froid, tousse sans pouvoir s'arrêter. On n'entend plus que sa toux qui résonne sous les voûtes, couvrant les commentaires du guide. Il se laisse distancer par le groupe qui est parvenu en haut de l'escalier. Je me retourne et je l'attends, peut-être à contrecœur[4]."

---

1. *Ibid.*, p. 126.
2. D. van Cauwelaert, *op. cit.*, p. 56.
3. *Ibid.*, pp. 99-100.
4. Ernaux A., *op. cit.*, p. 124.

Mais c'est surtout la perception des autres qui est faussée. Le monde du dessus est survalorisé. Son propre groupe culturel est dévalorisé et il est perçu à travers le regard du groupe dominant.

> "C'était la première fois que nous étions amenés à fréquenter de près, pendant dix jours, des gens inconnus qui étaient tous, à l'exception des chauffeurs de car, mieux que nous[1]."

La narratrice jette un regard négatif sur elle-même et sur les siens :

> "Il me semble que tout ce qui a suivi pendant l'été est confirmation de notre indignité : « il n'y a que nous » qui sommes ainsi[2]."

Cette négation du groupe social auquel elle appartient, la profonde dévalorisation qui en résulte, sont générateurs de souffrance. L'enfant projette également sur les siens le regard qu'elle croit être celui des autres. Lors du retour de la fête de la Jeunesse des écoles chrétiennes à Rouen, une institutrice a raccompagné les élèves chez elles. La mère de la narratrice est sortie de l'épicerie en chemise de nuit. Certaines jeunes filles ont cessé de parler. L'enfant note :

> "Je venais de voir pour la première fois ma mère avec le regard de l'école privée (...) comme si à travers l'exposition du corps sans gaine, relâché, et de la chemise douteuse de ma mère, c'(était) notre vraie nature et notre façon de vivre qui étaient révélées[3]."

Le regard des autres, ceux que l'on considère comme supérieurs, est cruel, surtout lorsqu'il s'attache de façon dépréciative sur les êtres qui nous sont chers. La narratrice ne peut s'empêcher de faire sien ce regard et de ressentir alors fortement sa trahison. Il n'y a qu'un seul domaine où l'enfant est considéré pour ce qu'il est et non par rapport au milieu auquel il appartient : c'est le domaine de l'école. Et il est surprenant de noter que dans les deux romans, l'enfant en quête d'identité surinvestit le champ scolaire. Annie

1. Ernaux A., *op. cit.*, p. 116.
2. *Ibid.*, p. 111.
3. *Ibid.*, p. 110.

Ernaux note : "On dit de moi : « L'école est tout pour elle[1] »" et Aziz Kemal écrit :

> "Alors, le bonheur c'est quand je suis allé à l'école. Le bonheur, c'était d'apprendre. Je m'inventais une autre famille, rien qu'à moi, avec les mots et les chiffres que je pouvais changer d'ordre comme je voulais, additionner, conjuguer, soustraire, et tout le monde me comprenait. Au tableau, quand je récitais les batailles et les fleuves, on m'écoutait comme si c'était mon histoire à moi (...). Et ce n'était qu'un début : il restait tant de choses à connaître, j'en aurais pour la vie[2]."

Revanche sur la vie, sur le milieu social, sur l'absence d'identité connue, l'école neutralise le regard des autres et elle ne valorise, d'après les protagonistes, que le savoir. Dans ce lieu privilégié, la quête d'identité n'est pas souffrance, comme elle l'est dans la vie pour les héros des deux romans étudiés.

Il est intéressant de noter que la plupart des situations de communication dans *La Honte* et dans *Un aller simple* relèvent de la communication interculturelle. "Le Tsigane adoptif", "le Marocain provisoire" est présenté d'abord à Vallon-Fleuri, dans son milieu d'adoption. Il n'est pas véritablement reconnu par les Tsiganes comme l'un des leurs puisqu'on ne lui accorde pas le droit d'épouser Lila. Mais il n'est pas non plus perçu comme un Arabe, malgré son nom et même s'il aime bien passer pour un Arabe : "J'aime bien être un Arabe, parce qu'on est nombreux et on me fout la paix[3]". C'est lors de son séjour en prison, où il attend son départ pour le Maroc, qu'il exprime toute l'ambiguïté de sa situation à son copain policier :

> "J'ai fait ma vie comme étranger en France ; je ne vais pas la recommencer comme étranger dans un pays où je serai le seul à savoir que je ne suis pas chez moi. J'ai déjà eu assez de mal avec les Tsiganes. Je suis Aziz, fils d'Ami 6 de chez Citroën, et je suis de Marseille, comme toi, enfin, Pignol, quoi, merde ! Ça se voit, ça s'entend[4] !"

1. *Ibid.*, p. 100.
2. D. van Cauwelaert, *op. cit.*, p. 10.
3. *Ibid.*, p. 6.
4. *Ibid.*, p. 26.

Au Maroc, l'étrangeté de sa situation apparaît nettement et un sentiment de malaise permanent le saisit, lors des rencontres avec les Marocains :

> "Le Marocain des bagages me propose en français de porter mon sac en plastique, et ça me gêne encore plus que tout à l'heure, quand le policier de Rabat me parlait en arabe[1]."

La confusion la plus complète le gagne puisqu'il se prend pour un Arabe :

> "Je me disais : je suis peut-être dans le pays de mes ancêtres. Je m'en foutais un peu[2]."

Il venait pourtant d'affirmer peu de temps auparavant :

> "Moi, j'étais marseillais, de cœur, d'accent et de naissance — en tout cas j'avais le bénéfice du doute — et si on devait me reconduire quelque part c'était au virage de la Frioune : mon pays c'était les Bouches-du-Rhône, ma cité Vallon-Fleuri et mon équipe l'OM[3]."

Rien d'étonnant, avec cet imbroglio identitaire que toute communication dans *Un aller simple* soit de type interculturel, ethnique, mais aussi social. En effet, les personnes rencontrées appartiennent à un autre milieu que celui d'Aziz, qu'il s'agisse de l'attaché humanitaire Jean-Pierre Schneider ou de l'étudiante Valérie d'Armeray. Dans *La Honte,* le personnage n'est pas présenté dans des situations de communication avec les gens de son milieu, mais essentiellement avec des représentants de l'autre monde. Il s'agit toujours d'interculturel de classe. Et la communication, si elle existe, est douloureuse ou ambiguë. Relevons deux exemples qui peuvent sembler anodins. Le dentiste demande à la fille : "Ça te fait mal quand tu bois du cidre ?" et elle note : "C'était la boisson de table des ouvriers et des gens de la campagne, adultes et enfants. (...) Aucune phrase signifiant notre place dans la société ne m'échappait donc plus[4] ?" Le professeur de sixième invite la fille à poursuivre la chanson *Boléro* qu'elle vient d'entonner. Elle refuse

1. D. van Cauwelaert, *op. cit.,* p. 10.
2. *Ibid.,* p. 62.
3. *Ibid.,* p. 28.
4. A. Ernaux, *op. cit.,* p. 130.

"persuadée que l'enseignante attendait qu'(elle) dévoile (sa) vulgarité pour la dénoncer avec violence[1]".

Tout événement est perçu par la narratrice avec "les critères d'appartenance au monde d'en bas[2]."

Nous avons vu que dans les deux romans, il y a échec de la communication interculturelle. Il n'y a pas de perméabilité entre les mondes culturels différents et les dominants manifestent toujours ignorance et mépris pour les dominés. Le regard sur l'autre est admiratif voire envieux quand il provient du "monde du dessous", cruel et "néantisateur" quand il provient du "monde du dessus". Les protagonistes appartenant à la catégorie des dominés, sont en quête d'identité et la communication interculturelle leur renvoie une image négative d'eux-mêmes qu'ils intériorisent. Rien d'étonnant à ce qu'ils se projettent dans leur double imaginaire, dans leur jumeau de rêve : la fillette du restaurant ou le diplomate Jean-Pierre. La voie de la révolte ne les tente jamais. Aziz y est pourtant fortement invité par le policier Pignol : "Mais révolte-toi, une fois dans ta vie, putain ! Réagis[3] !". Ce n'est que lors de leur passage à l'école qu'ils échappent temporairement à leurs représentations négatives d'eux-mêmes.

Les protagonistes vivent leur expérience interculturelle de façon différente. Pour la fille de 12 ans, la découverte de l'autre monde remet tout en cause et rompt le calme et la tranquillité intérieure. Elle génère une immense souffrance née en grande partie du mépris qu'elle éprouve elle-même pour "les gens du dessous". Les réactions du jeune Aziz par rapport au diplomate, symbole de la réussite sociale, sont ambiguës. Étrange mélange de répulsion et de fascination pour cet être qu'il ne tarde pas à prendre sous sa protection, après l'avoir mis en danger... On assiste à une cruelle lutte de pouvoir entre ces deux personnages qui s'achèvera par la mort de l'un (provoquée par l'autre) et par la prise de l'identité du mort par le vivant.

Dans les deux romans, l'interculturel n'est jamais vécu de façon positive. Il n'est pas une démarche d'ouverture qui permet

1. A. Ernaux, *op. cit.*, p. 130.
2. *Ibid.*, p. 116.
3. D. van Cauwelaert, *op. cit.*, p. 35.

l'enrichissement de l'individu par la rencontre de l'autre et par la confrontation de valeurs différentes. Il est générateur de souffrance Il crée l'insatisfaction, le malaise, le mépris de soi et va même jusqu'à la négation de soi-même et le refus de sa propre identité.

Chapitre II

CODIFICATION ET ENJEUX DU DISCOURS CULTUREL À TRAVERS QUELQUES EXEMPLES DANS LA LITTÉRATURE CHILIENNE

Ida Bravo

Doctorante, Paris III

LES ÉCHANGES avec l'autre élucident sans cesse la singularité de l'homme. La découverte de soi peut être "bouleversante" dans une situation interculturelle où d'autres façons de faire reflètent des visions particulières du monde. Pour pallier à l'étonnement de la différence bien souvent l'appartenance à un groupe précis est considérée comme une donnée absolue, le risque d'une telle approche de l'Autre est que la culture "abstraite" opacifie la liberté fondamentale de l'individu. Nous nous fions trop facilement aux "images significatives" d'un individu culturel caractérisé par des approximations que l'on se fait de lui et qui répondent à des critères que l'on s'est forgé à son insu. C'est ainsi que maintes fois, dans notre rencontre avec l'Autre culturel notre attention porte non sur l'être humain en tant que tel mais sur l'imaginaire culturel de son groupe. Notre effort vise donc à prévoir ses attitudes, c'est ainsi que dans la situation de contact interculturel le déroulement de la communication semble être déterminé par des représentations que nous voulons absolues en oubliant que l'exception est aussi importante que la règle, sinon plus.

Ces catégorisations hâtives entravent la vraie communication interculturelle. Ce phénomène montre comment l'individu utilise une connaissance culturelle stéréotypée pour prévoir des comportements. Le cas échéant, il est commode de considérer toute attitude qui s'éloigne de nos expectatives comme découlant de l'appartenance culturelle. Or, bien que le groupe influe dans la vie de l'individu par les enseignements qu'il lui inculque, il n'agit cependant pas comme un "moule" qui formerait des individus similaires. L'individu reste certainement libre de construire son identité en fonction des paramètres qu'il juge pertinents pour l'affirmation de sa personnalité.

L'approche interculturelle met l'accent non plus sur une culture abstraite mais, au contraire, sur des éléments de culture précis dont la signification varie selon le contexte situationnel et la valeur que l'individu qui en fait l'usage veut leur conférer.

Les éléments de culture sont ainsi envisagés comme étant inscrits dans un ensemble plus vaste qu'un simple inventaire de "codes culturels". Cette perspective a l'avantage de prendre en ligne de compte la liberté de l'individu dans l'usage de traits culturels singuliers.

Les items culturels constituent donc, au même titre que tout autre élément de communication, des moyens dont se sert l'utilisateur en vue de persuader son interlocuteur, c'est pourquoi à la suite des études réalisées par Martine Abdallah-Pretceille, les réflexions sur l'intercuturel ont tout à gagner si elles sont introduites dans la logique de la "rhétorique culturelle".

1. RHÉTORIQUE CULTURELLE ET LITTÉRATURE

La reprise des débats sur la rhétorique non plus en tant que simple inventaire de formules de style, mais au contraire, en envisageant le rôle actif de tous ces moyens dans la vie quotidienne permet une vision plus ancrée dans le contexte et moins détachée de tout référent.

C'est l'aspect "codificateur" qui a été le vecteur principal pour une application du concept de *rhétorique* dans d'autres domaines. Ainsi, avec Roland Barthes, on assiste dans les années soixante-dix à la découverte d'une rhétorique de l'image publicitaire, endroit idéal de concentration de directives de persuasion pour une lecture guidée de la publicité.

Lorsque nous nous trouvons dans un contexte relationnel, l'enjeu de persuasion reste latent, d'où la mise en place de toute une variété de façons de faire qui tendent à permettre de prendre le dessus dans la communication, c'est ici que l'argumentation et la rhétorique trouvent leur domaine d'excellence.

Les différentes situations de contact interculturel nous permettent de rencontrer l'Autre avec qui s'instaure, comme dans n'importe quel autre genre de rapports, le jeu du pouvoir qui, dans une hypothèse négative, peut prendre la forme de "différend culturel" où le poids de la mésentente est systématiquement attribué à la culture. Le recours à l'"argument culturel" témoigne de l'instrumentalisation de la culture.

L'approche interculturelle des cultures en termes de rhétorique considère l'aspect "manipulateur" du choix des items culturels dans les rapports de pouvoir où ils sont introduits. Par ailleurs, la rhétorique culturelle nous rappelle que la culture n'est pas transmise de génération en génération comme un simple héritage, si celle-ci subsiste c'est parce que l'individu s'approprie sa culture.

La littérature en tant que mode d'expression de la modernité et par la remise en question permanente du monde va dans le sens de l'exploration de la pluralité de l'existence que la pensée rationnelle traditionnellement à tendance à simplifier dans sa recherche d'un ordre schématique unique Contrairement à celle-ci, la littérature a pour fonction irremplaçable de "restituer la vérité multiple de la vie[1]" par la diversité de lectures auxquelles elle donne lieu. Le roman, en nous invitant "à nous départir de l'illusion rationaliste d'une conception du monde fondée sur une vérité unique" devient un excellent moyen pour retrouver "la réalité plurielle de l'existence[2]".

Le genre littéraire, dont l'enjeu majeur n'est pas l'univocité du langage, mais la structuration textuelle proprement dite, apporte, à travers un questionnement continuel concernant la philosophie de

1. G. Bataille, cité par François Laplantine, *Transatlantique,* Paris, Payot, 1994.

2. François Laplantine, *op. cit.*, p. 37.

l'existence, d'éventuelles explications aux questions que se posent les lecteurs et propose autant de réponses que de récepteurs il y a.

Le langage romanesque présente le grand avantage d'être polysémique car il ne renferme pas le monde dans des catégories conceptuelles mais bien au contraire il offre la possibilité de questionner des aspects de la vie humaine que le langage scientifique n'est pas à même de traiter. Le roman nous permet ainsi de :

> "dire notamment la disparité, l'étrangeté (des autres, de soi-même), l'ambivalence, le déguisement, la fragilité, l'évanescence, le jeu multiple de nos multiples métamorphoses possibles, le sujet en expansion continuelle, ou au contraire les processus de désintégration qui nous éloignent non temporairement mais définitivement d'un centre fixe, nous font devenir différent en recevant ce que l'on est ailleurs[1]."

Le roman, par le récit des faits particuliers, peut-être anodins, permet de considérer les réalités qui échappent aux stéréotypes et aux généralisations, en envisageant ces autres réalités. Il prend en compte le monde que l'Histoire laisse de côté tout en nous offrant la possibilité de porter un regard différent sur nous mêmes. Tel que le signale Michel Meyer, "le roman est Histoire, celle-ci ne tombe pas en dehors de lui, mais c'est l'Histoire qui en réalité devient histoire[2]".

Le champ littéraire, par le travail de structuration qu'il suppose, constitue un excellent domaine pour l'appréhension du "jeu" sur la culture au moyen d'une codification d'items culturels, ce qui n'est autre que la rhétorique culturelle.

Les œuvres des écrivains chiliens, Isabel Allende (née à Lima en 1942) et Luis Sepúlveda (né à Ovalle, dans le nord du Chili en 1949), auteurs contemporains dont la production date des années quatre-vingts et quatre-vingt-dix serviront de base à notre réflexion[3]. Leur production relève de ce que l'on appelle "le roman de l'exil" résultant de l'exode d'une grande partie d'intellectuels latino-américains en raison des régimes dictatoriaux installés dans la région durant les années soixante-dix et quatre-vingts. En effet,

1. François Laplantine, *op. cit.*, p. 38.
2. Michel Meyer, *Langage et littérature*, Paris, PUF, 1992.
3. Ida Catalina Bravo Fehrs (sous la dir. de Martine Abdallah-Pretceille), *Rhétorique culturelle dans la littérature chilienne contemporaine*, Mémoire DEA, Paris III, 1996.

Isabel Allende écrit ses romans pendant ses années d'exil politique au Venezuela et ensuite aux Etats-Unis. En ce qui concerne Luis Sepúlveda, le contexte de sa production littéraire sera le Pérou, l'Equateur, la Colombie et surtout l'Allemagne où il habite depuis 1980.

Ces auteurs ont le mérite de rendre plus évidente la singularité des peuples latino-américains grâce à une approche contrastée de leur identité et de celle des peuples qui sont en contact avec eux, peuples qui ont une influence directe sur leur vie quotidienne. Pour saisir la diversité de ces sociétés Isabel Allende et Luis Sepúlveda considèrent les "autres" réalités latino-américaines voilées par les représentations que l'on a de ces peuples. Isabel Allende rend compte de la diversité qui est à la base de la conformation sociale latino-américaine en considérant les cultures des immigrants qui ont contribué à faire de la société latino-américaine ce qu'elle est aujourd'hui : essentiellement métissée. Luis Sepúlveda, quant à lui, envisage les problèmes que peut poser la coexistence d'ethnies diverses qui oppose sociétés traditionnelles et sociétés industrialisées tout en militant contre la hiérarchisation des cultures.

Les œuvres littéraires sont imprégnées de l'idéologie des écrivains qui apparaît de façon nuancée dans leur travail de création artistique. Avec humour et à travers un discours ironique ces auteurs font part des réalités diverses et parfois disparates de la société où les contradictions témoignent du caractère national et à la fois cosmopolite des peuples.

Le vieux qui lisait des romans d'amour[1]

Le roman de Luis Sepúlveda est une apologie de la liberté et du respect des groupes ethniques ainsi que de la forêt amazonienne face à la disparition des cultures aborigènes et à la dévastation de la nature.

La forêt amazonienne décrite dans toutes ses couleurs est le lieu de luttes inégales entre les hommes. D'une part on aura à faire aux natifs vivant en pleine harmonie avec la jungle, puis aux colons qui ont appris à y vivre et dont le stéréotype en est le personnage du vieux Antonio José

1. Luis Sepúlveda, *Le vieux qui lisait des romans d'amour,* Paris, éd. Métailié, 1992.

Bolivar Proaño. D'autre part on aura divers groupes agissant en fonction des intérêts plus égoïstes : ambition économique avant tout pour les chercheurs de métaux précieux, désir d'aventure pour les touristes, groupes qui se différencient entre eux par les motivations et les valeurs qui déterminent leur démarche.

La chasse d'un ocelot par un touriste met en péril l'équilibre de la jungle, c'est alors que l'intervention d'Antonio José Bolivar Proaño tentera de redonner un certain calme à la région. Le héros du roman, le vieux Antonio José Bolivar, veuf, adopté puis exclu de la tribu des indiens Shuar trouve dans les romans d'amour à la fois un refuge magnifique pour sa solitude et un moyen d'exorciser la tristesse que produit la démesure de l'ambition humaine néfaste pour l'équilibre naturel.

Le monde du bout du monde [1]

Le sud de la Pantagonie et le cap Horn avec leurs paysages et les légendes de peuples indiens aujourd'hui disparus, Onas, Alcalufes, Yaganes, Patagons, sont le décor où se déroule ce roman où Luis Sepúlveda révèle des actions qui portent préjudice à l'équilibre écologique. Un journaliste chilien exilé à Hambourg est chargé par une organisation écologique de mener une enquête visant à connaître les conditions dans lesquelles un baleinier industriel japonais a fait naufrage dans les eaux du sud de la Pantagonie. Il est guidé dans son voyage de reconnaissance par un grand connaisseur, le capitaine Nilsen, descendant d'une Indienne Ona et d'un marin danois. A travers lui on retrouvera un peu de l'histoire de ses ancêtres et le paysage de cette merveilleuse région de l'Antarctique avec sa flore et sa faune uniques. Le récit de l'Indien Alcalufe sur l'accident rappellent par sa magie la sensibilité de ces animaux d'exception : les baleines.

Eva Luna [2]

L'héroïne du troisième roman d'Isabel Allende s'appelle Eva, nom qui signifie vie, et porte le nom de la tribu indigène dont est issu son père, les Fils de la Lune. Eva sera très tôt livrée à elle même dans la quête de sa subsistance, dans un pays en continuel mouvement sa vie bascule entre paix et rébellion, forêts tropicales et grandes capitales sud-américaines. Lorsque, dans le continent latino-américain de végétation exubérante et

1. Luis Sepúlveda, *Le monde du bout du monde,* Paris, éd. Métailié, 1993.
2. Isabel Allende, *Eva Luna,* Paris, Fayard, 1988.

éternellement ensoleillé, Eva s'aventure à voyager à travers la fenêtre ouverte d'un tableau de mer et d'hirondelles, la vie prend d'autres dimensions de l'autre côté de l'Atlantique, en Europe, où les peuples s'opposent dans une longue et cruelle guerre. Pour palier aux blessures de cette haine humaine, Rolf Carlé est embarqué par sa mère à destination des Caraïbes. Isabel Allende envisage ici l'Amérique Latine dans ses différentes facettes, celle de la vie paisible des petits villages d'Amazonie, celle moins calme de la ville où les intérêts politiques opposent une ancienne oligarchie au peuple qui revendique des conditions de vie plus justes. Le roman est un témoignage du cosmopolitisme foncier des sociétés latino-américaines ainsi que des paradoxes où humanité et injustices vont de pair.

Paula[1]

Le dernier livre d'Isabel Allende naît d'un témoignage autobiographique de sa vie adressé à sa fille, Paula, tombée gravement malade en décembre 1992. Pendant l'année où Paula est plongée dans le coma, l'écrivain se remémore le chemin parcouru par sa famille. Son récit nous amènera dans la ville de Lima des années quarante, au Moyen Orient dans les années cinquante, dans la Belgique des années soixante-dix, ainsi qu'au Chili des années précédant la dictature militaire, moment qui a été déterminant dans la vie du pays. Puis lors de son exil au Venezuela et ensuite aux Etats-Unis où elle réside depuis quelques années.

2. LA DIMENSION SYMBOLIQUE DU DISCOURS CULTUREL

La description de certains aspects de culture se constitue en symbole par le rapport que cette description entretient avec un fait précis. C'est la volonté de reconnaissance entre la valeur signifiée et le symbole proprement dit qui est à la base de la constitution d'un objet quelconque en symbole. Chaïm Perelman signale que "étant donné le caractère indéterminé et indéfini objectivement de la liaison symbolique" il est possible "de conférer à toute chose, à tout acte, à tout événement, une valeur symbolique et de modifier par là sa signification et son importance[2]".

1. Isabel Allende, *Paula,* Paris, Fayard, 1996.
2. Chaïm Perelman, Lucie Olbrechts-Tyteca, *Traité de l'argumentation,* Edition de l'Université de Bruxelles, 5e éd., 1988, p. 448.

Les pratiques vestimentaires, alimentaires, linguistiques sont mises en exergue par les écrivains en tant que SYMBOLES. Le relevé des passages qui évoquent les habitudes propres des cultures aborigènes ainsi que celles dites "d'occident" laisse transparaître un souci de caractérisation du groupe par rapport aux habitudes corporelles mais aussi et surtout de créer une symbolique spécifique à chaque culture. L'aspect vestimentaire, par exemple, n'est pas envisagé comme la constatation d'un simple fait culturel mais comme manifestation d'un sens évoquant des valeurs morales, religieuses, etc., ainsi que des pratiques culturelles, il apparaît traité dans le roman en tant que *code.*

a) Le code culturel peut avoir une valeur symbolique historique

Dans *Un vieux qui lisait des roman d'amour,* le personnage principal du roman, originaire de la région des Andes du nord, décide d'aller tenter sa chance en Amazonie où le gouvernement octroie des terrains aux personnes qui veulent s'y installer et travailler les terres. Lors du voyage qui l'amène à la jungle amazonienne, il traverse différents villages et est particulièrement intéressé par celui des Saragurus, qui ont l'habitude de s'habiller en noir pour "perpétuer le deuil d'Atahualpa[1]".

On comprend le choix de l'auteur lorsqu'il décrit cet aspect propre au groupe indigène, dont la présence dans l'œuvre naît non pas du souci de décrire la pratique comme élément du folklore de la région andine — nous ne sommes pas en présence d'un guide touristique — mais dans l'intérêt de renforcer un message qui dépasse de loin la simple constatation d'un fait culturel. L'évocation du deuil centenaire des Saragurus, suite à la disparition de l'Inca Atahualpa tué par les espagnols lors des batailles pour la conquête du Tahuantinsuyu, prend un sens profond compte tenu du message global de l'œuvre donc, la revendication de la singularité des cultures aborigènes face à la perte progressive et inexorable de l'identité indienne au profit d'une universalisation des mœurs dont le dessus est tenu par celles provenant des groupes

1. Luis Sepúlveda, *Le vieux qui lisait des romans d'amour, op. cit.,* p. 38.

plus forts puisque détenteurs du pouvoir économique, telle nous semble être la vision de l'auteur.

Dans *Eva Luna,* lorsqu'Isabel Allende parle d'un plat typique vénézuélien, elle croit opportun d'en rappeler l'origine. La description le transforme en symbole d'un mode de vie d'autrefois avec les connotations socio-historiques subséquentes.

> "A l'époque de la Colonie, les riches familles se réunissaient le 24 décembre en une immense tablée. Les reliefs du festin des maîtres finissaient dans les écuelles des domestiques qui hachaient le tout, l'entouraient d'une pâte à la farine de maïs, puis de feuilles de bananier, et mettaient à bouillir dans des grands chaudrons, ce qui donnait quelque chose de si savoureux que la recette s'est conservée au fil des siècles et qu'elle ressert encore chaque année, bien que personne ne dispose plus aujourd'hui de restes de dîners de riches et qu'il faille cuisiner chaque ingrédient séparément, ce qui n'est pas une mince besogne[1]."

b) La symbolique peut être morale et religieuse

Dans les passages dont il est question ici, on remarquera le lien existant entre un fait vestimentaire propre à un groupe social et l'expression d'une mentalité religieuse et par là même, la manifestation des valeurs induites par celle-ci.

Dans le roman *Le vieux qui lisait des romans d'amour,* l'intégration d'Antonio José Bolivar Proaño dans la région amazonienne et dans le groupe Shuar s'est faite grâce à la fréquentation de l'ethnie, la connaissance de leur langue, de leurs rituels, de leur mode de survie, elle passe aussi par l'adoption de la tenue vestimentaire plus adaptée à l'environnement.

> "En les fréquentant, il abandonna ses pudeurs de paysan catholique. Il allait à moitié nu en évitant les nouveaux colons qui le regardaient comme un dément[2]."

Le ton agressif de l'affirmation constitue une critique explicite de la part de l'auteur dans la mesure où il voit dans la tenue vesti-

1. Isabel Allende, *Eva Luna, op. cit.*, p. 63.
2. Luis Sepúlveda, *Le vieux qui lisait des romans d'amour, op. cit.*, p. 41.

mentaire des paysans de la région andine une attitude déterminée par des préceptes d'ordre religieux (bien couvrir son corps, respecter une certaine manière de s'habiller, etc.), il y a, de fait, manipulation dans la manière de présenter les faits car l'auteur passe sous silence la nécessité de s'habiller chaudement dans les hauts plateaux andins.

Dans l'extrait qui suit d'*Eva Luna,* Isabel Allende décrit la visite du Pape en Amérique du Sud. La jeune Eva considère que la venue de la plus grande autorité cléricale constitue un événement auquel sa marraine se doit d'assister en raison de sa foi "inébranlable".

> "La foi de ma marraine était inébranlable et aucune des vicissitudes ultérieures ne put l'entamer. Il y a peu, quand le pape est venu par ici j'ai obtenu la permission de la faire sortir de l'asile, car il eut été dommage qu'elle ratât le pontife dans son habit tout blanc, avec sa voix en or, proclamant ses indémontrables convictions dans un espagnol impeccable ou en dialecte d'Indiens, selon l'occasion. En le voyant s'avancer dans son aquarium de verre blindé au long des rues fraîchement repeintes, au milieu des fleurs, Marraine, déjà très âgée, est tombée à genoux, persuadée que c'était le prophète Elie qui rappliquait en voyage de tourisme. J'ai eu peur qu'elle ne se fasse écraser par la multitude massée sur le passage et j'ai voulu l'éloigner, mais elle n'a pas bougé tant que je ne lui ai pas acheté un cheveu du pape en guise de relique. Au cours de ces journées, nombreux ont été ceux qui se sont convertis à la bonté, quelques-uns ont même promis de pardonner les offenses et de ne plus parler de lutte de classes ou de contraceptifs, afin de ne pas donner de motifs de chagrin au Saint-Père (...)[1]."

Les habillements du pape et surtout la "croix en or" deviennent ici le symbole de l'importance du patrimoine de l'église catholique. L'écrivain rapporte les retombées économiques de ce type d'événements, opportunité, et non des moindres, de réaliser des échanges commerciaux au dépens de la grande croyance des fidèles enclins à manifester de la révérence à des objets de culte divers, tel qu'il est suggéré dans le texte.

---

1. Isabel Allende, *Eva Luna, op. cit.,* p. 71.

Enfin Isabel Allende évoque "l'accès de foi" que l'événement peut provoquer chez certains fidèles et qui se traduit par la conduite observée par ceux-ci. Sur un ton moqueur en évoquant un "oubli" provisoire de la lutte de classes, l'écrivain fait une allusion directe à la complexité de la structure hiérarchique des sociétés latino-américaines. De même que la parenthèse sur les contraceptifs rend compte de la polémique que provoque actuellement la position de l'église vis-à-vis d'un certain type de planification familiale.

De cette manière, par le biais de l'ironie, l'écrivain façonne un portrait qui dépeint l'église dans une position d'intransigeance vis-à-vis de la problématique actuelle, et dans sa volonté de taire des inégalités sociales pourtant évidentes.

c) La valeur symbolique des vêtements

Dans *Eva Luna* au moyen de la description des pratiques vestimentaires des Indiens, Isabel Allende attire l'attention sur l'adoption des façons de s'habiller en modes occidentales malgré le caractère inadéquat à l'environnement.

> "Les Indiens nous reçurent dans une clairière de forme ovale où brûlait un feu, seule source de lumière dans les ténèbres de la forêt. (...) Les adultes portaient quelque pièce de vêtement, habitude qu'ils avaient contractée au contact des villages voisins, mais les enfants allaient tout nus, car dans les étoffes imprégnées en permanence d'humidité pullulaient les parasites et poussait une mousse blafarde, source de divers maux[1]."

Cette utilisation d'un code vestimentaire venu d'ailleurs est ressentie comme étant le résultat d'une contrainte morale et religieuse et devient par là une critique d'un comportement, en l'occurrence la décence, prônée par un enseignement religieux au nom d'une certaine morale.

Chez Luis Sepúlveda cette critique est beaucoup plus directe :

1. Isabel Allende, *Eva Luna, op. cit.*, p. 376.

"Les Jíbaros, habillés avec les guenilles des Blancs, acceptaient sans protester ce nom dont les avaient affublés les conquérants espagnols[1]."

Le lexique employé dans la remarque est déjà largement éloquent et témoigne de la prise de position de l'auteur vis-à-vis des contacts entre les cultures des sociétés développées et les cultures aborigènes. La remarque prend d'autant plus de force qu'elle s'insère dans un texte où l'auteur vante la fierté des aborigènes Shuar qui résistent aux influences venues d'Occident et parle de l'orgueil perdu des indiens qui ont adopté des pratiques importées, notamment en ce qui concerne la consommation de drogues acceptées socialement, telles que l'alcool.

Au moyen d'une opposition des pratiques culturelles d'Occident et de celles d'Orient, Isabel Allende compare la condition féminine dans les sociétés développées à celle des sociétés traditionnelles. Les habits propres à chaque groupe sont le signe de la liberté de la femme nord-américaine et corollairement l'extrême répression de la femme au Moyen Orient.

Le passage retranscrit ici évoque le séjour diplomatique effectué au Liban par une famille chilienne dans les années cinquante,

"Il fut consul dans plusieurs pays arabes, tout en demeurant à Beyrouth, ville splendide que l'on surnommait le Paris du Moyen-Orient. Chameaux et Cadillac aux pare-chocs d'or y paralysaient la circulation ; les musulmanes couvertes d'un grand voile noir fendu à la hauteur des yeux faisaient leur marché au coude à coude avec des étrangères décolletées. Le samedi, quelques maîtresses de maison de la colonie américaine lavaient leur voiture en short, une partie de leur ventre à l'air. Les Arabes, qui ne voyaient que très rarement une femme sans voile ; faisaient de longs déplacements depuis leurs lointains villages pour assister au spectacle de ces étrangères à moitié nues. On louait des chaises, on vendait du café et des douceurs aux voyeurs qui s'installaient en file de l'autre côté de la rue[2]."

1. Luis Sepúlveda, *Le vieux qui lisait des romans d'amour, op. cit.*, p. 15.
2. Isabel Allende, *Paula, op. cit.*, p. 91.

d) Le personnage comme symbole

Les personnages sont posés dans les œuvres comme des représentants de différents milieux que les auteurs veulent mettre en valeur.

Le personnage du vieux dans *Le vieux qui lisait des romans d'amour* est essentiel dans ce roman de Luis Sepúlveda. C'est autour de lui que se joue tout le récit, car il est le porte-parole de la justice, du respect de la liberté de l'être humain. C'est le médiateur entre l'homme et la nature, entre l'homme et l'homme.

> "Au début, le voyant s'enfoncer dans la jungle armé de la Remington calibre quatorze, héritage du seul homme qu'il ait tué — et mal tué de surcroît —, les habitants le considérèrent comme un sauvage et l'évitèrent Mais très vite ils découvrirent la chance que sa présence représentait pour eux.
>
> Colons ou chercheurs d'or, tous commettaient dans la forêt des erreurs stupides. Ils la dévastaient sans prendre la moindre précaution et, du coup, certains animaux devenaient féroces. (...)
>
> Antonio José Bolivar essayait de mettre des limites à l'action des colons qui détruisaient la forêt pour édifier cette œuvre maîtresse de l'homme civilisé : le désert[1]."

Ainsi, le vieux devient en quelque sorte le "libérateur" de la jungle, comme le prouvent ses prénoms où l'on remarque ceux de deux héros des luttes pour l'indépendance des nations andines. D'une part il est fait allusion à Antonio José de Sucre, le général vénézuélien dont le rôle a été déterminant pour l'Indépendance de l'Audiencia de Quito qui comprenait les territoires qui forment aujourd'hui l'Equateur et, d'autre part, son prénom est composé par le nom du libérateur Bolivar, précurseur et pilier principal de l'indépendance des pays andins.

e) Le recours à l'explicitation de codes implicites

On a pu observer dans les œuvres une explicitation, dans des buts divers, des codes sociaux implicites.

1. Luis Sepúlveda, *Le vieux qui lisait des romans d'amour, op. cit.*, p. 54-55.

Isabel Allende décrit un "code automobile" propre à la ville de Caracas qu'elle a observé lors de son exil politique au Venezuela,

> "J'étais tellement nerveuse que je provoquais des collisions à chaque instant. Une fois, je grillai un feu rouge et heurtai trois véhicules. Le choc m'étourdit pendant quelques minutes. Je me réveillai en assez mauvais état, entourée de cercueils. De bonnes âmes m'avaient transportée au calme dans l'endroit le plus proche, qui se trouvait être une entreprise de pompes funèbres. A Caracas existait un code non écrit qui remplaçait le Code de la route : aux carrefours, les chauffeurs se regardaient et, en une fraction de seconde, savaient qui devait passer le premier. Le système était juste et plus efficace que celui des feux rouges. Je ne sais pas s'il perdure mais je suppose que oui. Il suffisait d'avoir l'œil et de savoir interpréter l'expression des autres. J'étais dans un tel état que je mélangeais ces signaux, comme tous ceux qui servaient à réguler l'existence[1]."

Ce code automobile parallèle, la lecture dans le regard et l'expression du visage des conducteurs, le permis de passer ou son interdiction, est jugé "malicieusement" par l'auteur *"juste et plus efficace que celui des feux rouges"*. Le caractère ironique de la description est évident quand on sait que la voiture est, dans une société, un signe de richesse et de pouvoir. En effet, Pierre Guiraud, dans son ouvrage *Les gros mots,* ne peut pas se passer d'analyser le champ de l'automobile, domaine où excelle la profusion de paroles offensantes par l'affrontement de son pouvoir à celui de l'autre, d'où le danger permanent de la naissance d'un conflit. La voiture ainsi envisagée comme "extension de notre corps" devient un "symbole social et une expansion démesurée de notre puissance[2]".

Par ailleurs dans un contexte latino-américain, où la composition de la hiérarchie sociale est fortement contrastée, la possession d'une voiture confirme la supériorité sociale et légitime la priorité de son possesseur. Dans ce sens, l'évocation, sous le ton de l'ironie, de ce code implicite est une allusion directe à la rivalité existante entre les classes sociales des cultures sud-américaines par l'opposition dominant/dominé qu'elle suppose et devient, de ce

1. Isabel Allende, *Paula, op. cit.*, p. 335.
2. Pierre Guiraud, *Les gros mots,* Paris, PUF, 1975, p. 122.

fait, une critique d'une certaine volonté d'ostentation que l'on juge propre à ce genre de société.

Toujours à propos des codes sociaux implicites, l'auteur en décrit un concernant des aspects du monde du travail au Venezuela :

> "Je ne pus trouver aucun emploi dans les domaines que je connaissais. L'expérience acquise ne me servit à rien, les portes étaient fermées. J'envoyai des centaines de demandes, je répondis à d'innombrables offres d'emploi, je remplis une montagne de formulaires. Personne ne se manifesta, tout restait suspendu à des réponses qui n'arrivaient pas. Lorsqu'on me demandait de revenir le lendemain, je reprenais espoir sans comprendre qu'il ne s'agissait que d'un refus poli. De la petite notoriété que j'avais acquise au Chili par mes émissions de télévision et mes reportages féministes, je passai à l'anonymat et à l'humiliation quotidienne de celle qui cherche un emploi[1]."

Les cultures de l'Amérique équatoriale sont caractérisées par des réponses ambivalentes à la place d'une réponse négative, périphrases trouvant leur origine dans un souci de délicatesse. Dans le passage dont il est question, l'écrivain illustre cette représentation culturelle au moyen des échanges avec certains membres de l'administration de Caracas. En effet la réponse à ses nombreuses demandes d'emploi était l'indication lexicale de "revenir le lendemain" qui, littéralement, ne traduit pas un refus.

Compte tenu de la situation personnelle de l'écrivain, l'évocation de ce code constitue un témoignage des difficultés auxquelles doivent faire face les exilés politiques dans les sociétés d'accueil pour leur intégration. Par ailleurs, le livre a été écrit une fois que l'écrivain avait acquis une reconnaissance au niveau international ce qui pourrait être la preuve d'un besoin d'une certaine revanche vis-à-vis de tous ceux dont elle s'est vu refuser des demandes d'emploi, critique qui condamne une démarche décourageante de l'administration vénézuélienne.

1. Isabel Allende, *Paula, op. cit.*, p. 328.

3. L'ALLUSION DANS UN ÉNONCÉ CULTUREL

Certains passages, tout en empruntant un discours culturel, véhiculent un message sous-jacent qu'il convient d'évoquer tantôt pour le vanter tantôt pour s'en distancer. Dans cette perspective, à travers ce procédé de manipulation sémantique et syntaxique l'écrivain parvient à poser un contenu latent dans son texte.

L'interprétation du message implicite est soumise à la capacité de décodage du lecteur, l'actualisation du contenu implicite fait appel à l'intervention d'un "savoir extra-énoncif" portant sur l'univers de référence, c'est-à-dire la compétence encyclopédique.

Par ailleurs, la prise en compte du message sous-jacent dépend fortement de la volonté du lecteur de retenir ou non la signification du contenu parallèle. Cette potentialité performative est selon Roger Bautier tributaire du degré de motivation des récepteurs du message en ce sens que l'usage d'une conclusion implicite nécessiterait pour qu'il soit efficace, que les récepteurs soient fondamentalement intéressés par le contenu du message[1].

a) Le message implicite dans les noms des personnes

Dans *Un vieux qui lisait des romans d'amour,* le nom de la femme du vieux est :

Dolores Encarnación del Santisimo Sacramento Estupiñán Otavalo

non traduit dans la version française du roman mais qui grâce à la transparence de la langue espagnole et de la langue française peut se lire aisément, il est porteur d'au moins deux informations d'ordre culturel :

- la première, véhiculée par les prénoms et qui passe par une ellipse du verbe dont le prédicat définit le premier élément du nom :

Douleur, Incarnation du Santissime Sacrement

1. Roger Bautier cité par Catherine Kerbrat-Oreccioni, *L'implicite,* Paris, Armand colin, 1986, p. 305.

- ensuite, l'allusion à la provenance géographique dans le nom. Otavalo est, en effet, un village indien de la cordillère des Andes.

En employant un procédé relativement courant d'attribution de prénoms selon une sémantique religieuse dans la société équatorienne, Luis Sepúlveda trouve un moyen "discret" de rendre compte de la portée de l'influence de la religion catholique sur la population indienne professant cette foi. Il peut ainsi exprimer une opinion personnelle, à savoir que la douleur est présente dans la vie quotidienne des indiens.

Napoleón Salinas

Le prénom célèbre attribué à un chercheur d'or est très significatif dans la construction du contexte romanesque du *Vieux qui lisait des romans d'amour*. Le parallèle doit être fait sur la motivation des démarches du personnage en question et du grand Empereur, l'ambition de gloire et de richesse est le critère de base du rapprochement des deux personnages. L'un symbolise toute la grandeur d'un Empire, l'autre posé en symbole d'une réalité plus actuelle que l'auteur met en cause en usant d'un procédé assez fréquent en Amérique du sud : celui de l'attribution de prénoms illustres avec une surdéfinition du prénom.

b) Le caractère allusif des accessoires

Dans ce même roman il est décrit des objets d'utilisation quotidienne des Américains du Nord. On retiendra notamment l'accessoire que porte l'Américain,

> "une chaîne avec une médaille représentant une tête de cheval"

qui devient, dans ce roman, un symbole par son pouvoir allusif. En effet, comme chacun le sait, le cheval dans le contexte américain du XVe siècle signifie aussi la conquête. Son introduction dans le Nouveau Monde contribua à l'imposition du pouvoir espagnol par le sentiment de frayeur que la découverte de ces animaux suscita chez les aborigènes. En ornant l'Américain de ce "bijou", l'écrivain le pose sinon en successeur des espagnols au moins en celui qui a pris le relais de leurs actions.

c) L'allusion dans les titres professionnels

"– Longtemps à l'étranger ? demanda Nilsen.

– Depuis 1975. Est-ce que je dois vous appeler capitaine ? Je vous pose la question parce que c'est comme ça que vous vous êtes présenté.

– C'est la force de l'habitude. Les îliens disent capitaine et soyez sûr que ça ne me déplaît pas. Mais croyez moi que s'ils me disaient "mon capitaine", ça serait une autre affaire. Vous pouvez m'appeler comme ça vous chante[1]."

Dans le dialogue entre les deux personnages, l'un journaliste écologiste et l'autre marin, le jeu sur les titres attribuées selon les professions dans les sociétés d'Amérique Australe réfère directement à la vie politique de ces peuples. Ainsi, l'ambiguïté potentielle du titre capitaine est résolue par l'antéposition de l'adjectif possessif "mon" qui renvoie immédiatement à la classe militaire et dans le contexte en question il fait allusion au régime de la dictature militaire dans les pays latino-américains avec toutes les connotations soulevées par cette évocation.

Une réflexion en termes de rhétorique culturelle permet de constater la codification dont font objet les items culturels. Dans cette optique "la signification de la culture est la signification de l'usage de la culture[2]". Les items culturels deviennent un "bien" que ses détenteurs exploitent dans des buts précis. Ce maniement peut être constaté dans les œuvres littéraires où le travail de création reflète aussi le point de vue de l'écrivain. L'auteur littéraire procède donc au moyen d'une surdétermination des éléments culturels qui dans l'œuvre littéraire sont lourds de sens. "Le signe culturel, comme le signe linguistique est polysémique[3]". D'où la forte valeur symbolique du discours culturel.

Dans l'œuvre romanesque tout détail est synonyme de "travail". Le lexique, tout comme le ton de l'énonciation et le style d'écriture sont les pièces du "jeu" auquel se livre l'écrivain pour

1. Luis Sepúlveda, *Le monde du bout du monde, op. cit.*, p. 80.

2. Martine Abdallah-Pretceille, "Compétence culturelle, compétence interculturelle", *Le Français dans le monde,* "Culture, cultures", numéro spécial janvier/février 1996, p. 29-38.

3. *Ibid.*, p. 37.

illustrer le caractère complexe de la réalité qui se donne à nous de façon indirecte.

Les romans ont une dimension métaphorique très forte. L'attribution des prénoms des personnages, tout comme leur symbolique et celle des divers objets, des codes, des habitus et des représentations est marquée par un souci sémantique.

Dans cette optique, au moyen de représentations stéréotypées les écrivains arrivent à façonner des images des gens d'une société donnée en mettant en avant des traits qu'ils jugent nécessaires pour leur argumentation.

Toute représentation n'est autre qu'un "masque" qui cache d'autres réalités plus concrètes que celle-là et qui ne présupposent pas de conditionnement au nom de la culture. Pour saisir le "non-dit" de la société, Isabel Allende procède par une approche différente des phénomènes sociaux considérant les réalités "stigmatisées" et cela au risque de choquer une société traditionnelle où les "interdits" ont une place prépondérante.

La démarche interculturelle qui considère les éléments de culture comme faisant partie d'un inventaire de codes à la disposition des usagers permet de relativiser l'importance de l'appartenance culturelle dans une situation de communication interculturelle au moyen d'une approche différente du phénomène culturel.

Notre analyse met en évidence l'aspect "incertain" des signes culturels isolés ; une représentation culturelle est certainement susceptible de confirmation ou d'invalidation dans l'usage effectif, d'où leur caractère "potentiel". Toute description culturelle qui ne tient pas compte des différents facteurs contextuels (historiques, économiques, religieux, sociaux) est incomplète et quelque peu abusive étant donné que la valeur du signe culturel ne lui est pas intrinsèque, le signe culturel acquiert son "vrai" sens dans l'usage et par rapport au contexte d'utilisation.

Dans le domaine littéraire le rôle des items culturels dépend directement de l'intérêt d'argumentation de l'auteur et de la modulation que celui-ci en fait. L'analyse d'un corpus littéraire permet de dévoiler le travail de création artistique et la structuration du texte même. Elle permet aussi de rendre compte de la manipulation culturelle à travers l'emploi "raisonné" du code culturel, démarche qui résume la stratégie de fonctionnement de la rhétorique culturelle propre à tout type de communication par la culture.

Chapitre III

"L'ENTRE-DEUX RIVES OU LES MIROIRS TROUBLÉS". APPROCHE DE LA COMMUNICATION INTERCULTURELLE DANS UNE CERTAINE PARENTÉ DE CARLOS FUENTES [1]

Thierry Peltreau

Université Catholique de Lyon

"NOUS SOMMES UNE PART EXCENTRIQUE ET RETARDÉE de l'Occident. Excentrique, comme les Etats-Unis ; retardée, dominée et exploitée, comme les autres pays du Tiers-Monde[2]." Temps et espace. Parenté et éloignement. Enracinement et déracinement. C'est en ces termes que se poserait, selon O. Paz, l'identité du Mexique, société transgéographique et transhistorique. Qu'en est-il alors du rapport à l'autre, au double européen ? du croisement des regards et des imaginaires ? de ce double rapport qu'individus et cultures entretiennent les uns avec

---

1. D'après le mémoire de D.E.A. sous la direction de Martine Abdallah-Pretceille, Paris III.

2. Paz O., *Courant alternatif*, Paris, Ed. Gallimard, 1972, p. 228. pp. 66-74, p. 68.

les autres ? C'est à partir de ce questionnement que s'est constituée la présente étude. Une étude sur les relations franco-mexicaines. Une exploration de l'entre-deux rives, de l'entre-deux temps — du "laps d'espace et de temps" — afin de pouvoir rendre compte de la rencontre de deux champs symboliques, de deux "univers mentaux", dirait Leiris, de ce jeu complexe des reconnaissances, difficiles, et des miroirs, troublés.

Mais comment appréhender un tel objet d'étude ? avec quels outils ? à partir de quelle position ? Si l'on en croit G. Balandier[1], l'univers des significations se découvre dans le dire, plus que dans le faire. Le vécu en soi n'a de sens, symbolique, que dans la parole, le discours ; le temps d'une culture n'est saisissable que s'il est dit, raconté.

Muet. Le Mexique a été muet pendant quatre siècles.

> "Rattraper ces siècles, récupérer sa voix, a déclaré C. Fuentes, est l'entreprise à laquelle nous nous livrons depuis la Révolution de 1910[2]."

Cette voix, ces œuvres, ces mots — supports subjectifs à des faits humains —, ce sont eux qu'il convient d'étudier. Et parmi ces œuvres, celles de fiction. Parce que le roman, comme l'a montré F. Laplantine[3], tend par définition à rompre avec l'univoque, le monologique, à restituer et à articuler le pluridimensionnel, le contradictoire du réel, à raconter la division, le dédoublement.

En tant que production culturelle, que dit le roman, dans sa double dimension subjective et collective, de l'expérience de l'altérité, du rapport entre l'être soi et l'être d'autrui, entre l'individu et la société, le passé et le présent ? Que dit-il de la quête identitaire, du rapport mythique à la culture nationale, de l'entrelacement des imaginaires ?

Quel usage fait-il, en particulier, des représentations stéréotypées de "nous" et des "autres" ? De quelles manières sont-elles utilisées, manipulées par un auteur, par ses personnages. Etudier le stéréotype, catégorie particulière de la représentation, c'est pouvoir suivre une pensée aux prises avec l'extériorité. Une pensée qui ne

---

1. Balandier G., "L'ethnographe malgré lui", in *Le Monde,* 26 janvier 1996.
2. Dulac C.-P., "Carlos Fuentes, un Mexicain à Paris", in *Magazine Littéraire,* n° 181, février 1982.
3. Laplantine F., *Transatlantique,* Paris, Ed. Payot, 1994.

prend jamais en compte la diversité humaine, mais qui examine les différences culturelles et sociales — réelles ou imaginaires —, ce qui exige l'introduction de l'ailleurs et de l'étranger. L'opération de catégorisation qui mène à décrire des individus, des groupes ou des pays, selon un certain nombre d'attributs, lesquels sont valorisés positivement ou négativement, suppose une hiérarchie des valeurs, sous-entend une organisation de la réalité, un ensemble de croyances, qui se donnent pour indiscutables.

Toutefois, cette forte connotation idéationnelle et idéologique du stéréotype ne constitue pas un obstacle à la connaissance anthropologique. Tout au contraire. En effet, comme le souligne M. Abdallah-Pretceille,

> "les mots, les catégories utilisées pour désigner, sinon marquer les autres, sont autant de traits qui permettent de situer le « je ». Celui-ci constitue la norme de référence implicite jamais objectivée[1]."

Cet implicite qui ramène toujours l'énoncé à l'énonciateur, et qui signale le phénomène ethnocentrique — c'est-à-dire l'absence de décentration par rapport à un "je" collectif —, nous amène à considérer le stéréotype dans sa dimension cognitive et psychosociale, individuelle et collective, à le considérer du même coup à la fois comme l'expression d'un imaginaire culturel et comme l'armature des rapports interculturels.

Le stéréotype est une nécessité. Une réalité anthropologique. Il a valeur de texte, de "texte troué", selon le mot de G. Zarate, qui

> "actualise de manière laconique un passé, des faits antérieurs, recueille des significations endormies, (...) met en abîme l'histoire, (...) est la trace d'une mémoire collective en signalant dans le présent l'archéologie de nos pratiques culturelles, en inscrivant l'individu dans le temps[2]."

Outil privilégié de l'approche interculturelle, encore convient-il de ne pas envisager le stéréotype dans son autonomie, abstraction faite de son contexte d'énonciation. Appréhender le stéréotype dans le roman, dans le jeu des mots, rendre compte du type

---

1. Abdallah-Pretceille M., *Vers une pédagogie interculturelle,* Paris, INRP, Publications de la Sorbonne, 1986, pp. 128-129.

2. Zarate G., *Enseigner une culture étrangère,* Paris, Ed. Hachette, 1986, p. 17.

d'échange langagier et du contexte dans lequel il s'inscrit, permettra une mise en perspective de l'articulation de l'autre et du même, des logiques de l'auto et de l'hétéro-catégorisation, de partir à la recherche, enfin, non pas seulement des invariants, mais également des variations.

Il importera de contextualiser la situation globale de communication interculturelle, de se demander notamment si la relation est culturellement égalitaire ou non, afin d'identifier et de comprendre les stratégies identitaires développées par les Mexicains — ce qui impliquera de comparer ces stratégies avec celles des Français.

Cela reviendra à saisir les stéréotypes dans leur double dimension collective et subjective : en tant que source anthropologique — ils renvoient en effet à un "pré-texte", à un imaginaire national — ; en tant que support d'une subjectivité, d'une pratique énonciative particulière. A ce titre, nous ne pourrons manquer de nous interroger sur la nature du stéréotype, peut-être plus complexe qu'il n'y paraît à première vue. Rigidité ou mutabilité ? Ce "prêt-à-porter de l'esprit" ne serait-il pas aussi le produit de l'esprit qui le porte ? La question peut se poser autrement : le stéréotype — et le mythe en général —, dans la mesure où il semblerait effacer la multiplicité du réel, à immobiliser le monde, comme l'a montré R. Barthes dans *Mythologies*[1], serait-il un processus de démodernisation ?

C'est donc au pluriel que se conjugue le questionnement qui motive cette étude. La tâche est exigeante. Semé d'écueils est l'entre-deux rives. Aussi y naviguerons-nous à partir d'un point d'ancrage fixe, à partir duquel nous pourrons établir des ponts, des connexions, mettre à jour les analogies, les réseaux de connivences.

Un auteur. Un roman. L'auteur, c'est Carlos Fuentes. Celui-ci, par son œuvre littéraire, par sa carrière de diplomate — en France, notamment —, peut être considéré comme représentatif de l'intellectuel mexicain, médiateur entre deux mondes culturels, oscillant entre distanciation et fascination par rapport au modèle occidental.

Le roman, *Une certaine parenté*[2]. L'action se déroule à Paris. Le vieux comte de Branly, Français très cultivé, fier de son pays,

1. Barthes R., *Mythologies,* Paris, Ed. Seuil, 1970.
2. Fuentes C., *Une certaine parenté,* Paris, Gallimard, Folio, 1981.

fier de ses bonnes manières, raconte avec émotion à son ami latino-américain — le narrateur — l'histoire de sa rencontre avec des Mexicains, les Heredia. Récit d'une opposition, de malentendus entre le fils de la rationalité, de la mesure, et ceux de la passion, du baroque. Récit de la découverte de l'altérité par Branly et du mystère qu'il est à lui-même. Mais également récit où les représentations stéréotypées ne cessent d'être manipulées par les protagonistes. Une certaine parenté, d'autre part, est une exploration de l'inconscient collectif mexicain, un exercice de renouvellement des perspectives critiques sur la culture nationale.

A partir de cette œuvre, de l'imaginaire langagier, et du langage de l'imaginaire qui y sont déployés, nous articulerons notre recherche autour de deux axes principaux : d'une part, une approche subjectiviste des inter-relations personnelles dans le roman de C. Fuentes, et d'autre part, une approche "structurelle" des stratégies collectives auxquelles répondent ces dernières. Il nous faudra, pour atteindre ces objectifs, prendre en considération le contexte social, historique, idéologique dans lequel s'inscrivent les relations franco-mexicaines ; anthropologues, historiens, romanciers... seront convoqués.

En effet, d'une part nous nous refusons, à l'instar de F. Laplantine[1], par exemple, à séparer l'interprétation scientifique et objective de ce qui relève de la subjectivité et du désir. D'autre part, à la question de savoir comment analyser la communication interculturelle, comment éviter le "piège" d'une pensée binaire, et échapper au couple même/autre, identique/différent, semblable/dissemblable, nous répondons par cette autre question : que signifierait une approche de la communication dialogique dans le récit qui ne serait pas elle-même dialogique et narrative ?

1. ANALYSE DE LA RELATION INTERSUBJECTIVE DANS *UNE CERTAINE PARENTÉ* DE CARLOS FUENTES

A) Un processus de différenciation

a) *Attirance par l'étranger et autocritique*

Observons la manière dont les Mexicains — les personnages et le narrateur lui-même, qui, apprend-on à la fin du roman, n'est

1. Laplantine F., *Transatlantique, op. cit.*

autre que C. Fuentes — perçoivent le Français Branly, et les Français en général.

Branly, selon eux, possède le sens de l'élégance, des bonnes manières. Le narrateur se demande si sa courtoisie, son "culte de la politesse" n'est pas "une caractéristique nationale[1]". Hugo Heredia, l'anthropologue mexicain que Branly a rencontré pour la première fois lors d'un voyage au Mexique, le décrit encore comme un "Français sensible" et "raisonnable". "Vous êtes vraiment, lui dit-il, le bon Français rationnellement sensuel[2]."

Chez le très cultivé comte de Branly, les Mexicains admirent en effet cette quête d'équilibre, d'harmonie, laquelle s'exprime jusque dans certains de ses gestes que le narrateur — ami mexicain du comte — interprète comme "un juste milieu raisonnable[3]", ou bien encore dans sa résidence, à la façade XVIIIe siècle, et dont le premier étage est construit "selon les règles mesurées du baroque français[4]". Les Français en général impressionnent par leur sens de la discipline, de l'organisation, de systématisation. Et s'ils ont, selon eux, non seulement le discours, mais aussi l'esprit de la méthode, cela tient à coup sûr au cartésianisme, et à une tradition culturelle prestigieuse.

Or, cette idéalisation de la France et des Français nous renseigne du même coup sur la façon dont les Mexicains appréhendent certains aspects de leur propre identité culturelle. Ils admirent un certain type de rationalité, qu'ils ne posséderaient donc pas. A la mesure, à la raison des Français, Hugo Heredia oppose le délire latino-américain, la cruauté des métisses et des créoles mexicains envers les Indiens, leur féodalisme anachronique. La valorisation de l'autre fait donc écho à une dévalorisation de soi-même.

Examinons désormais la perception que Branly a des Mexicains qu'il rencontre pour la première fois lors de son voyage au Mexique. Invité chez un ami français, il fait la connaissance de Hugo Heredia, l'un des archéologues les plus éminents de ce pays. D'emblée, chez ce dernier, c'est son immense culture et son ouverture d'esprit que Branly remarque. A tel point qu'il a l'impression d'avoir affaire à un "esprit universel", à "un homme de l'épo-

1. Fuentes C., *Une certaine parenté, op. cit.*, p. 176.
2. *Ibid.*, p. 16.
3. *Ibid.*, p. 206.
4. *Ibid.*, p. 31.

que d'Erasme et de Thomas More", "un homme du siècle de la formation du Nouveau Monde[1]". Par ailleurs, ayant observé le comportement de Hugo Heredia avec son fils Victor, il ajoute que la non-violence, les "manières cérémonieuses" caractérisent les relations père/fils au Mexique, et voit dans ce trait d'identité "le plus évident témoignage de l'indianité[2]" de ce pays. De ce premier voyage, Branly ressort fasciné par la beauté des plateaux mexicains, par le mystère du monde précolombien ; et il se demandera, par la suite, si, à l'inverse de ces étrangers, il ne manque pas d'imagination, si son exigence d'ordre et de raison n'est pas exagérée.

Le phénomène qui est ici en jeu est le résultat d'un mouvement double. Dès que nous reconnaissons en l'étranger un trait d'identité — que nous jugeons positif, et que nous pensons ne pas posséder —, cet étranger tend à devenir le représentant d'un modèle idéal auquel nous nous identifions. La thématique de la rencontre interculturelle est, en effet, celle du désir, de l'attente, de l'imaginaire. L'autre est un double qui séduit, qui attire de par son altérité même, ou plutôt de par celle qu'on lui attribue, que l'on imagine. D'où l'éloge de celui-ci et une certaine autocritique. Cependant, il y a toujours un écart entre l'autre espéré, attendu, et l'autre trouvé. Son étrangeté, le regard qu'il porte sur ma propre identité, peuvent me troubler, me heurter, et la relation devenir conflictuelle.

b) *Rejet de l'étranger et valorisation de soi-même*

Il est important d'insister sur le fait que les stéréotypes sont inscrits dans un processus relationnel. Or, si la relation interculturelle devient conflictuelle, les stéréotypes seront réactualisés en conséquence par les interlocuteurs. Comment pourrai-je, comme le fait remarquer judicieusement Affergan, établir une limite entre l'autre et moi-même, et avoir accès à ma propre identité si je ne suis pas troublé ? Ce n'est, d'une certaine manière, qu'à partir de cette perturbation que surgira le sens.

1. Fuentes C., *Une certaine parenté, op. cit.*, p. 21.
2. *Ibid.*, p. 23.

"Autrui déborde non seulement la place qu'on veut lui assigner (...), mais il est toujours ailleurs, atopique et achronique[1]."

Le "je", également, peut être troublé, se méprendre, se tromper dans sa découverte de l'autre, une découverte qui revient, en définitive, à la saisie, à la perception, aléatoire, de "brèves subjectivités", pour reprendre l'expression de Segalen.

Revient par conséquent au chercheur la tâche d'explorer le labyrinthe de la communication, les ratés du dialogue, les contradictions, les discontinuités, les répétitions du discours, autant d'indices, de marques d'une pratique énonciative singulière.

C'est donc lors d'un voyage au Mexique que le comte de Branly, alors âgé de quatre vingts trois ans, rencontre pour la première fois Hugo Heredia, l'anthropologue. Ce dernier ne demandant qu'à faire découvrir et admirer son pays, respect et valorisation de l'autre, comme nous venons de le voir, sont de mise.

Lorsqu'a lieu la deuxième rencontre, c'est Hugo Heredia qui rend visite à Branly, venant à Paris pour participer à une conférence à l'UNESCO. Branly n'a guère l'occasion alors de parler au Mexicain. Ce dernier lui laisse le soin de s'occuper de son fils Victor. Le garçon, malheureusement, se comporte comme un véritable petit seigneur féodal avec les serviteurs espagnols du vieux monsieur, allant jusqu'à les insulter, les humilier. Branly ressent alors un malaise. L'harmonie qui depuis toujours régnait dans sa demeure est comme rompue par la présence de l'enfant. Au point que le lieu, à ce moment-là, lui devient "interdit, étranger, lointain, presque funèbre[2]".

Mais le vrai trouble de Branly est à venir. Tout commence pourtant par un "simple" jeu. Un jeu que les Heredia — après la mort dans un accident d'avion de Lucie et de l'autre fils de Hugo — ont inventé pour "retrouver, disent-il, ces morts qui nous manquent[3]", et qui consiste à chercher leur propre nom et prénom dans les annuaires téléphoniques des lieux où ils se rendent. Or, ils découvrent que Victor a un homonyme qui habite dans la banlieue parisienne. L'enfant veut absolument le rencontrer. Il insiste

1. Affergan F., *Exotisme et altérité,* Paris, Ed. Presses Universitaires de France, 1987, p. 15.

2. Fuentes C., *Une certaine parenté, op. cit.,* p. 31.

3. *Ibid.,* p. 262.

tant et si bien que Branly, quoique trouvant le jeu ridicule et bizarre, accepte finalement de l'emmener voir l'inconnu. Lorsqu'ils arrivent dans la propriété du Victor heredia de France, Branly découvre avec surprise "un de ces bois inattendus et magiques", "un abîme de fraîcheur irrespirable[1]". Il aperçoit de loin une personne qui les observe d'une fenêtre. Ils rencontrent alors le maître des lieux : l'homonyme du garçon a les cheveux blancs, il est d'origine mexicaine, et de mère française, a vécu dans les Antilles, mais est venu, encore enfant, habiter en France. Ce premier contact est rapide et peu chaleureux. Et puis c'est une situation si incongrue ! Branly a hâte de sortir de ce lieu, d'être loin du bois sombre et étouffant et de retrouver l'univers protecteur de sa maison, de son parc à la française, rationnel, à la symétrie parfaite, un véritable "jardin de l'intelligence, un échiquier[2]". Hélas, en quittant le lieu, ils sont victimes d'un accident de voiture. Branly, légèrement blessé, ne peut reprendre le volant. Immobilisé, contraint de rester quelque temps alité, dans une chambre qu'il trouve par trop obscure, ne voyant plus alors le jeune Mexicain — qui joue avec le fils de son homonyme —, se sentant vieux et diminué, dans un lieu inconnu, c'est en position d'assisté, de dominé que Branly commence à communiquer avec l'étranger.

Ce dernier, trouve-t-il, a un comportement irrespectueux à son égard. Et il en vient vite à penser qu'il n'est qu'un "rustre", le type même de "l'arriviste bourgeois qui, horrifié à l'idée qu'il puisse redevenir serviteur, s'apprête à asservir ceux qu'il craint et admire" ; il n'est en fait qu'un "transplant colonial", alors que lui, Branly, appartient à une "vieille lignée française[3]". Victor Heredia, quant à lui, accuse ce Français, par trop représentatif de ses compatriotes, de n'être qu'un "fier à bras[4]", de se sentir supérieur, d'être pédant. Et Branly de lui signifier que les Mexicains sont par nature des dominés, par la formule suivante :

> "C'est avec raison qu'à la cour de Charles III, la subordination portait le nom de pommade mexicaine[5]."

1. Fuentes C., *Une certaine parenté, op. cit.*, p. 47.
2. *Ibid.*, p. 57.
3. *Ibid.*, p. 68.
4. *Ibid.*, p. 207.
5. *Ibid.*, p. 221.

La majeure partie du temps, toutefois, le comte adopte une politesse de rigueur, expression même à ses yeux de son héritage social. La relation interculturelle, comme on le voit ici, est d'autant plus complexe que les appartenances, les stratifications sociales sont différentes.

On constate, par ailleurs, que la catégorie

> "inscrite dans un processus relationnel qui peut parfois être conflictuel, (...) sort du cadre linguistique et purement cognitif pour devenir un moyen d'enfermement de l'autre, un moyen de domination. Le contenu attribué aux catégories prend alors des connotations péjoratives et, ce qui est plus grave, est construit sur un amalgame entre fait de culture et fait de nature[1]."

Soulignant les traits négatifs de l'étranger, les stéréotypes sont manipulés dans l'objectif, également, de renforcer l'idée que l'on ne possède pas ses défauts, de défendre une identité contraire. Lorsqu'il raconte son histoire à son ami C. Fuentes, Branly oppose le Mexique, monde des extrêmes, du désordre, de la passion, de l'irrationnel, à la culture française, qui est quête de symétrie, d'harmonie, d'équilibre entre le hasard et la nécessité, entre l'événement et le prévisible. Tandis que la symétrie des temples mexicains est terrifiante, "aussi terrifiante que le tigre nocturne de William Blake[2]", les monuments français, tel le Palais Bourbon, avec sa coupole, nous renvoient à la symétrie de nos esprits, nous nous y reconnaissons, et cela nous réconforte. Et tandis que la nature mexicaine est menaçante, cruelle, la lumière et les paysages de Paris et de l'Ile-de-France évoquent la "douceur vespérale[3]" des toiles de Corot.

Cette attitude ne manque pas d'agacer l'ami de Branly, lequel manifeste parfois une certaine exaspération :

> "J'étais en train de me laisser gagner moi aussi par la passion propre au monde antillais (...), mais il m'invitait à retrouver, avec lui, dans la mesure du possible, le monde initial de notre conversation, le ton du dialogue français, sacerdotal et raisonnable et, plus encore, ses bonnes manières. Ah !

1. Abdallah-Pretceille M., *Vers une pédagogie interculturelle, op. cit.*, pp. 127-128.
2. Fuentes C., *Une certaine parenté, op. cit.*, pp. 24-25.
3. *Ibid.*, p. 15.

m'exclamais-je, au XVIe siècle déjà, Erasme écrivait que les Français se croient les dépositaires de la courtoisie[1]."

Nombre de Mexicains ont d'ailleurs tendance à porter des jugements de la sorte sur les Français. Ils les trouvent trop raisonnables, rationnels, agressifs parfois, et sont convaincus d'être, quant à eux, imaginatifs, intuitifs, ouverts et chaleureux.

Ainsi le processus identitaire relève-t-il du jeu de miroirs, de l'illusion spéculaire. Le mépris a pour corollaire l'admiration. Similarisation et différenciation, attirance et répulsion, louange et invective, l'identité, comme l'écrit C. Camilleri, est

> "une dynamique que nous qualifierons de dialectique, d'union de deux processus contraires, qui sans cesse se repoussent pour s'unir et s'unissent pour se repousser : un processus d'assimilation ou d'identification par lequel l'individu se rend semblable à l'autre que lui, en absorbant ses caractéristiques ; un processus de différenciation que P. Tap a appelé « identisation », par lequel l'individu prend distance par rapport à l'autre et se saisit comme distinct de lui[2]."

Cependant, la relation interculturelle, relation en miroir, me renvoie une image de l'autre asymétrique qui est à l'image de moi. Autrement dit elle me renvoie à ma propre altérité. Elle a par conséquent, comme nous allons le voir, la capacité de "fêler" les représentations stéréotypées de l'autre et de moi-même, d'introduire le complexe, le polyphonique, le désordre, la "turbulence"...

B) Un processus d'"altération"

En tant que chercheur dans le domaine de l'interculturel, nous devons mettre l'accent non sur l'unification, l'homogénéisation, mais sur la pluralité, la contradiction, la division. Derrière les différences négatives, ou même positives, c'est tout un ensemble de malentendus, de perceptions et d'interprétations contradictoires qu'il s'agit d'analyser.

1. Fuentes C., *Une certaine parenté, op. cit.,* p. 176.
2. Camilleri C., "Identité et changements sociaux. Points de vue d'ensemble", in Tap (éd.), *Identités collectives et changements sociaux,* Toulouse, Privat, 1980, p. 331.

Dans *Une certaine parenté,* le vieux comte de Branly, exposé à l'altérité, se perd en conjectures sur les attitudes et les motivations des Mexicains, et notamment du plus français de tous, Victor Heredia, son amphitryon. Il croit ne leur inspirer que de la "haine[1]". Tout se passe comme si les Heredia lui reprochaient, une fois accomplie sa mission de les réunir, la présence indiscrète, suspecte, indésirable.

Branly imagine que Victor Heredia l'agresse, le provoque dans le but de le faire tomber dans un "piège[2]", qu'il a mis au point une "tactique[3]" pour le tromper, pour le détourner d'un mystère, d'un secret, à coup sûr inavouable. Une femme, peut-être ? une femme abandonnée, que l'on a voulu oublier ? Celle, oui ! celle qui est représentée sur le grand tableau dans la demeure...

A moins, au contraire, que l'étrange personnage aux origines plurielles ne cherche à lui faire "trouver le véritable motif d'une rancœur souterraine, très ancienne, qui se perdait en des lieux et des époques éloignés[4] (...)". Peut-être est-ce lui, Branly, qui a oublié ? oublié des femmes qu'il aurait aimées, il y a longtemps ?

N'ayant d'autre occupation que de se reposer et de dormir, il rêve à plusieurs reprises d'un enfant, à une fenêtre, qui le regarde. Des brumes de la mémoire surgit alors l'enfant du parc Monceau, que tous ce jour-là semblaient ignorer, sauf lui. Leurs regards s'étaient croisés et ne s'étaient quittés qu'après de longues secondes. A contre-cœur, le jeune Branly — il était âgé de onze ans — était reparti jouer avec ses camarades, et n'avait pas fait un geste en direction du garçon. Il se souvient que ces regards échangés, sans qu'il s'en soit bien rendu compte sur le coup, l'avaient bouleversé.

C'est alors que Branly comprend que son amphitryon est cet étranger qu'il avait vu au parc Monceau. Et si rancœur il y a, elle ne vient que de ce que lui, Branly, ne l'a pas reconnu. Il n'était pour lui qu'un inconnu, incompréhensible et pour cela effrayant.

Ce qui explique, par ailleurs, la perception que Branly a de la nature, domestiquée ou sauvage, des villes, de leurs monuments, des habitations ; tous prennent aux yeux du lecteur averti, un

1. Fuentes C., *Une certaine parenté, op. cit.,* p. 144.
2. *Ibid.,* p. 69.
3. *Ibid.,* p. 134.
4. *Ibid.,* p. 143.

"relief" nouveau. Si l'on croit avoir parfois affaire à un univers fantastique, surnaturel, c'est parce que l'espace a le visage de la vie intérieure de Branly. Cette impression de désordre, d'agressivité du milieu environnant, que Branly ressent, par exemple, dans l'"étrange" absence dans le jardin d'un "élément de l'ordre qui en le reflétant accentue la symétrie : le miroir d'eau[1]", n'est-elle pas en vérité l'expression métaphorique du trouble provoqué par l'asymétrie de l'autre ? En effet, "l'altérité, comme l'écrit Affergan, est un non-contraire, voire un anti-contraire. Elle est l'ouverture d'une surnaturalité au-delà du réel descriptible[2]."

Branly est bouleversé et sa raison défaille. Ainsi les traces laissées dans le jardin par la voiture lors de l'accident sont pour lui

> "une longue et profonde blessure, un coup de poignard (...), une tranchée indécente, une entaille oblique sur le visage du jardin, le jardin défiguré comme par la trace tranchante d'une bête nocturne, secrète, aux aguets[3]".

L'anthropomorphisme d'une telle description renvoie, sans l'ombre d'un doute, à la complexité de Branly, à ses peurs, à ses fantasmes. La "sur-naturalité" du réel n'est autre que la reconnaissance du divers de l'altérité. Celle-ci déséquilibre, creuse une "fêlure" en soi — et en l'autre —, rend les jugements intelligibles inopérationnels, suspend le travail du langage rationnel. Elle provoque également une rupture avec toute réalité spatio-temporelle mesurable. Le vieux Branly éprouve, en effet, "l'effrayante notion d'infini, de temps et d'espace sans commencement ni fin[4]". La confrontation à une autre durée, à une autre histoire, la remémoration d'un événement essentiel de la vie de Branly, de ses origines — le parc Monceau est le paysage de son enfance, de sa vie affective —, provoquent chez lui, un peu comme chez un ethnologue, une nouvelle conscience temporalisante, une approche inédite du temps et de l'espace.

S'opèrent en Branly un renversement des valeurs, une "fêlure" de ses représentations stéréotypées de l'autre et de lui-même. Il se rend compte, en effet, qu'il avait trop rationalisé, que, par peur de retrouver l'imagination perdue, par le masque de la maturité, par le

1. Fuentes C., *Une certaine parenté, op. cit.*, p. 49.
2. Affergan F., *Exotisme et altérité, op. cit.*, p. 106.
3. Fuentes C., *Une certaine parenté, op. cit.*, p. 184.
4. *Ibid.*, p. 204.

refuge de la politesse, il avait failli réduire à néant l'occasion de découvrir l'autre et de se connaître mieux lui-même. Le comte se demande s'il n'était pas affecté de ce qu'il voulait attribuer à l'étranger, à savoir la suffisance, le sentiment de supériorité :

> "Je m'avouai en toute sincérité que je ne l'avais pas vu se comporter en société, que je ne savais pas ce que les autres pensaient de lui. J'en arrivai à me formuler un reproche intime ; le rustre c'était moi, incapable que j'étais de voir mon amphitryon avec d'autres yeux que ceux de mes propres critères, valeurs et, pourquoi ne pas le dire, préjugés[1]."

L'approche interculturelle du roman de C. Fuentes nous amène donc à appréhender l'"identité" et l'"altérité" comme des concepts interdéfinissables. En d'autres termes, découvrir l'altérité, c'est se ressourcer profondément dans son identité originale, c'est réactualiser sa personnalité. Mais cela exige, en premier lieu, comme nous avons pu le voir, une relation "exotopique" à l'autre, pour reprendre le terme de Bakhtine, à savoir de le considérer dans son extériorité. Pour comprendre l'autre, il faut d'abord qu'il me soit étranger, étrange. En second lieu, cela exige que je reconnaisse celui-ci, c'est-à-dire que je reconnaisse sa qualité d'interlocuteur, de sujet énonciateur, sa capacité de parler en son nom, de développer des stratégies identitaires, de contester et de manipuler notamment les représentations stéréotypées en fonction de motivations diverses — souvent contradictoires d'ailleurs. En ce sens, c'est de la prise de conscience de ce qui me sépare d'autrui que je peux m'en rapprocher. A la faveur d'une perturbation, d'une rupture, le regard de l'autre me fait adopter une attitude "exotopique" par rapport à moi-même. Son asymétrie me renvoie l'image de ma propre asymétrie. Et c'est en devenant en quelque sorte lointain à moi-même que je peux mieux me connaître, accéder à des recoins cachés de ma propre identité.

Contrairement à ce que l'on pourrait croire "à première lecture", *Une certaine parenté* n'est pas un roman fantastique. C'est l'expérience de l'altérité qui, ici, est fantastique. Déréalisante, elle est une expérience d'altération — de transformation ? En cela, on peut la qualifier légitimement d'initiatique. Après une telle sortie de

1. Fuentes C., *Une certaine parenté, op. cit.*, p. 111.

soi, le retour à soi peut-il n'être qu'un simple renfermement de plus ?

Il conviendrait, en dernière analyse, d'envisager la "culture", à l'instar d'Affergan, comme

> "une résultante entre une attirance et une répulsion, à savoir comme un lien qui relie mais qui tire à se rompre entre soi et autrui. Et on ne se relie à autrui qu'en tendant ce qui relie et vers ce qui relie. La culture est tension et attention, recherche inquiète et soucieuse d'identité[1]".

En cherchant leurs homonymes, Hugo Heredia et son fils cherchent en définitive leur identité dans celle des autres. Comme si un lien invisible avait été rompu, et qu'il fallait se réunir de nouveau. C'est cette quête, qui est beaucoup plus qu'un simple jeu — jeu de noms... —, qui va amener le vieux Français lui-même à prendre conscience de son propre lien à l'étranger oublié du parc Monceau, à nouer enfin le dialogue avec lui. Ce dialogue ne pourra advenir qu'une fois les masques tombés, qu'au prix de la dérangeante prise de conscience de l'hétérogénéité, de la polymorphie du moi, de l'autre, du monde. Alors seulement pourra-t-il y avoir véritablement intersubjectivité, c'est-à-dire interdésignation, reconnaissance réciproque des interlocuteurs.

En ce sens, *Une certaine parenté* exprime le rapport constitutif de l'être au langage, il vient signifier la relation interculturelle en tant que relation langagière, qu'entre-deux de l'homonymie et de l'hétéronymie, de la cohérence et de la contradiction. La communication interculturelle est un échange de signes et de sens. Or, le sens n'advient que dans le dialogique, et c'est dans le dialogique que s'établit, comme l'écrit T. Todorov, "une nouvelle configuration entre les interlocuteurs[2]". De ce fait, poursuit-il,

> "une théorie dialogique du langage prend comme objet l'interaction des individus, donc aussi leur transformation au cours de ce processus ; le langage n'y est plus un objet à disséquer mais l'ingrédient d'un événement unique[3]".

---

1. Affergan F., *Exotisme et altérité, op. cit.*, p. 23.
2. Todorov T., "Pourquoi Jakobson et Bakhtine ne se sont jamais rencontrés", in *Esprit*, janvier 1997, pp. 5-30, p. 17.
3. *Ibid.*, p. 18.

Le roman de Fuentes relate cet événement des regards croisés. Il constitue en lui-même une expression singulière qui ne saurait avoir valeur de règle générale. Toutefois, il convient, souligne C. Geertz[1], d'examiner le particulier, le bizarre. Un examen qui permet d'identifier les marques singulières exceptionnelles par rapport à la culture dans laquelle elles s'inscrivent, et par là d'apporter des éclaircissements sur les principes d'organisation sociale, les systèmes de valeurs, de représentations propres à ladite culture.

Tout individu est enraciné dans un contexte qui le conduit à pratiquer un certain type de discours. Toute pratique énonciative renvoie à une situation d'énonciation. Aussi notre rôle de chercheur consiste-t-il également à rendre visible les réseaux d'interactions qui situent l'individu dans le monde, à parcourir les fils qui relient les êtres et les cultures...

2. APPROCHE STRUCTURELLE DE LA COMMUNICATION INTERCULTURELLE DANS L'ŒUVRE DE CARLOS FUENTES

A) La France et le Mexique, une relation de domination

Notre approche du roman de Carlos Fuentes nous a permis de mettre en lumière la dimension irréductiblement subjective — et par là en grande partie indéterminée — des échanges interculturels. De fait, ce ne sont pas les cultures à proprement parler qui se rencontrent, mais les individus qui en sont les porteurs, lesquels individus mobilisent et manipulent les systèmes représentationnels, les ressources culturelles, lorsqu'il s'agit de négocier l'appartenance ou l'exclusion, la possibilité ou non de dialoguer, de se comprendre.

Il n'en est pas moins vrai, cependant, que les individus sont eux-mêmes inscrits dans des réseaux de domination ou de subordination, ou d'échanges égalitaires entre les groupes auxquels ils appartiennent. Or, on peut penser que le type de relation entretenue par ces derniers influe sur les logiques de l'auto- et de l'hétéro-catégorisation mises en œuvre.

1. Geertz C., *Bali. Interprétation d'une culture,* Paris, Ed. Gallimard, 1983.

Comme corollaire de ce qui précède apparaît l'importance qu'il convient d'accorder aux réseaux socio-culturels, institutionnels, aux conditions historiques dans lesquels se réalise la communication interculturelle.

La complexité d'une telle réalité exigera de notre part un travail de mise en connexion, de déplacement. L'Amérique Latine, dit F. Laplantine, est une relation. Aussi convient-il de l'"approcher". De multiplier, par conséquent, les perspectives, les points de vue de l'auteur du roman étudié, ceux d'autres intellectuels, mexicains et français. Autrement dit de prendre en compte tout ce qui constitue, comme l'appelle encore F. Laplantine, le "hors-texte", c'est-à-dire tous ces espaces

> "au sein desquels des images, le plus souvent brouillées et déformées, se réfléchissent en miroir, et où les mots, le plus souvent assourdis, se répondent en écho[1]."

La tâche est immense, et, bien entendu, nous ne saurions prétendre à l'exhaustivité. Cependant, les auto- et hétéro-stéréotypes constitueront de nouveau un outil d'investigation privilégié. Les processus de sédimentation qu'ils mettent en jeu ne nous invitent-ils pas, en outre, à adopter une démarche qui aurait une certaine parenté avec la démarche archéologique ?

Précisons enfin que les différentes "strates" analysées, les différents espaces mis en perspective, malgré leur possible contiguïté, ne peuvent être assimilés les uns aux autres. Pour reliés qu'ils sont, ils n'en demeurent pas moins hétérogènes.

a) *La France, entre ethnocentrisme et exotisme*

Lorsque l'on analyse la façon dont les stéréotypes, dans *Une certaine parenté,* sont manipulés par les Heredia et le comte de Branly, on peut distinguer certaines stratégies identitaires qui sont, en grande partie, fonction des contacts inégaux entre les deux cultures auxquelles les personnages appartiennent.

Analysons tout d'abord l'attitude du Français. Chez lui, nous remarquons une première tendance — qui coexiste souvent d'ailleurs avec la seconde — qui consiste à réaffirmer la supériorité

1. Laplantine F., *Transatlantique, op. cit.*, p. 71.

de sa culture quant aux qualités "universelles"... que sont censées être la rationalité, la quête d'harmonie, du "juste milieu raisonnable". Il souligne, parallèlement, les traits d'identité négatifs des Mexicains, sousentendant, en général poliment, l'infériorité de leur culture : le Mexique est le pays des comportements irrationnels, fantasques, agressifs ; y règnent les extrêmes, la cruauté, et donc le désordre...

Considérer la rationalité comme une valeur absolue et la norme universelle, participe de la "croyance en la supériorité de la civilisation rationaliste[1]".

> "Notre pays est celui de Descartes, de Voltaire, des idées claires et distinctes[2]."

Une attitude qui relève tout simplement de l'ethnocentrisme, lequel consiste précisément à "ériger de manière indûe, les valeurs propres à la société à laquelle j'appartiens en valeurs universelles[3]". Branly ne comprend pas les propos de Victor Heredia. Cet homonyme du jeune mexicain semble raisonner différemment. De là à dire qu'il raisonne mal, voire même qu'il déraisonne, le pas est vite franchi. Toutefois, nous constatons également chez le comte une tendance contraire qui consiste à mettre en valeur les traits d'identité qu'il attribue aux étrangers. Par exemple, il souligne d'emblée le caractère chaleureux, hospitalier, non violent des habitants.

C'est là en réalité une attitude assez familière, selon Todorov, à la tradition française, et occidentale en général. On tend en effet, concernant les pays du "Tiers-Monde", "en voie de développement", à des représentations fortement teintées d'exotisme, voire de primitivisme.

Carlos Fuentes ne connaît que trop bien les regards portés sur son pays par les Français, les écrivains notamment. Au siècle dernier encore, les réactions vont du mépris à l'admiration. Dans *Un drame au Mexique* (1860), de Jules Verne, ou bien encore dans *Le journal de Marie Giovanni* (1855), d'Alexandre Dumas, les Mexicains sont dépeints comme des êtres idolâtres, superstitieux, cruels, barbares. Ce sont aussi des hôtes charmants, ils sont spontanés, très sensuels... Ainsi continue-t-on d'osciller de l'enfer au paradis

1. Bastide R., *Le prochain et le lointain,* Paris, Ed. Cujas, 1970, p. 11.
2. *Ibid.,* p. 20.
3. Todorov T., *Nous et les autres, la réflexion française sur la diversité humaine,* Paris, Ed. du Seuil, 1992, p. 21.

retrouvé. Au XXe siècle, les écrivains français qui se rendent au Mexique en reviennent avec, notamment, l'image du Mexicain révolutionnaire. Mais c'est encore la vision primitiviste qui semble l'emporter. Breton, et les surréalistes, surenchérissent sur le caractère irrationnel de ce pays mystérieux. L'exemple d'Artaud, aussi extrême qu'il soit, illustre bien ce phénomène. Lorsque le poète visite le Mexique, ce qu'il y cherche c'est, en vérité, tout ce qui est différent de la France. Pour lui, les deux pays représentent les deux pôles opposés de l'humanité, le premier celui de la "culture magique", le second celui de la "culture rationaliste". Artaud prophétise d'ailleurs la renaissance du monde de l'irrationnel, qui seul à ses yeux a du sens.

Dans tous les cas, ce sont des jugements qui sont moins le produit d'une connaissance de l'autre que l'inversion pure et simple des traits que l'on s'attribue :

> "Il s'agit moins, écrit Todorov, d'une valorisation de l'autre que d'une critique de soi, et moins de la description d'un réel que de la formulation d'un idéal[1]."

Et l'auteur d'ajouter que

> "les meilleurs candidats au rôle d'idéal exotique sont les peuples et les cultures les plus éloignés et les plus ignorés. Or, la méconnaissance des autres, le refus de les voir tels qu'ils sont peuvent difficilement être assimilés à une valorisation. C'est un compliment bien ambigu que de louer l'autre simplement parce qu'il est différent de moi. La connaissance est inconciliable avec l'éloge des autres ; or, c'est précisément ce que l'exotisme voudrait être, une éloge de la méconnaissance. Tel est son paradoxe constitutif[2]".

b) *Le Mexique et le "malinchismo"*

Chez les personnages mexicains d'*Une certaine parenté,* la principale stratégie qu'ils adoptent, en situation de contact avec Branly, est de réévaluer les caractéristiques attribuées à leur culture, jugées négatives par l'étranger, et à s'attribuer, à revendiquer

1. Todorov T., *Nous et les autres, la réflexion française sur la diversité humaine, op. cit.*, p. 355.
2. *Ibid.*, p. 356.

en même temps celles perçues comme positives par le groupe culturellement prestigieux.

Oui, nous sommes chaleureux, imaginatifs, inventifs, intuitifs, ce qui ne nous empêche nullement d'être rationnels. Mais à notre façon. En ce sens, le narrateur, C. Fuentes, oppose à plusieurs reprises l'"intelligence intuitive" des Mexicains aux "compartiments bien ordonnés de la raison socratique[1]."

Il s'agit apparemment là d'une réévaluation positive de l'identité nationale, accompagnée d'une sévère attaque des Français, qui se comportent avec eux comme s'ils étaient leurs "serfs". Les Mexicains ajoutent qu'eux-mêmes, parfois, se croient inférieurs — sous-entendant qu'ils ne le sont pas, au contraire. Mais la fascination que la France exerce sur les Mexicains, ainsi que la force de leur affirmation identitaire, ne participent-elles pas de ce complexe d'infériorité ? Ce qui expliquerait en partie pourquoi le comte de Branly trouve les comportements des Heredia ambigus, contradictoires. Face à l'étranger qu'il est, ils font "buena cara", comme par peur de s'exposer eux-mêmes, et reprochent ensuite à Branly, et aux Français en général, de se sentir supérieurs, d'être agressifs. C'est là, pense Branly, le comportement de gens dominés qui accepteraient mal leur propre "attirance" par l'étranger.

Or, pour rendre compte de ces incompréhensions mutuelles, il ne suffit pas d'étudier l'interaction qui se joue *hic et nunc,* mais aussi celle qui renvoie aux mémoires collectives. Contrairement à la France qui a une longue histoire de domination du monde, il faudrait parler à propos du Mexique d'une interminable conquête par les puissances occidentales.

Victor Heredia prend bien soin de rappeler à Branly les "exploits" de ses ancêtres, de l'armée napoléonienne,

> "avec leur érotisme primitif libéré sur les terres de l'âge d'or et du bon sauvage dont le mythe avait bercé le vieux continent pendant un siècle, sur la grève épuisée de Véracruz avec les trois vautours planant au-dessus du fort et de la prison de San Juan de Ulua[2]".

1. Fuentes C., *Une certaine parenté, op. cit.*, p. 299.
2. Fuentes C., *Une certaine parenté, op. ibid.*, p. 299.

La propre mère de Victor Heredia a été violée par ces Français, dans un des multiples lupanars qu'ils avaient créés et où elle avait été vendue.

Au contraire des Etats-Unis et de leur mythe du succès, l'expérience mexicaine est celle de la défaite. Comme le souligne Le Clezio,

> "la destruction ne s'est pas faite en une génération. C'est une catastrophe dont les conséquences sont encore sensibles aujourd'hui, après quatre cents ans",

et l'on peut penser, ajoute-t-il, que c'est

> "le choc de la Conquête qui a pu engendrer quatre siècles de pauvreté et de déséquilibre social sur le territoire jadis florissant de l'empire aztèque, ainsi que cette sorte de « complexe de la défaite » (selon le mot de Norman Martin) créé par la puissance coloniale de l'Occident et que l'on appelle aujourd'hui sous-développement[1] (...)".

Au Mexique, ce complexe d'infériorité, et l'adulation aveugle des valeurs occidentales ont un nom : le *"malinchismo"*, mot qui vient de la Malinche, l'interprète indienne de Cortés, et qui signifie à la fois le don de soi, l'acte sacré de l'accueil que les Aztèques firent aux Espagnols au moment de la Conquête, et l'excès de sacralisation de l'étranger, qui entraîna la fin du monde aztèque. Les Mexicains invoquent à ce sujet la surdétermination du *malinchismo* qui fait que ce peuple aurait à assumer une contradiction historique face à ce que représente l'étranger.

Fait révélateur — lorsque l'on sait que les langues sont des objets historiques —, cette "malédiction" est au cœur de l'imaginaire langagier mexicain. Nous ne citerons qu'un exemple, mais oh combien significatif ! Le verbe "chingar" et ses substantifs dérivés "chingada", "chingon", "chingaquedito", "chingadera", etc. Tous impliquent, comme l'écrit Carlos Fuentes,

> "le viol des choses ou des personnes. C'est la plus grande insulte. Mais c'est le mot féminin la "chingada" qui donne toute sa signification à ce terme ambigu de puissance et de viol. La "chingada" est la mère violée, l'origine et le berceau de la

1. Le Clezio J.M.G., *Le rêve mexicain*, Ed. Gallimard, Folio, La Flèche, 1992, p. 65.

race. La première femme indienne possédée par le conquérant espagnol ? Malinche, la maîtresse de Cortés, qui guida le Conquistador jusqu'au cœur de l'empire de Moctezuma ? Elle fut violée, et à son tour viola ses enfants, les mit au monde sous le signe du viol, de la suspicion, de la colère. Et ses enfants ont secrètement désiré violer leur propre mère. Ou l'on viole ou l'on est violé, et celui qui est violé, à son tour, doit nécessairement violer les autres pour avoir conscience qu'ils existent. La politique, l'amour, le travail, la naissance, la mort, tout au Mexique, est secrètement affecté par ce mot[1]".

Et c'est bien ce qui se produit dans *Une certaine parenté* où le petit Victor Heredia est violé par le fils de son homonyme, dont la propre mère a été violée par les Français.

Le rapport qu'entretiennent les Mexicains avec l'étranger occidental est donc pour le moins ambivalent, et l'on comprend qu'un trait d'identité tel que l'"hospitalité" leur semble une grande qualité, mais également le signe d'une soumission à l'autre-prédateur. La fascination exercée par la culture française serait-elle l'effet de l'intériorisation de ce "problème" du *malinchismo* ? Ou bien ce dernier serait-il lui-même une image mythique apportée par l'étranger et intégrée — ce qui, d'une certaine façon, reviendrait un peu au même ?

Selon l'écrivain mexicain C. Monsivais[2], le fait géographique et historique appelé Mexique est une invention européenne. Le fait culturel également ? Monsivais suggère que l'inventaire par les étrangers des vertus et des défauts des Mexicains, les jugements sur la "psychologie nationale" auraient à tel point imprégné l'imaginaire des habitants que cela aurait donné naissance à des comportements bien déterminés. Les étrangers ont, par exemple, attribué aux Mexicains l'amour de la mort. Et ce qui n'était qu'un comportement particulier, sociologiquement explicable, est devenu chez les Mexicains une mythologie bien établie.

Que cette image mythique soit ou non d'origine étrangère, toujours est-il qu'elle est instituée en prétexte d'agissements, de rejet ou/et d'acceptation des autres. La relation entre le Mexique et

---

1. Fuentes C., *La mort d'Artemio Cruz,* Saint Armand, Ed. Gallimard, Folio, 1988, p. 184.

2. Monsivais C., "Relations de voyage au Mexique. De quelques mythes bien établis", in *Diogène,* n° 125, janvier-mars 1984.

le monde extérieur, notamment la France, semble être la toile de fond de la problématique identitaire nationale, de la construction collective d'un nouvel imaginaire...

B) Stratégies identitaires. collectives et individuelles, en vue de modifier la relation de domination

a) *La création d'un nouvel imaginaire national*

Dès le XIXe siècle, les élites politiques et intellectuelles mexicaines ont cherché à transformer le pays en une nation "moderne". Il fallait modeler un peuple, former des citoyens qui adhèrent à de nouvelles valeurs, et pour cela créer un imaginaire commun.

Dans cette création en grande partie culturelle, les intellectuels avaient un rôle essentiel. C'est dans cette tradition toujours bien vivante que se situe Carlos Fuentes, lequel témoigne, par sa carrière littéraire, et diplomatique, de la fonction de médiation des intellectuels mexicains. Dans ses romans, ses essais, il développe une réflexion profonde sur le rapport entre l'identité nationale et la "modernité", sur les traditions et les expériences historiques des Mexicains.

Dans *Une certaine parenté,* Victor Heredia évoque, quant à lui, l'invasion napoléonienne au Mexique

> "semant des enfants aux yeux clairs et teint basané, ceux qui auraient dû se nommer, si leur père les avait reconnus, Dubois, Herzfeld, Nagy ou Ballestrini, mais qui se nommèrent comme leur mère, Pérez, Leon, Gomez et Ramirez, comment voulez-vous vous souvenir de tout cela, Monsieur le comte ? personne n'a la mémoire aussi longue[1]".

Hispanisation, francisation, indigénisation, américanisation... Le "problème mexicain" peut se résumer ainsi : une mémoire blessée, le sentiment d'être orphelins, abandonnés, seuls, et le désir de recouvrer l'honneur perdu. Or "seule une élite pourrait faire en sorte que [les blessures] se referment[2]". Hugo Heredia exprime là le projet des intellectuels, qu'O. Paz, dans son célèbre ouvrage *Le labyrinthe de la solitude,* formule ainsi :

1. Fuentes, *Une certaine parenté, op. cit.*, p. 164.
2. *Ibid.*, p. 233.

> "Puisque nous nous sentons nous-mêmes distincts, qu'est-ce donc qui nous rend différents, et en quoi consistent ces différences[1] ?"

Et, selon lui, seuls les Mexicains peuvent répondre à cette question ! La mémoire mexicaine est, en effet, non seulement une mémoire blessée, mais également disqualifiée, confisquée, écrite par d'autres. D'où le sentiment d'avoir été dépossédés de leur propre histoire par les étrangers qui, dans leurs récits de voyages, leurs romans sont tous

> "tacitement d'accord, selon C. Monsivais, pour déplorer que le Mexique est un phénomène que les Mexicains eux-mêmes ne comprennent pas[2]".

Des stéréotypes qui seraient si bien intégrés par les Mexicains, que nombre d'entre eux sembleraient partager l'idée de leur incapacité à réfléchir sur eux-mêmes, comme si les étrangers étaient seuls en mesure de porter un regard éclairé, lucide.

En fait, le problème des intellectuels mexicains peut se poser en termes de capitalisation culturelle : comment accumuler des savoirs, un "capital culturel" autonomes, lors même qu'ils sont voués à être sans cesse dévalorisés par les recherches effectuées dans les centres dominants de la culture, et parfois par les Mexicains eux-mêmes ? Aussi convient-il, selon O. Paz notamment, de démystifier la force de domination de la vision occidentale du monde. Et pour résister à cette domination culturelle, il convient de chercher des contre-modèles. D'où la valorisation des productions autochtones, et le recours fréquent à l'anthropologie. Le choix de la profession d'Hugo Heredia par Fuentes est significatif. La tâche que le personnage mexicain s'est fixée consiste ni plus ni moins à retrouver l'identité collective — et individuelle, la sienne — dans les ruines toltèques, aztèques et mayas, et à suppléer ainsi à l'amnésie mexicaine.

Fuentes rejoint en cela les origines du nationalisme mexicain, et en particulier, la politique d'intégration des Indiens, l'indigénisme. A partir des années vingt, le projet collectif était de construire un imaginaire syncrétiste — qui réponde à la polyculturalité

---

1. Paz O., *Le labyrinthe de la solitude*, Paris, Ed. Gallimard, 1972, p. 22.
2. Monsivais C., "Relations de voyage au Mexique. De quelques mythes bien établis", in *Diogène, op. cit.*, p. 57.

mexicaine —, de "s'indianiser un peu" (selon le mot de l'anthropologue Manuel Gamio) afin de revaloriser les Indiens. Par ses références répétées aux recherches archéologiques — certaines scènes du livre se situent d'ailleurs sur des sites pré-colombiens —, par la réflexion sur l'identité nationale, *Une certaine parenté* participe de la quête identitaire de la patrie mythique, et de l'élaboration d'un nouvel imaginaire commun.

Il conviendrait à ce titre de situer également ce roman dans le sillage idéologique de l'essai d'O. Paz, *Le labyrinthe de la solitude* (1950). Dans cet ouvrage, l'intellectuel mexicain étudie les comportements individuels et collectifs propres aux Mexicains. L'un des thèmes est le sentiment d'infériorité de ses compatriotes, leurs fantasmes de domination, réelle ou imaginaire, d'où leur hermétisme, leur réserve, mais également leur violence face aux étrangers. De fait, l'essai d'O. Paz, qui, en apparence, postule une ontologie du Mexicain, est en quelque sorte une somme d'images, souvent contradictoires d'ailleurs. Autrement dit ce que les ethnologues appellent un mythe.

b) *La relation avec la France, ou l'histoire d'une double quête identitaire contradictoire*

La relation avec la France est en grande partie marquée par le "problème mexicain" de l'identité, du temps donc, de l'origine, mais aussi de la filiation.

Dans *Une certaine parenté*, Hugo Heredia se plaint de son incomplétude fondamentale, avouant qu'il n'est pas

> "cet homme universel du siècle des grandes découvertes, mais tout juste un créole mexicain médiocrement rancuneux comme tous [ses] compatriotes, marqué par le sentiment d'une insuffisance sourde et rageuse devant le monde[1]".

Dans cette situation, la France constitue aux yeux des Mexicains une sorte de protection. Contre la vieille subordination hispanique — et contre la nouvelle subordination anglo-saxonne.

1. Fuentes C., *Une certaine parenté, op. cit.*, p. 253.

"Etrange[1]", cet amour porté à la France. Car celle-ci n'est pas exempte des crimes commis au Mexique. Elle a abandonné, puis oublié ceux qu'elle avait exploités, exerçant, à l'instar de Branly, l'aristocrate oublieux, "le suprême don de choix et de synthèse qu'[elle] s'était de tout temps réservé", se tournant vers "l'esprit de raison et de bon goût", ces "voiles pudiques que les Européens savent jeter promptement sur leurs crimes historiques[2]".

En cela les personnages sont on ne peut plus représentatifs. Tandis que les Heredia symbolisent le sentiment de culpabilité, la mémoire, la contiguïté du temps, l'hétérogénéité de la personnalité, le vieux Français symbolise lui la bonne conscience, l'oubli, le temps linéaire, la rationalité, l'homogénéité — apparente — de la personnalité.

Les Heredia voient en Branly le miroir où se reconnaître, et se remémorer. Mais cette quête identitaire passe ici par une lutte contre l'oubli de Branly de sa propre histoire, symptomatique de l'amnésie historique des Français. D'où l'impression du vieil homme que Victor Heredia cherche à lui inoculer le venin voyageur d'une vieille mémoire étrangère.

La relation avec les Français — que l'on "invite" ici à entrer dans le temps mexicain — constitue un instrument de recherche et de réactualisation du passé national. Il s'agit, en quelque sorte, comme le souligne F. Laplantine[3], de faire pousser ses racines dans l'origine des autres. L'attitude d'Hugo Heredia dans *Une certaine parenté* est tout à fait symptomatique de la volonté des Mexicains de s'opposer à la toute puissance de la vision européenne, tout en affirmant l'appartenance fondamentale du Mexique à l'Occident. Non, Xochicalco n'est pas, comme dit Branly, un "lieu de sacrifices", mais un "lieu de cérémonie[4]" ! Comme si la violence était un privilège mexicain ! Comme si cet étranger connaissait mieux l'histoire du Mexique que ses propres habitants ! Mais c'est surtout là une manière de prouver à l'Européen qu'il n'a pas d'excuse à méconnaître les autres. Hugo Heredia, en cela également, est représentatif des Mexicains cultivés :

1. Fuentes C., *Une certaine parenté, op. cit.*, p. 235.
2. *Ibid.*, p. 177.
3. Laplantine F., *Transatlantique, op. cit.*
4. Fuentes C., *Une certaine parenté, op. cit.*, p. 16.

"Se croire obligés de tout savoir, tout lire, ne laisser à l'Européen ni quartier ni prétexte, connaître aussi bien ce que l'Européen ignore que ce qu'il considère comme lui appartenant en propre : le *Popolvuh* et Descartes[1]."

C'est en réalité tout entier absorbé dans son passé que le Mexique se tourne vers la "modernité", vers la France notamment. Ce pays qui est beaucoup plus qu'un pôle de référence culturelle. Témoin le narrateur d'*Une certaine parenté*, du nom de Carlos Fuentes..., qui s'exclame :

"Buenos Aires, Montevideo sont mes cités perdues ; elles sont mortes et je n'y retournerai jamais. L'ultime patrie d'un Latino-Américain c'est la France ; Paris ne sera jamais une cité perdue[2]."

Paris, en vérité, est un miroir. Dans *Terra Nostra*[3], cette ville est représentée comme une sorte de caverne où l'on trouve un masque, une carte, un miroir et une vieille bouteille.

Le sentiment des Mexicains d'un éloignement historique par rapport à l'Europe n'est plus suivi aujourd'hui d'un rejet de la polyculture nationale. Paris est envisagé comme le lieu de rencontre et d'équilibre entre le passé et le futur, l'espace de la réconciliation entre le vieux monde et le Nouveau Monde.

Mais on voit bien là également toute l'ambivalence de cette quête identitaire, de ce désir de sortir du temps. Pour modifier sur un plan collectif les conditions de l'estime de soi, deux stratégies principales sont mises en œuvre conjointement : d'une part, réévaluer positivement les traits d'identité nationaux ; d'autre part, se conformer aux critères d'appréciation de la culture étrangère, affirmer son appartenance à la "modernité". Dans chaque cas, c'est au modèle dominant que l'on se réfère.

Il apparaît donc que le rapport qu'une nation entretient avec l'altérité — et l'histoire même de ce rapport — est étroitement lié à la formation de l'identité nationale, de l'imaginaire collectif. Or, dans la dialectique relationnelle, l'identité mexicaine se situerait nettement plus — comme semblerait le confirmer également l'omniprésence dans la littérature des thèmes du double, de la division

1. Fuentès C., *Une certaine parenté, op. cit.*, p. 20.
2. *Ibid.*, p. 39.
3. Fuentès C., *Terra Nostra*, Saint-Amand, Ed. Gallimard, Folio, 1988.

intérieure, du labyrinthe — du côté de l'errance que de l'enracinement. Et de... l'aliénation, plus que du solipsisme ?...

Disjonction et conjonction, différenciation et assimilation, attachement et arrachement, ancrage et errance, affirmation et doute de soi... Opposés s'excluant les uns les autres ? Entités inconciliables ? En dépit de leur apparente atomisation, nous espérons avoir rendu plus visible l'unité contradictoire de ces fragments disparates, qui tous convergent pour former cette réalité en perpétuel mouvement, cette dialectique des contraires entremêlés, que l'on appelle l'"identité".

Au moment où notre réflexion prend fin, il nous semble important de rappeler qu'elle s'est élaborée et articulée à partir de l'analyse du stéréotype, de ce qu'il met en jeu et de ce que l'on y décèle : d'une part, la relation imaginaire qu'une culture entretient avec elle-même et avec d'autres cultures — le rapport mythique qu'elle a, notamment, à son passé, à son histoire, éléments essentiels dans l'organisation des représentations des différences ; d'autre part, les contacts, souvent inégaux, les phénomènes d'acculturation qui sédimentent les relations interculturelles ; et, enfin, les stratégies identitaires, collectives et individuelles, destinées à modifier les conditions de l'estime de soi.

Ecart. Tentative de combler cet écart. Se relier à l'autre, tendre vers ce qui relie.

> "La culture, comme l'écrit Affergan, n'est pas d'emblée identité, mais identification, donc tentative, toujours remise en cause et toujours avortée, d'associer et de faire correspondre des modes d'existence à des apparitions humaines[1]."

C'est donc bien sur l'entre-deux — de la poussée vers l'autre et du retour sur soi — qu'il convient de faire porter l'analyse interculturelle. Or, ce lieu, ce lien, cette relation se découvrent dans le dire, dans le discours. Le sens s'inscrit, selon Ricœur[2], dans le temps de la narration. Remarquons à cet égard que dans *Une certaine parenté,* le comte de Branly ne parvient à saisir le sens de sa

1. Affergan F., *Exotisme et altérité, op. cit.,* p. 280.
2. Ricœur P., *Temps et récit* - 1. *L'intrigue et le récit historique,* Paris, Ed. du Seuil, 1983.

propre expérience interculturelle qu'au moment précis où il la relate à son ami, Carlos Fuentes...

L'œuvre de ce dernier constitue, de bien des manières, une tentative de combler l'"écart" — spatio-temporel — entre les deux rives. Les personnages qu'il a créés sont des porteurs de temps, des ponts historiques. Quant à la géographie, aux paysages, aux ruines..., ils sont en quelque sorte une modalité subjective du vécu collectif. Des métaphores du temps. Ici et là-bas. Hier, aujourd'hui et demain. C'est en termes de "chronotopie" — de relation respective entre le temps et l'espace dans une culture donnée — qu'il conviendrait d'appréhender cet aspect de l'œuvre de Fuentes.

Ce qui rejoint, par ailleurs, la thèse de Ricœur selon laquelle la narrativité a une double fonction sociale de conservation et de réactivation de la mémoire, et dont l'enjeu est le caractère temporel de l'expérience humaine, et la prise de conscience de notre immersion dans le temps. L'être humain, écrit le philosophe, est un "enchevêtrement" d'histoires, dites et non dites.

> "Nous racontons des histoires parce que finalement les vies humaines ont besoin et méritent d'être racontées. Cette remarque prend toute sa force quand nous évoquons la nécessité de sauver l'histoire des vaincus et des perdants. Toute l'histoire de la souffrance crie vengeance et appelle récit[1]."

Toute l'histoire de la souffrance appelle également, semble dire Fuentes, reconnaissance par les autres, et création d'une autre, d'une seconde histoire. Il importe, en ce sens, de saisir le terme de "reconnaissance" dans sa double acception, d'acceptation de soi par l'autre, mais également de "re-connaissance", et du plaisir que cela procure — plaisir qui présuppose, dit Ricœur, un concept de vérité selon lequel inventer, c'est retrouver.

Dans *Une certaine parenté,* où il relate une rencontre interculturelle, initiatique, où il affirme l'identité plurielle, interrogative des individus, où il revendique la coexistence au sein d'une même société de différents modèles culturels, le métissage des imaginaires, Fuentes se pose en passeur d'une rive à l'autre, en médiateur entre deux milieux culturels partageant des valeurs culturelles semblables. C'est à une reconnaissance réciproque entre Français et Mexicains, à un véritable dialogue qu'il appelle. Car si rejet et

1. Ricœur P., *Temps et récit.* 1. *L'intrigue et le récit historique, op. cit.,* p. 143.

ouverture sont les deux pôles du processus identitaire, seule l'ouverture, comme l'écrit Todorov, "mérite un effort conscient, et implique un devoir-être distinct de l'être[1]".

Explorateur de l'entre-deux, de l'interstitiel, appelé à attester — par un exercice, dans et par le dire, de synthèse de l'hétérogène — du lien, et du désir de se relier, de combler l'écart, le chercheur en interculturel n'est-il pas, à sa manière, un interprète, un intercesseur amené à rendre compte de l'incomplétude et... de l'inachèvement ?

BIBLIOGRAPHIE

Abdallah-Pretceille M., *Vers une pédagogie interculturelle,* Paris, INRP, Publications de la Sorbonne, 1986, 3e Ed. Anthropos, 1996.
Affergan F., *Exotisme et altérité,* Paris, Ed. Presses Universitaires de France, 1987.
Bakhtine M., *Esthétique et théorie du roman,* Paris, Ed. Gallimard, 1978.
Balandier G., "L'ethnographe malgré lui", in *Le Monde,* 26 janvier 1996.
Barthes R., *Mythologies,* Paris, Ed. du Seuil, 1970.
Bastide R., *Le prochain et le lointain,* Paris, Ed. Cujas, 1970.
Camilleri C., *et al.,* Stratégies identitaires, Paris, Ed. Presses Universitaires de France, 1990.
— "Identité et changements sociaux. Point de vue d'ensemble", in Tap (éd.), *Identités collectives et changements sociaux,* 1980, pp. 331-342.
Dulac C.P., "Carlos Fuentes, un Mexicain à Paris", *Magazine Littéraire,* n° 181, février 1982, pp. 66-74.
Fuentes C., *Une certaine parenté,* Paris, Ed. Gallimard, Folio, 1988 (1re éd. en espagnol, 1980).
— *La mort d'Artemio Cruz,* Saint-Amand, Ed. Gallimard, Folio, 1988 (1re éd. en espagnol, 1962).
— *Terra Nostra,* Saint-Amand, Ed. Gallimard, Folio, 1989 (1re éd. en espagnol, 1975 et 1977).
Geertz C., *Bali. Interprétation d'une culture,* Paris, Ed. Gallimard, 1983.
Laplantine F., *Transatlantique,* Paris, Ed. Payot, 1994.
Le Clezio J.M.G., *Le rêve mexicain,* La Flèche, Ed. Gallimard, Folio, 1992.
Levinas E., *De l'existence à l'existant,* Paris, Ed. Fontaine, 1947.
Monsivais C., "Relations de voyage au Mexique. De quelques mythes bien établis", in *Diogène,* n° 125, janvier-mars 1984, pp. 53-77.

1. Todorov T., "Le croisement des cultures", in *Communication,* n° 43, 1986, pp. 5-24, p. 17.

Paz O., *Le labyrinthe de la solitude,* Paris, Ed. Gallimard, 1972 (1re éd. en espagnol, 1950).
— *Courant alternatif,* Paris, Ed. Gallimard, 1972 (1re éd. en espagnol, 1967).
Ricœur P., *Temps et récit,* 1. *L'intrigue et le récit historique,* Paris, Ed. du Seuil, 1983.
Tap (éd.), *Identités collectives et changements sociaux,* Toulouse, Privat, 1980.
Todorov T., *Nous et les autres, la réflexion française sur la diversité humaine,* Paris, Ed. du Seuil, 1992.
— "Pourquoi Jakobson et Bakhtine ne se sont jamais rencontrés", in *Esprit,* janvier 1997, pp. 5-30.
— "Le croisement des cultures", in *Communication,* n° 43, 1986, pp. 5-24.
Zarate G., *Enseigner une culture étrangère,* Paris, Ed. Hachette, 1986.

Troisième Partie

A travers les médias

Chapitre I

LE DIFFICILE INTERCULTURALISME DES MÉDIAS

François Mariet

Professeur, Université de Paris Dauphine

L'INTERCULTUREL, c'est le cheminement de l'universel dans la multiplicité vécue des cultures : par-delà le chatoiement des singularités, voir le regard des hommes, l'humanité. Le spectacle du monde que donnent les médias, dans leur diversité, est celle de singularités culturelles entremêlées ; dans leur foisonnement, l'on peut percevoir toutes les passions, tous les goûts, tous les centres d'intérêts, toutes les occupations, toutes les nations, toutes les langues. L'interculturalité proposée par les médias confronte et précipite les arbitraires des cultures nationales instituées par les systèmes éducatifs, elle juxtapose des cultures techniques (médias professionnels) et des cultures de classes de personnes unies par un centre d'intérêt commun (collectionneurs de timbres, passionnés de jeux vidéo ou de mode, fans de basketball ou de plongée, joueurs de tiercé ou de salles de marché, pécheurs à la mouche, etc.). Mais l'interculturalité n'est pas donnée par les médias, elle doit se construire dans leur consommation. Les médias sont occasions d'expérience interculturelle, ils ne sont pas interculturels *a priori*.

Les arbitraires des cultures sont enfouis dans la tradition et la coutume, leur institution par l'histoire a disparu de l'horizon pratique des consommateurs de média : pourquoi n'y a-t-il pas de télévision locale en France, pourquoi est-elle fondamentale aux Etats-Unis ? Les champs culturels dans lesquels enferment les pratiques sociales ou professionnelles (*illusio*[1]), invisibles au praticien et souvent même à l'historien des pratiques se révèlent avec leurs enjeux arbitraires dans la confrontation qu'organise le marché des médias, l'éventaire du marchand de chaînes de télévision (opérateur de bouquet satellitaire ou de réseaux câblés) ou du marchand de journaux. Les appartenances nationales elles-mêmes ne sont que l'effet de la transmission dans un espace politique donné, au tracé arbitraire, de modes de pensée et d'habiter et de transmettre : les médias dé-concertent et dé-nationalisent en faisant apercevoir au consommateur la concertation et la nationalisation sur lequel elles reposent, états de luttes oubliées ou refoulées.

Mais le travail culturel des médias ne s'épuise pas dans la multiplication des titres, des chaînes et des stations, des messages donc ; l'évolution technologique des médias, leur manière d'être à notre portée, leur nature d'outil de communication constitue également la position interculturelle. Cette évolution continue un mouvement engagé dés l'apparition de supports d'écriture puis du livre : vitesse et commodité de transmission, constitution d'une mémoire, d'une base de données publique gigantesque et développement des moyens d'accès de plus en plus individuels et de plus en plus indépendants des lieux de consommation et d'émission de ces médias. Cette dernière dimension de la consommation et des usages des médias qui, elle, affecte la pratique même de la communication et du travail, induit des pratiques interculturelles ; elle est accélérateur de l'interculturalisation des contenus, des messages.

Deux discours s'opposent alors que satellites de diffusion directe, téléphonie, Internet, numérisation transforment l'économie des médias. Le premier est discours de conservation qui énonce dans cette évolution la fin toujours recommencée de la culture, la déshumanisation de la communication, la destruction des cultures locales par des diables techniciens (cf. les dénonciations des antennes "para-diaboliques", qui retrouvent des accents connus autrefois dans la partie de l'Allemagne sous occupation soviétique, quand les "militants" allaient sur les toits remettre les antennes en râteau orientées vers l'Allemagne fédérale dans la droite direction). A l'opposé, se tient un discours apologétique qui situe au terme de

1. "Comme adhésion immédiate à la nécessité d'un champ", définition de Pierre Bourdieu, *Méditations pascaliennes,* OC, p. 124.

cette évolution technologique la solution de tous les problèmes par la communication, entre autres économiques, sociaux, éducatifs et culturels ; l'éternel retour de la rhétorique des "mass médiologues" qu'avaient stigmatisé Pierre Bourdieu et Jean-Claude Passeron, discours qui accompagne comme un marketing de fonds tous les grands mouvements de modernisation, enthousiasmes intéressés de vendeurs, colportés par les premiers acheteurs, prosélytes avides d'approbation et de distinction ("first kid on the bloc !"). Tenons-nous à distance de ces deux croyances pour déployer les propriétés interculturelles des médias.

Notre propos déplace le débat engagé par cette opposition pour souligner dans cette modernisation une chance d'humanisme. Tout d'abord parce qu'en multipliant les médias et leur circulation, on accroît et rend mieux perceptible l'évidente profusion des arbitraires : en amortissant les coûts de production et de distribution sur de larges aires de diffusion, on abaisse aussi les barrières nationales constitutives de cultures nationales. Mais aussi parce que, en même temps, l'évolution technologique permet le détachement des médias d'avec les lieux de naissance, de vie. Substitution du média au sol, pour paraphraser Emmanuel Lévinas qui sans cesse rappelait que :

> "L'avènement de l'écriture n'est pas la subordination de l'esprit à la lettre, mais la substitution de la lettre au sol. L'esprit est libre dans la lettre et il est enchaîné dans la racine[1]."

Nous voulons reprendre la problématique macluhanienne de l'importance comparée des messages et des médias : le message interculturel des médias est dans leur diversité ancrée dans les multiples cultures de l'humanité mais il est surtout dans l'autonomisation qu'il permet des hommes à l'égard du sol, des patries, dans la désacralisation généralisée des lieux. Les médias sont une chance de libération. Pour aborder cette manière de voir, il faut d'abord caractériser cette nouvelle économie des médias.

---

1. *Difficile Liberté. Essais sur le judaïsme,* Troisième édition revue et corrigée, Paris, Albin Michel, 1976, et son commentaire par Catherine Chalier, *Lévinas. L'utopie de l'humain,* Paris, Editions Albin Michel, 1993.

1. LA NOUVELLE ÉCONOMIE DES MÉDIAS

Cette nouvelle économie relève de quelques facteurs technologiques principaux. Le facteur premier est celui qui tient au satellite. La couverture satellitaire du monde est de plus en plus dense (bientôt 300 satellites en usage pour les médias et les télécommunications) et ne cessera de s'améliorer. La puissance et la capacité de ces satellites, leur espérance de vie accrue, la qualité de la maintenance permettent le tissage de réseaux de communicaton fins pour les principales zones de la planète (non sans inégalités, surtout liées à la répression des droits de l'homme qu'exercent des dictatures dans de nombreux pays : les limites imposées à l'utilisation d'Internet ou à la réception satellitaire sont un assez bon prédicteur de l'état des droits de l'homme dans un pays donné). Ces satellites, co-positionnés pour augmenter leur chance de réception, sont susceptibles de plusieurs modes de réception, collective (*via* les réseaux câblés) ou individuelle au moyen d'antennes paraboliques. Ce dernier mode de réception permet une autonomisation croissante de la réception, que rappellent les piratages fréquents : antennes au diamètre de plus en plus petit, modalités de traitement du signal de plus en plus universelles (réduction progressive du nombre de standards).

Le second facteur tient à la numérisation des signaux qui autorise leur compression. Les coûts de distribution baissent au rythme des progrès de la compression (1 pour 8 actuellement mais la technologie permettant le 1 pour 24 est déjà au point). Le seuil d'accès et le point d'équilibre de la télévision s'en trouvent significativement abaissés, facilitant la multiplication des lancements de chaînes. La transmission d'une page de journal, d'une photo ou d'un document vidéo suit la même logique technique et économique. La numérisation des signaux qui touche désormais tous les médias, la presse, la télévision, la radio et les télécommunications notamment, fonde aussi leur convergence. Internet constitue un média de synthèse par excellence : on peut y faire figurer des éléments de presse, de radio, de télévision et le courrier. Tout contenu numérisé est donc susceptible d'une exploitation multiple, sur un support classique, d'une part, et sur Internet, d'autre part. L'ordinateur et le téléviseur peuvent désormais être considérés comme des récepteurs multimédia puisqu'ils permettent de recevoir aussi bien Internet — donc la presse et le courrier (courrier personnel aussi bien que publipostage) — que la radio et la télévision. La réception peut s'effectuer selon des combinaisons techniques variables mêlant câble, télécomunication classique (RTC) et satellite.

Le troisième facteur est le fait des langages et logiciels hypermédia (dont l'hypertexte n'est qu'un cas particulier). Ces logiciels et ces langages permettent une circulation aisée dans des bases de données multimédia : la logique des clicks et des liens hypermédia permet d'aller d'un mot à différentes pages d'un texte, d'une image à un texte ou à d'autres images, etc. Cette logique de navigation qui certes permet l'errance tant célébrée du "surfeur" mais surtout la précision calculée et maîtrisée de la recherche, concerne tous les médias : elle permet la mise à disposition individuelle de bases de données multimédia de plus en plus importantes. De plus, d'outil de spécialistes (informaticiens, développeurs multimédias, *webmasters,* etc.), cette technique est en train de se banaliser en entrant dans la composition des suites logicielles grand public : à la lecture hypertexte s'ajoute progessivement l'écriture hypermédia. Déjà témoigne de cette évolution la multiplication des pages d'accueil individuelles sur Internet. Internet concerne non seulement la consommation grand public de produits réalisés par des spécialistes mais aussi la production de messages par le grand public.

Le quatrième facteur tient à l'extension de plus en plus souvent internationale des standards technologiques de communication. Sous l'effet de la nécessité économique, le protectionnisme institué par les standards s'estompe : le standard SECAM (télévision couleur) ou le standard minitel laissent la place à des standards internationaux (MPEG, Internet, etc.).

Cette économie nouvelle des médias accentue le mouvement de multiculturisation de nos sociétés. Du moins, elle est susceptible de la fonder. Car il faut ne pas se laisser emporter par le prophétisme des marchands et garder présents à l'esprit plusieurs facteurs culturels indispensables à l'épanouissement d'une économie médiatique interculturelle. Passons sur les évidentes contraintes économiques : la télévision devient de plus en plus souvent payante directement (au forfait, à la carte) et de moins en moins payée par une fiscalité "indolore" (redevance), le prix des télécommunications est dissuasif de certains usages, l'accès aux sites Internet les plus intéressants est ou sera payant (selon une logique inévitable dont le minitel constitue une bonne préfiguration).

Mais il reste aussi et surtout la question des langues et plus généralement celle du capital culturel (y compris technologique) indispensable à une maîtrise de ces nouveaux moyens. Car si les effets de production de masse peuvent conduire à un abaissement du seuil d'accès aux biens matériels indispensables pour profiter de ces services comme on l'a vu déjà dans l'histoire des médias avec le récepteur radio, le téléviseur, le magnétoscope, le téléphone, la phonographie, il n'en va pas aussi simplement des composantes culturelles de l'accès à l'utilisation interculturelle de ces biens. L'économie des médias interculturels est travaillée par l'obstacle culturel (ou éducatif) à l'interculturalité des médias : à l'enchantement des merveilles technologiques risque de succéder un certain désenchantement culturel. On comprend d'ailleurs toute l'importance d'un discours de célébration de ces nouveaux médias qui en masque cette dimension et met l'accent sur l'évidence et la simplicité de leur fonctionnent (intuitif, *user friendly, plug and play*) : tout indique pourtant que leur utilisation ne va pas de soi, d'où le rôle pédagogique et socialisateur des entreprises mieux équipées que les foyers pour une confrontation avec des produits en développement encore permanent et dont tous les usagers sont devenus "bêta testeurs". D'ailleurs, les constructeurs de matériel et de logiciel le savent dont les recherches en ergonomie visent à simplifier l'utilisation des télécommandes, des écrans de sélection (guides de programmes électroniques pour la sélection des émissions), etc.

Les médias eux-mêmes en sont conscients : certains enrôlent la didactique des langues dans leur mission internationale (c'est ainsi que The World Russian Channel explique ses objectifs langagiers[1], mais c'est aussi la fonction facilitante du sous-titrage en français pour francophones de TV5, etc.), d'autres mettent en place des guides de programme (sur papier, télétext ou Internet), des maintenances en ligne (la question de la maintenance devient capitale dans la commercialisation des produits téléphoniques ou

1. "The good Russian language of the channel will be useful for learners of the language, as well as for those who knows the language. To ease understanding programs will be accompanied by simultaneous interpreting in several languages". *Source* : Présentation de la chaîne.

médiatico-informatiques, qu'il s'agisse de téléphone portable, de bouquet satellitaire ou d'ordinateur).

2. LA MULTIPLICITÉ DES CULTURES MÉDIATIQUES

Ces obstacles économiques et culturels étant franchis, la multiplicité des cultures médiatiques est à la portée de la télécommande ou du click de la souris. Disposant d'un ordinateur muni d'un modem, d'une liaison téléphonique banale, on peut accéder à la plupart des journaux du monde, à la plupart des sites des chaînes de télévision dans le monde, à des stations de radio, à des sites présentant et ventant des produits, des marques. Une antenne parabolique et le matériel de réception et l'on peut capter des centaines de chaînes de télévision et de radio. La transmission satellitaire met chez le marchand de journaux la presse de régions éloignées.

Pourtant, il faut encore évoquer une raison supplémentaire de désenchanter la multiculturisation spontanée du monde des médias. L'accès, en théorie, à toutes les cultures peut être l'occasion de ne pas s'ouvrir aux autres cultures et de se renfermer au loin dans une culture dite d'origine. C'est ce que révèlent les travaux effectués en Allemagne auprès de la population d'origine turque qui accède aux médias turcs[1] : cette population ne connaît guère l'Allemagne que par médias turcs importés. Paradoxalement, la nouvelle économie des médias a facilité le rétrécissement de son expérience interculturelle. Depuis longtemps déjà, les enseignants allemands soulignent que les enfants d'origine turque maîtrisent moins bien la langue allemande depuis que la diffusion de l'usage du magnétoscope leur a fait consommer moins de télévision allemande mais beaucoup de télévision et de vidéo turques[2]. Danger

1. Cornelia Uebel, "Die deutschen Türken beziehen ihre Medien aus der Türkei — und ihr Deutschlandbild ebenfalls", *Die Zeit,* Nr. 45, 1. November 1996. "Wenn zwei Millionen Menschen, die großenteils schon in der zweiten und dritten Generation in Deutschland leben, lieber Zeitungen lesen, deren Deutschlandbild aus Ankara oder Istanbul irnportiert wird und die ihnen ständig den Eindruck vermitteln, in der Fremde zu leben, dann kann das eigentlich nur eines heißen : Sie fühlen sich tatsächlich in diesem Land nicht zu Hause. Dennoch leben sie hier".

2. Les immigrés turcs sont la catégorie la plus équipée en magnétoscopes en Allemagne. Ce qui au moins montre la relativité de l'obstacle économique et sa sensibilité — élasticité — à la motivation et à l'implication culturelles.

de tous les médias qui fondent leur économie sur la négation de l'émigration : The Filipino Channel, la chaîne qui vise les émigrés philippins aux Etats-Unis ou au Moyen-Orient s'adresse à ceux qui se languissent du pays[1], "Hello India" site Internet construit avec MCI et *India Today* propose aux émigrés indiens américains de se réunir en une communauté virtuelle à la convergence de leurs deux expériences nationales.

Une autre raison de désespérer est que la logique économique, celle du marché publicitaire comme celle du marketing des produits médiatiques, qui conduisaient dans un premier temps à la confrontation systématique avec des produits d'autres cultures conduisent progressivement à adapter les produits "étrangers" aux spécificités locales des marchés visés (*localization*). La composition économique des coûts des médias les amène à élaguer au maximum les différences culturelles : augmenter la part des coûts fixes pour réaliser des économies d'échelle au travers d'aires de diffusion les plus vastes possibles. Les contenus dans ce sens constituent un coût fixe, encouru en amont par un fournisseur qui les distribue ensuite avec les moindres frais de conditionnement.

Au commencement, dans les années quatre-vingts, alors que la réception du câble et du satellite étaient encore faibles correspond le développement de chaînes à visée mondiale lancées en anglais par les groupes américains Viacom Inc. (MTV) ou Turner[2] (CNN), ABC[3] (ESPN). La multiculturisation est totale pour le téléspectateur européen confronté à un programme étranger dont seuls les écrans publicitaires ont été modifiés. Selon la même logique, des chaînes ont été mises en place par des secteurs publics qui visaient à diffuser l'image d'un pays à l'étranger, s'adressant autant aux expatriés qu'aux étrangers amateurs de leur culture : c'est une logique politique, celle de TV5 (lancée par les secteurs publics francophones d'Europe et d'Amérique), de Drei Sat (lancée par les secteurs publics germanophones d'Europe), de Worldnet lancée par le gouvernement américain (USAIE), de Deutsche Welle et de la BBC, mais surtout celle de TVE internacional (secteur public espagnol), TRT international (secteur public turc), RTP Inter-

1. "We bring Filipinos closer to home", "Over half a million households homesick for the Philippines", slogans de la chaîne des immigrés philipins aux Etats-Unis (1996).

2. Racheté en 1996 par le groupe Time Warner.

3. Racheté en 1996 par le groupe Disney.

national (secteur public portugais[1]) qui devaient couvrir les grands pays d'émigration de leurs ressortissants.

Cette option du moindre coût n'allait pas sans réalisme à cette étape du développement de la télévision. Peu de téléspectateurs étaient prêts à payer pour recevoir ces produits, peu de réseaux câblés étaient prêts à payer pour les distribuer. Ceux qui s'intéressaient à des médias américains internationalisés constituaient un segment circonscrit, limité : cadres internationaux, usagers des aéroports et des hôtels internationaux (information internationale), adolescents et jeunes adultes pour qui MTV constituait un supplément de distinction et à qui convenait la consommation d'un bien culturel dont le contenu leur échappait mais qui avaient été formés à accepter cette domination par les radios et les tournées internationales des groupes anglophones. Un même contenu, fabriqué à l'origine pour les publics américains, en anglais, allait être recyclé pour toucher les populations mondiales sommées de se mettre à l'anglais de ces médias ou réduits à une consommation médiatique restreinte aux images et à la musique et à une langue américaine simplifiée.

Le développement sur une plus grande échelle de la réception satellitaire, soit directement soit par le câble allait remettre en question ce modèle économique et atténuer l'effet de multiculturisation. Des concurrents nationaux proposaient désormais des produits nationaux, en langues nationales : par exemple, Deutsche Sport Fernsehen pour le sport en Allemagne, MCM et VIVA pour la musique en France et en Allemagne, Channel V pour la musique en Asie, LCI pour l'information en France. Pour préserver leur part de marché les groupes américains ont dû donner une couleur locale à leurs chaînes, en montant des sociétés conjointes avec des opérateurs nationaux : Eurosport est décliné en versions nationales

1. Ces chaînes précurseurs seront suivies par la plupart des secteurs publics télévisuels dans le monde : la réduction des coûts liés au satellite favorisera ce développement consistant à réaliser une chaîne nationale pour les expatriés à partir d'une synthèse des chaînes nationales (cf. l'ERT grec, Doordarshan World Service pour le secteur public indien, RTS Sat pour la Serbie, LBC Sat pour les Libanais, RTM Satellite pour les Marocains ou même la néerlandophone Wereldomroep TV/ Zomer/BVN-TV qui s'adresse aussi aux touristes néerlandais et qui se développe à destination des Antilles). Plus tard encore, des intérêts privés essaieront d'exploiter commercialement ces réservoirs d'audiences. Cf. par exemple, Polonia TV pour les Polonais, Kababayan International Broadcasting pour les expatriés philipins mais surtout The International Channel (Etats-Unis) qui offre de multiples canaux en différentes langues : "We speak your language" proclame son slogan.

avec des contenus nationaux[1] et bien sûr dans les langues nationales (par exemple : ESPN s'associe Canal Plus, pour réaliser Europsort France, à divers investisseurs japonais pour créer Sports-i ESPN au Japon, Turner BS s'associe à des investisseurs allemands pour lancer n-TV[2] en Allemagne alors que sa chaîne d'information, CNN International, ne réussit pas à s'implanter dans ce pays, MTV s'associe à Rete A pour diffuser son programme en Italie. En Grande-Bretagne même, Viacom Inc. est amené en 1997 à lancer une version spécifique de MTV, adaptée à la culture musicale anglaise (MTV UK), au Japon Time Warner s'associe à Itochu pour lancer une version japonaise de Cartoon Network en septembre 1997. L'âge de la maturité des produits médiatiques passe par la localisation : le même phénomène s'observe avec Internet (Cf. Yahoo !, PointCast Inc., Infoseek Corp. ou AOL qui créent des versions régionales de leurs produits pour l'Allemagne, la France, le Japon, etc.). La logique économique ne mène donc pas spontanément à l'interculturalisation, au contraire : l'interculturalisation forcée n'est parfois qu'une étape provisoire du développement de certains médias (télévision, presse magazine ou quotidienne[3]), qui sont aussi les médias les plus populaires, les plus enclins à bénéficier des investissments publicitaires. Quant aux autres produits, non adaptés, non traduits, seul un travail d'inculcation des moyens de profiter de l'interculturalisation peut laisser espérer en tirer profit.

La logique économique conduit aussi à une segmentation des publics en suivant, marketing aidant, la segmentation des goûts et des pratiques. Le point de vente presse au travers de l'offre de publications périodiques l'avait depuis longtemps montré, notamment en France où les magazines l'emportent sur le quotidien dans la pratique des consommations médiatiques (on compte plus de 2 500 titres distribués, plus de 300 titres sont lancés chaque année). La télévision et Internet suivent cette voie de la dispersion et de la spécialisation des audiences et des passions, qui n'exclut pas le

1. Cela peut se traduire par des acquisitions de services locaux comme celle de Telesport SA par ESPN en décembre 1997. ESPN Telesport diffusera un service régional pour l'Argentine, l'Uruguay et le Paraguay.

2. Chaîne d'information (*n* pour *Nachricht*).

3. Les versions européennes ou asiatiques de grands quotidiens américains comme *Wall Street Journal* ou *USA Today,* les versions internationales des news magazines, etc. Dans le premier cas le contenu local est renforcé, dans le second, s'y ajoute une forte désaméricanisation.

maintien de titres relativement fédérateurs comme ceux de la presse, des programmes de télévision ou de la presse "mode et beauté", par exemple. Ainsi les médias mettent en scène et en œuvre une formidable variété de préoccupations et de classements sociaux : chaînes de télévision consacrées aux diverses musiques, au jardinage et à la décoration, au golf, aux arts martiaux, à l'environnement et aux loisirs de plein air, à la santé et à la mise en forme, au livre et au cinéma.

Ensuite, se posent les problèmes classiques de l'exploitation de la confrontation interculturelle. Internet, les bouquets satellitaires, les points de vente presse composent, marketing aidant, des offres multiculturelles importantes. Les annonceurs pour leurs campagnes publicitaires suivent et épousent ces développements, attentifs à l'affinité de leur produit avec les médias sélectionnés par les médiaplanners ; pour eux, le taux d'affinité (ou taux d'audience utile d'un média) est un gage d'impact : les médias ont alors tout intérêt à spécialiser leur lectorat pour offrir des taux d'affinité élevés, qui séduisent et attirent les annonceurs (on parle d'ailleurs d'"annonceurs captifs" : annonceurs des produits de beauté dans les médias de mode, annonceurs des matériels de sport dans les médias du sport).

Confronté à cette offre multilingue, multi-spécialisée, le téléspectateur est comme le visiteur de l'Exposition universelle de 1855 : "quelques milliers d'idées et de sensations enrichiront son dictionnaire de mortel". Les médias ne constituent-ils pas une formidable exposition universelle permanente "si déroutante pour la pédagogie" ? On pourrait reprendre mot pour mot le discours de Baudelaire sur l'Exposition comme un discours sur les médias de différentes cultures offerts à l'expérience du consommateur de médias :

> "Il est peu d'occupation aussi intéressantes, aussi attachantes, aussi pleines de surprises et de révélations pour un critique, pour un rêveur dont l'esprit est tourné à la généralisation aussi bien qu'à l'étude des détails, et, pour mieux le dire encore, à l'idée d'ordre et de hiérarchie universelle, que la comparaison des nations et de leurs produits respectifs."

Baudelaire dans sa visite de l'exposition dispense un *vade mecum* qui pourrait devenir un principe directeur de la réflexion interculturelle sur les médias. A propos d'un produit chinois, il donne un mode de lecture interculturelle : comment tirer profit du dépaysement, comment se méfier de ses propres préjugés formés par les habitudes et les expériences nationales.

> "C'est un échantillon de la beauté universelle ; mais il faut, pour qu'il soit compris, que le critique, le spectateur opère en lui-même une transformation qui tient du mystère, et que, par un phénomène de la volonté agissant sur l'imagination, il apprenne de lui-même à participer au milieu qui a donné naissance à cette floraison insolite[1]."

Cette transformation est le résultat du travail de transformation que seule peut réaliser un effort éducatif. La simple confrontation, non éduquée, peut aussi bien *a priori* encourager le racisme, l'ethnocentrisme, l'hostilité, l'incompréhension. Le tourisme, par nombre de ses aspects montre ce que peut être une confrontation interculturelle non éduquée. L'interculturalité ne se donne pas, elle se conquiert. Les médias en soit ne sont pas porteurs d'interculturel, ils ne sont qu'une occasion de voir, d'entendre d'autres cultures : seule une approche entraînée peut construire l'interculturel que recèlent les médias.

3. LES TECHNOLOGIES MÉDIATIQUES ET L'ÉMANCIPATION

"L'« animal doué de langage » d'Aristote n'a jamais été pensé, dans son ontologie, jusqu'au livre", note Lévinas[2]. Mon propos ne prétend pas relever ce défit philosophique auquel l'humanisme de Lévinas donnait un retentissement tout autre[3]. Je veux seulement l'évoquer pour inviter à penser la relation des hommes aux médias, à l'information standardisée choisie ou proposée au regard, à l'oreille. La disposition interculturelle vise à sortir les médias de leur emprisonnement local pour y percevoir leur universalité. Un seul média peut enterrer son consommateur dans le local, l'enliser

1. Cf. l'exploitation de ce texte de Baudelaire par Pierre Bourdieu, pour la revendication d'une méthode sociologique de lecture des œuvres, *Méditations pascaliennes,* Paris, Editions du Seuil, 1997, pp. 101-109.

2. *L'au-delà du verset. Lectures et discours talmudiques,* Paris, Editions de Minuit, 1982, p. 8.

3. Cette phrase, volontairement tronquée par moi, se termine ainsi : "[...] ni interrogé sur le statut de son rapport religieux au livre".

dans une culture, plusieurs médias au contraire peuvent promouvoir l'universel par l'interculturelle variété des expériences particulières, par l'émancipation de "sa différence[1]". La contribution possible des médias à la liberté interculturelle et à la raison universelle, le statut différent, parmi les choses, des livres et des médias, ne se révèlent jamais plus clairement que dans la violence des opérations menées à différentes époques contre les médias. Livres brûlés, actes de foi dans les livres. Journaux interdits, antennes démontées, radios brouillées, journalistes emprisonnés, Internet filtré, autant d'actes de foi dans les médias.

Les médias ne valent pas seulement par leurs contenus, ils valent aussi par les dispositions qu'imposent ou permettent les techniques qui les propagent ; un humanisme des médias se construit non seulement par leurs contenus mais aussi par leur forme, leur technique. Miniaturisés, délestés de leur fil d'alimentation grâce aux piles et aux antennes elles-mêmes miniaturisées, les médias évoluent vers la portabilité généralisée. Le livre d'abord au format de plus en plus maniable, le livre que l'on peut emporter partout ; le journal, le magazine, la radio, le téléphone, l'ordinateur même qui est un nouveau "manuel" avec son lecteur de CD-Rom et son modem qui donne l'accès aux sites en ligne. Toute l'évolution des médias peut être considérée comme l'évolution vers la portabilité, l'accès en tout lieu, à tout moment. Le débat sur les technologies d'accès en ligne (*on-line*) ou hors ligne (*off-line*) conduit le problème à son point ultime. L'accès en ligne à toute la mémoire du monde, amènera une portabilité accrue multi-média, avec laquelle ne pourra guère rivaliser une technologie *off-line* condamnée à inventer des mémoires de plus en plus grandes. Mais l'organisation personnalisée dans les limites d'un disque dur, d'un CD-Rom ou d'un DVD dispose d'un avantage fort : elle donne une liberté d'accès difficilement contrôlable par les Etats. D'un côté, l'accès à toutes les bibliothèques, de l'autre la bibliothèque personnelle des livres essentiels, chers : l'informatique et les télécommunications convergent pour libérer les utilisateurs.

Pour Lévinas, contre Heidegger qui n'aimait pas la technique accusée de rompre le lien sacré de l'homme avec la Nature. D'où

1. Cf. Elisabeth Badinter *et al.*, "Le droit d'être différent de sa différence", in *Profs, ne capitulons pas,* à propos du port du foulard islamique à l'école, *Le Nouvel Observateur,* 2 novembre 1989.

la célébration par le philosophe français du cosmonaute Gagarine[1] et de son satellite comme des motocylettes dans le parking de l'école. Lévinas aimait à souligner que la philosophie de Heidegger n'était "pas du tout une philosophie d'émigré[2]". La technique généralise le nomadisme, l'être-n'importe-où. de "la pensée nomade". On naît certes quelque part mais l'on est destiné à être n'importe où, à lire et à penser partout. La technique nous dételle des lieux ; amarres rompues il faut aller à la rencontre des autres vers l'universel. Les médias sont l'occasion de sortir de "chez soi", de ce chez soi qui fait les autres, ce que l'on ne voit jamais si bien que quand le chez soi est mis à mal par le monde que l'on croyait habiter en propriétaire[3]. Quand on est "entre soi", on ne voit pas les autres, protectionnisme domestique qui fonde les racismes. Les médias pénètrent le foyer, y amènent le débat et les différences. Les médias pluriel redisent la valeur formatrice des rencontres, la culture des détachements qui fonde l'universalité de la raison contre le patriotisme des lieux. On doit aux médias le "pâlissement des couleurs locales[4]".

> "L"implantation dans un paysage, l'attachement au Lieu, sans lequel l'univers deviendrait insignifiant et existerait à peine, c'est la scission même de l'humanité en autochtones et en étrangers. Et, dans cette perspective, la technique est moins dangereuse que les génies du *Lieu*[5]."

Il ne faudrait pas que les médias diminuent cette propension à aller ailleurs, qu'ils produisent cette forme de renfermement. Grâce aux médias, l'homme du "monde actuel", que saisissait le "regard" distant de Paul Valéry, n'est plus "fixé au sol, localisé". Si le monde devient un village, c'est comme le clame chaque jour *L'Yonne Républicaine,* parce que "nous sommes tous vos voisins", parce que le village est devenu grand, que tous les "terroirs" sont à portée de toutes les bourses au supermarché et les cultures et leur confrontation à portée de tous les médias. Il faut des citoyens du

1. Emmanuel Lévinas, "Heidegger, Gagarine et nous", 1961, repris dans *Difficile Liberté,* O.C., pp. 323-327.
2. *Entre nous. Essais sur le penser-à-l'autre,* Editions Grasset, Paris, 1991, p. 136.
3. "Und ihr Zu Hause ist da draussen vor der Tür. Ihr Deutschland ist draussen, nachts im Regen, auf der Strasse", Wolfgang Borchert, *Draussen vor der Tür,* 1947.
4. Emmanuel Lévinas, *Id.,* p. 324.
5. *Id.,* p. 325.

monde pour construire un monde de citoyens. Le dernier privilège de la naissance est celui du lieu : "Les gens d'ici ne sont pas plus grands pas plus fiers ou plus beaux, seulement ils sont d'ici les gens d'ici" chante Julien Clerc (*Miss Melody*). Dernier privilège parce qu'il est la dernière illusion qui sépare les pauvres "nationaux" de la situation de l'émigré.

Que deviennent la distance dans un monde de télécommunication généralisée, la culture nationale ? Que devient la patrie ? Grignotées, laminées, désactivées par les technologies des médias, ces notions perdent de leur substance pour faire place à l'universelle appartenance au monde ; la distance qui éloigne des autres fait place à la distance de soi qui en rapproche. Pour cela, il faut que les médias et leurs technologies aient partie liée avec l'éducation :

> "En effet, lire, c'est se tenir au-dessus du réalisme [...], de notre souci de nous même[1]."

Et si la technologie des médias pouvait donner à chacun la philosophie de l'immigré, en déracinant ses pensées et ses modes de penser, car "celui qui émigre est intégralement homme[2]".

1. Emmanuel Lévinas, *Ethique et infini,* France Culture, Paris, Editions Fayard, 1982, p. 12.

2. *Entre nous. Essais sur le penser-à-l'autre.* O.C., p. 136. Rappelons que Emmanuel Lévinas met cette pensée de Pascal (§ 295) en exergue à *Autrement qu'être* : "C'est là ma place au soleil. Voilà le commencement et l'image de l'usurpation de toute la terre."

Chapitre II

MÉDIAS MÉDIATEURS, MÉDIAS INTERMÉDIAIRES

Louis Porcher

Professeur, Paris III

L'INTERCULTUREL, si longtemps négligé, voire critiqué avec arrogance par les tenants auto-proclamés de l'orthodoxie, s'est aujourd'hui imposé, et les mêmes qui le plaçaient au rang des divagations, le brandissent désormais comme un enjeu-phare dont, bien entendu, ils seraient les inventeurs et les desservants. Il y aurait lieu, certes, de ne pas confondre les discours et les pratiques, mais nous ne nous y astreindrons pas ici parce que ce n'est pas le sujet.

Parallèlement les médias ont suivi une évolution semblable, elle aussi déclenchée de manière externe, c'est-à-dire par la modification extrêmement rapide (plus que ne l'avaient prévu tous les experts) des technologies elles-mêmes, qui a entraîné de profonds changements dans les pratiques télévisuelles des usagers. Le monde médiatique n'est plus dorénavant seulement un miroir de la réalité, il est aussi, par surcroît, une réalité en soi, "un monde".

Dans les deux cas, donc, comme d'habitude, la force des choses a été plus puissante que la volonté des hommes. Du coup, les analyses provisoirement dominantes s'en trouvent radicalement affectées. Il faut bien reconnaître que, à cet égard, pour l'instant, les ignorances restent très largement supérieures aux certitudes démonstratives. Même si d'aucuns s'en prévalent, il n'existe pas de théorie "englobante" (au sens de Bachelard) susceptible de rendre compte du rôle et de la place que tiennent les médias dans la vie quotidienne de quiconque.

Télescoper les médias et l'interculturel relève par conséquent d'une certaine urgence, quitte à soulever plus d'interrogations qu'à élaborer des réponses. Il importe aux éducateurs, partout, de s'y essayer eux aussi parce qu'ils sont situés, par position, au cœur même du débat, dans l'œil du cyclone.

1. DE QUELQUES EFFETS DES TRANSFORMATIONS TECHNOLOGIQUES

Celles-ci ne présentent, en soi, qu'un intérêt limité dans leur pertinence proprement technologique. En revanche, leur poids devient décisif en ce qu'elles influencent profondément "le nouvel esprit télévisuel" dont parle Mariet (en référence explicite, une fois encore, à Bachelard), c'est-à-dire, concrètement, les manières dont les usagers fréquentent les médias.

a) Les transformations de la télévision

Nous ne retiendrons ici que les points qui entraînent ou encouragent des pratiques inédites chez les consommateurs. Nous passerons donc sous silence les effets, pourtant considérables, de la télécommande, parce que ceux-ci sont désormais entrés dans les mœurs et que les plus jeunes générations, notamment ne savent même plus qu'il y a eu un temps, pas si lointain, où cette possibilité n'existait pas.

1) *Le numérique*

Le passage de la transmission analogique à la transmission numérique des images et des sons, a, pour première conséquence apparemment rudimentaire (mais exactement décisive) qu'une quantité beaucoup plus grande d'images peut passer dans les canaux disponibles. Dans le même "tuyau", il est maintenant possible de transporter (en large approximation) dix fois plus d'images qu'auparavant.

Ce phénomène entraîne plusieurs effets majeurs. D'abord, à l'évidence, une baisse de coûts, c'est-à-dire une accessibilité plus large. Ensuite une augmentation de l'offre de programmes, et, dès lors, de manière quasi-mécanique, des choix beaucoup plus nombreux pour les usagers. Dans ces conditions s'opère, chaque jour davantage, un éclatement des publics, chacun élisant librement le programme qui convient le mieux à ses préférences. On assiste ainsi à un double mouvement, dont il est indispensable de percevoir clairement la complémentarité. Une foule considérable de téléspectateurs continue de fréquenter massivement les télévisions dites "de flots" (les grandes chaînes, les grandes émissions des grandes chaînes, etc.). Mais cette foule s'érode quelque peu (de 2 points en moyenne en France en 1997, c'est-à-dire, tout de même, d'environ un million de fidèles), précisément parce que de plus en plus de gens choisissent d'autres possibilités parmi les très nombreuses chaînes spécialisées ("thématiques") que permettent les technologies numériques. La consommation télévisuelle ne relève plus seulement d'une analyse quantitative, elle inclut une dimension qualitative.

2) *La télévision satellitaire*

Le développement des satellites favorise, de manière potentiellement exponentielle, l'accessibilité de toutes sortes de "bouquets" télévisuels. La simplification et la spectaculaire diminution du coût des paraboles, autorise presque tout le monde à s'équiper de cet objet technique et augmente le désir de recevoir les chaînes que l'on veut (et notamment des chaînes étrangères, qui, nous y reviendrons, contribuent fortement à une sensibilisation à l'interculturel et à sa diversité). On le voit particulièrement bien en France à propos de chaînes arabophones (et aussi, bien sûr, anglophones).

3) *L'achat à la séance*

Conséquences du double mouvement vers le numérique et le satellitaire, le désormais célèbre "pay-per-view", depuis longtemps présent aux Etats-Unis, est en train de s'imposer irrésistiblement. Vous pouvez "acheter" une seule séance, c'est-à-dire une émission toute seule, celle que vous tenez absolument à voir en négligeant tout le reste. Il s'agit là, soulignons-le, d'un accroissement radical de la liberté de consommation télévisuelle. C'est vous, désormais, dans le principe, qui maîtrisez l'instrument, et donc ce que vous souhaitez en faire dans votre for intérieur.

4) *Payer pour ce que l'on veut voir*

C'est probablement la transformation la plus lourde, celle qui marque un tournant (pour ne pas dire une révolution). Les nouvelles modalités technologiques de la télévision, prises toutes ensemble, ont désormais modifié les comportements et, plus largement, les mentalités. Elles fonctionnent toutes, en effet, sur le même mode : le consommateur doit payer ce qu'il désire consommer. Or, c'est justement là qu'est le bouleversement : l'attitude à l'égard de la télévision, comme objet de consommation, inclut désormais, chez les usagers, le savoir que l'on peut payer pour voir ce que l'on veut, et, par conséquent, a fait émerger, comme une évidence, qu'on trouve cela normal et que beaucoup sont bien décidés à le faire.

Ce phénomène, dont on mesure encore mal l'ampleur, a commencé en France, sans que personne, à l'époque, n'y réfléchisse vraiment, avec l'introduction de Canal +, en 1984, en tant que chaîne cryptée et payante (les deux allant nécessairement de pair). Il est clair que le mouvement ne reviendra pas en arrière, mais va, au contraire, s'accentuer jusqu'à devenir, à échéance relativement brève, le comportement ordinaire, celui auquel on ne réfléchira plus. Un nouveau poste budgétaire est apparu dans les ménages, et on le classe parmi les autres.

La télévision, dans ces conditions, reste une consommation de masse tout en devenant, en même temps, une consommation individualisée, à publics éclatés et multiples. L'articulation des deux pose de redoutables problèmes d'analyse, en particulier sur la question de savoir de ce que les gens font de la télévision (Sartre), ce que la télévision fait aux et des gens (Foucault), enfin ce que les gens font de ce que la télévision leur fait (Sartre encore). Une bonne interrogation, profondément opératoire, et qui n'est pourtant presque jamais posée aujourd'hui, se libellerait aisément ainsi : Qu'est-ce qu'un téléspectateur, ici et maintenant et à partir de quoi se décide-t-il ?

b) L'ordinateur et le téléphone

1) *Le téléphone*

Mc Luhan, on le sait, classait le téléphone parmi les médias les plus puissants et les plus lourds de conséquences culturelles, d'abord parce qu'il est doté d'ubiquité (on peut téléphoner partout de partout) et d'immédiateté, ensuite parce qu'il instaure exemplairement une interactivité constitutive. Il est, à cet égard, l'instrument le plus emblématique (parce que le plus précoce) d'une société de communication, d'une planète (et même peut-être au-delà) de la communication.

Il est patent aujourd'hui que Mc Luhan, aussi extraordinairement anticipateur qu'il ait été, avait sous-estimé la vitesse et la profondeur des transformations du téléphone lui-même, d'une part, et induites par lui d'autre part. Il ne serait pas exagéré de dire que surgit désormais un nouveau téléphone par jour, et un usage inédit de celui-ci. La miniaturisation et la mobilité de l'instrument sont les deux caractéristiques dominantes de cette évolution. La baisse des prix, qui va toujours de pair avec la disponibilité sociale d'une technologie (à ne pas confondre, comme trop souvent, avec la simple disponibilité technologique d'une technologie) a évidemment accéléré le mouvement.

Il est de bon ton d'ironiser sur "le syndrome du téléphone mobile", qui serait une marque de snobisme, une volonté de modernité ostentatoire, bref un simple signe de distinction pour individus en mal de visibilité. Il y a un peu de cela, en effet, nul ne saurait le nier sérieusement. Mais ce n'est que la partie émergée de l'iceberg, s'en tenir là serait faire preuve d'un aveuglement gravissime (peut-être de "l'aveuglement spécifique des professionnels de la lucidité" sur lequel ironise justement Bourdieu[1]).

La partie est d'une autre ampleur, en effet. Le téléphone mobile est un formidable outil de communication immédiate, qui rend joignable à chaque instant n'importe qui par n'importe qui, où qu'il soit. Dans un nombre important de professions déjà, dans un nombre beaucoup plus considérable encore à moyen terme, l'objet est devenu un instrument de travail indispensable, qui raccourcit

1. P. Bourdieu, *L'ontologie politique de Martin Heidegger*, Paris, Ed. de Minuit, 1988.

les délais, permet informations et concertations, accroît puissamment la productivité.

De même que diverses technologies sociales ont été progressivement imposées à tout un chacun (que l'on pense aux cartes de crédit, par exemple, ou, plus radicalement, aux cartes à puces) de même le téléphone portable est en train, inéluctablement, de conquérir sa nécessité dans notre vie quotidienne. Il engendrera, mécaniquement, des formes neuves de communication (au moins interpersonnelles) dont personne pour l'instant, n'est en mesure d'apprécier les conséquences, sauf à se contenter de dire (mais il faut impérativement le faire) qu'elles seront à coup sûr immenses.

Je ne rappellerai ici que pour mémoire l'un des effets indirects du téléphone, qui est pourtant très récent mais dont tout le monde fait, spontanément, comme s'il existait depuis toujours : le fax. Complètement banalisé en quelques mois, il rejette impitoyablement parmi les archaïques, ceux qui n'en disposent pas et entravent ainsi, même sans le savoir, le rythme devenu normal d'une communication écrite. Ces rythmes-là, réglés exactement par l'instantanéité, s'imposent aujourd'hui irrésistiblement, et nul n'a aucune chance de leur échapper (d'ailleurs il n'y en a nul désir).

2) *L'ordinateur*

Il n'est pas nécessaire, à cet égard, de mener de longues analyses, tellement l'informatique a profondément et définitivement innervé toutes les sociétés (de manière inégalitaire, certes, comme toujours, mais potentiellement planétaire à coup sûr). Ce sur quoi il importe seulement d'insister, pour notre propos, c'est sur le développement ultra-rapide des nouvelles configurations technologiques qui allient le téléphone, l'informatique, et la télévision. Le terme obscur de multi-média est aujourd'hui communément employé et, dans son opacité même, il marque bien le caractère décisif de l'enjeu

Le multi-media c'est la technologie contemporaine, celle qu'il faut maîtriser (au moins en termes d'usage) si l'on ne veut pas être abandonné sur le bord du chemin. Elle cumule par définition, l'ensemble des traits que nous avons mis en évidence précédemment, technologie par technologie. Mais elle en multiplie les effets parce qu'un objet technologique, quel qu'il soit, est toujours plus que ses composantes. Elle représente, en tout cas, le monde contemporain qu'il ne servirait à rien de vouloir récuser : ce qui importe en vérité, et c'est un enjeu essentiel de l'interculturel, c'est de construire l'articulation entre ces technologies de la modernité et le patrimoine dont on est l'héritier.

3) *Internet*

Telle est la grande passion naissante, pleine de fantasmes et d'illusions, certes mais aussi bien réelle et radicalement neuve dans ce qu'elle permet d'espérer comme dans ce qu'elle autorise déjà à faire. Qui ne rêve de l'inépuisable réservoir de l'institution, qui ne cherche à s'inscrire dans les formes inédites d'interactivité qu'elle offre à tous ? On pourrait broder là-dessus à l'infini. Reste un point cependant qui, lui, ne relève pas de la fantasmagorie : Internet est une révolution, et sur le plan technologique, et, potentiellement, en termes sociaux et culturels. C'est l'incarnation d'une communication ouverte à tous, c'est-à-dire à laquelle tous sont en mesure de participer, c'est-à-dire encore au sein de laquelle chacun peut s'insérer, s'exprimer, dire son mot, exister en tant qu'individu particulier qui a sa propre voix (voie ?) et ses singularités incomparables. Internet est le personnel dans le collectif, et, surtout peut-être, réciproquement.

c) L'interculturel investi par les technologies ?

La technocratie, qui a eu beaucoup de définitions fallacieuses (un technocrate c'est un technicien pour celui qui ne l'est pas, et il n'est pas faux de dire qu'une partie de l'arrogance associée au terme tient à ce qu'en effet le technocrate a tendance à regarder avec condescendance un autre technicien que lui), a toujours prétendu, parce que tel est son magasin propre que les technologies sont plus fortes que les hommes et finissent toujours par l'emporter et imposer leur dynamisme spécifique.

Rien de vrai, là-dedans, bien entendu. L'histoire montre au contraire que les hommes ont toujours maîtrisé les technologies, les ont pliées à leurs souhaits, les ont "digérées[1]". Il n'y a aucune raison qu'il en aille autrement aujourd'hui. Les technologies ne dictent rien parce qu'elles ne sont que des produits, il faut simplement les assimiler et cette transformation s'opère de manière "naturelle" à travers les cultures générationnelles. Il n'y a donc aucun risque que le développement technologique étouffe l'interculturel qui doit intégrer le défi des technologies, c'est à lui de n'être ni passéiste ni abdiquant, c'est à lui d'inventer sans cesse sa propre définition (irrémédiablement changeante à chaque instant, comme les cultures elles-mêmes).

2. DIVERSITÉS ET RESSEMBLANCES, ENJEU D'AUJOURD'HUI

Les technologies, pour les esprits pressés, épuiseraient le sens du monde en se suppléant à lui. Telle est la thèse des fabricants et des commerçants technologiques ainsi que de tous ceux qui ont intérêt à faire monter cette fumée-là, à travers laquelle ils croient être les seuls à voir clair et surtout à détenir le pouvoir. L'information est dès aujourd'hui, à coup sûr, et plus fortement encore dans l'avenir, l'ingrédient décisif des sociétés modernes, celui qui clivera les nouvelles strates sociales, c'est-à-dire la distribution entre les dominants et les dominés, les classiques et les modernes en somme.

Cette belle analyse, colportée presque partout dorénavant, possède une seule faiblesse, mais de taille, c'est d'être fausse. La très fameuse mondialisation, pour incontestable qu'elle soit, n'est nullement en train d'éradiquer les cultures particulières, qui ont l'immense avantage de disposer de l'atout fondamental : l'épaisseur ou la profondeur historique, l'héritage, bref la longue durée. Le combat, en vérité, est inégal : les cultures dévoreront à coup sûr les technologies, elles les accommoderont à leur propre sauce et leur imposeront leur échelle de valeurs.

Le mouvement est en effet irrésistible vers une banalisation technologique, à des vitesses différentes selon les lieux, certes, mais inéluctablement. Les compétences réservées le seront de

1. R. Hoggart, *La culture du pauvre,* Paris, trad. française, Ed. de Minuit, 1966.

moins en moins, et les changements incessants conduiront chacun à s'adapter, à préserver ses chances, et celles-ci n'existent déjà, que par les solidarités. L'individualisme qui envahit les sociétés touche déjà ses propres limites : les solidarités resurgissent, sous des habits neufs sans doute, mais de manière par ailleurs inchangée. Solidarités générationnelles, professionnelles, culturelles ou simplement interindividuelles.

Des interrogations naissent de la mondialisation elle-même. Comment maintenir les identités multiples, celles pour lesquelles on est prêt à vivre ou mourir ? Comment inventer des citoyennetés adaptées au temps mais qui gardent leurs anciennes caractéristiques d'appartenances communes ? La question des droits de l'homme, du partage, de l'échange, c'est-à-dire de la vie ensemble, se pose chaque jour avec une acuité plus grande. L'interdépendance est là mais elle ne peut exister qu'entre des sujets, chacun se trouvant à la fois, comme toujours, responsable simultanément de lui-même et des autres.

Qui ne perçoit la force littéralement insurrectionnelle des revendications identitaires, du non-abandon des cultures propres, en même temps que l'émergence du désir de les mélanger, de s'enrichir des différences à condition de ne pas perdre de vue les similitudes, c'est-à-dire que partout un être humain est un être humain, "et qui vaut tous les autres et que vaut n'importe qui" (Sartre). La remontée des débats sur les valeurs, sur le sens de ce que l'on vit, sur les fonctions neuves de la citoyenneté, elle aussi marque que les technologies ne gagneront pas la partie.

Il n'est évidemment pas question de plaider, pour un quelconque retour en arrière. C'est même l'inverse. L'invention de la modernité ne réside pas dans le développement technologique et ses conséquences : elle se construira en intégrant celui-ci, en le nourrissant de ce qui fait l'humanité de l'homme. Un nouvel humanisme, donc ? Oui, exactement. C'est lui qu'il s'agit d'imaginer et de bâtir et c'est ce à quoi s'emploient les habitants de la planète, en commençant par protéger celle-ci, l'écologie se situant au cœur même des perspectives interculturelles. Pour la première fois peut-être dans l'Histoire, les hommes commencent à comprendre qu'ils ne possèdent qu'une seule terre.

a) Diversité des cultures, diversité des personnes

L'hétérogénéité est aujourd'hui la caractéristique la plus lourde des systèmes éducatifs. Elle constitue probablement la rupture la plus violente avec les situations antérieures, en tout cas en France. Les données de l'éducation comparée confirment que le phénomène est d'ampleur beaucoup plus générale et qu'il est présent dans de multiples régions du monde. A l'évidence aussi, nous ne sommes, à cet égard, qu'au début d'une ère nouvelle dont les traits iront en s'accentuant.

En effet, les paramètres de la diversification se diversifient eux-mêmes et mêlent leurs interventions. Il ne va pas de soit de désembrouiller l'écheveau parce que les variables constitutives ne sont pas indépendantes les unes des autres.

a) *L'éducation comparée*

Compte tenu précisément des appartenances culturelles plurielles, le problème se pose de savoir comment situer la diversité des systèmes d'enseignement eux-mêmes. Force est de reconnaître que, le plus souvent, dans notre enseignement, ce travail de décentration n'est pas accompli, et que, plus gravement, il reste ignoré. On fait comme si tous les systèmes éducatifs de la planète fonctionnaient de manière identique au nôtre. Or, chaque système est inscrit dans une tradition historique, qui lui confère des spécificités.

Savoir "comment cela se passe" ailleurs, quels sont "les styles d'enseignement et les styles d'apprentissage" devient désormais une nécessité méthodologique impérative dans la mesure même où l'internationalisation se développe. Unifier l'ensemble de la planète, pédagogiquement, ne relève que du songe bureaucratique. Inversement, ne pas créer les conditions d'une harmonisation (c'est-à-dire s'enfermer dans sa propre logique uniquement) serait suicidaire. Tel est l'enjeu urgent.

L'éducation comparée, qui envisage les relations (similitudes et différences) entre des univers éducatifs différents, constitue probablement la meilleure voie pour voir clair, situer ses propres actions dans leur singularité, comprendre celles des autres. Il apparaît qu'elle est devenue un besoin indispensable de la formation initiale des enseignants parce qu'elle incarne concrètement l'une des dimensions de la diversité. Elle marque "l'étrangeté de l'étranger" et que nous sommes tous des étrangers les uns pour les autres. Par là-même elle contribue à construire la conscience de notre identité.

2) *Les médias et l'identité culturelle*

Une rengaine apparemment inusable affirme que les médias sont un facteur d'homogénéisation du monde et des esprits. Il n'est certes pas faux de noter la forte emprise, hors de leurs frontières, de productions médiatiques américaines (ou même japonaises). Mais, il s'agit, pour l'instant, seulement d'une relative uniformisation de l'offre télévisuelle ou informatique : reste à prouver, et personne n'ose s'y lancer, que les destinataires d'une même émission y puisent les mêmes significations que leurs voisins. Or, rien n'est moins sûr, et l'hypothèse contraire a été développée depuis longtemps[1].

Les médias, dans leur usage actuel, obéissent très fortement aux goûts très anciennement incorporés par les consommateurs. Les productions nationales demeurent, de loin, celles qui sont le plus massivement fréquentées, donc préférées. Il y aurait lieu, dans ces conditions, de s'interroger rigoureusement sur les relations qu'entretiennent les capitaux culturels "traditionnels" et les capitaux médiatiques, et même sur la manière dont ceux-là commandent ceux-ci. Les frontières qu'aujourd'hui on a tendance à élever entre les deux sont très probablement brouillées et floues.

b) Les obscurités des appartenances culturelles

La puissance, exactement incommensurable, de l'Histoire, établit la multiplicité et la diversité des cultures à travers le monde. Les médias ont surgi dans l'épaisseur des siècles, avec leurs caractéristiques révolutionnaires, certes, mais aussi dans l'impossibilité de nier en peu de temps ces dimensions historiques séculaires. Ils sont la modernité mais ils doivent compter avec le passé parce que

1. *Idem.*

celui-ci a façonné les manières inconscientes (sociologiquement) dont les gens "digèrent" cette modernité.

La très fameuse "mondialisation", presque jamais définie opératoirement, n'est pas de l'ordre du lisse et de l'uniforme (à tous les sens de ce mot). Elle est, au contraire, facteur de bigarrures, de bariolages, c'est-à-dire de mélanges. Les cultures ont été, toujours, le résultat de métissages, comme Michel Serres l'a établi[1] et comme l'Histoire, au moins depuis l'Egypte ancienne, la Grèce, et Rome, en fournit de multiples exemples que personne ne devrait oublier.

Or, qu'apportent les médias dans ce paysage déjà, consubstantiellement, multiple ? Une circulation plus facile, plus accessible, des pratiques culturelles venues de partout, de n'importe où. Rien de moins, certes, mais rien de plus non plus. De nouvelles sources de mélanges sont proposées aux usagers, les échanges s'opèrent plus rapidement, la planétarisation s'effectue quasiment en temps réel. Mais, structurellement, les processus sont les mêmes que jadis et naguère.

Les jeunes français, en cette fin du vingtième siècle, consomment massivement la musique anglo-saxonne (pratiquement les deux tiers de leurs fréquentations), et une proportion comparable de films américains. Il y a désormais près de quarante ans que l'on chemine sur cette voie et le phénomène s'amplifie constamment. Qu'en résulte-t-il, exactement, sur le plan pédagogique strict, c'est-à-dire pour ce qui touche aux devoirs et à l'influence du système éducatif français ?

Quelques questions centrales ont aujourd'hui surgi et l'on a grandement tort de faire comme si les réponses allaient de soi : par exemple, si j'enseigne la culture française, c'est-à-dire les pratiques culturelles des Français contemporains, je suis bien contraint de mentionner les comportements consuméristes décrits ci-dessus. Qu'y a-t-il de français là-dedans ? Et, surtout, comment s'approprie-t-on un objet culturel venu d'ailleurs et le transforme-t-on en un objet d'appartenance ?

Les enfants naturels et les enfants d'adoption, culturellement, se différencient de moins en moins. Les capitaux culturels des enfants français, qui les caractérisent et les distinguent de tous leurs congénères ailleurs dans le monde, sont eux-mêmes d'origine

---

1. M. Serres, *Le tiers-Instruit,* Paris, Ed. François Bourin, 1991.

mixte et relèguent la notion de culture pure, monosémique, au rang de rêves, c'est-à-dire, redoutablement, des fantasmes sociaux. Les Beattles et les Rolling Stones, pour travailler sur une période déjà relativement ancienne, font partie (radicalement incorporée) de la culture des Français quinquagénaires d'aujourd'hui.

Les appartenances primes, longues, demeurent cependant, qui distinguent un Français d'un Allemand ou d'un Canadien. La question essentielle, éducativement, serait de savoir comment elles s'articulent avec les sources récentes : c'est en ce lieu, très précisément, que se joue le rôle de l'interculturel, aux confluents multiples de la contemporanéité et de "l'antiquité". On reste d'ici, mais, en même temps, on est un peu d'ailleurs aussi, et, même si on ne le sait pas, notre culture identitaire est elle-même "tatouée" et "tigrée" (Michel Serres).

3. UN "HOMO TECHNOLOGICUS" ?

a) Une double évolution

Un phénomène sociologique, à ce jour inexpliqué, mais toujours à l'œuvre, et mis en évidence pour la première fois par Lazarsfeld, peut se libeller ainsi : les évolutions culturelles déterminantes s'opèrent régulièrement par couples antagonistes qui travaillent simultanément (et c'est, bien entendu, dans cet adverbe que se loge l'énigme, et, par conséquent la "chose" à comprendre).

Une pratique culturelle évolue toujours, en même temps, par le développement des structures déjà puissantes et qui se renforcent continûment, et par la prolifération de toutes petites structures. Dans le premier cas, on tend vers l'uniformisation, dans le deuxième vers la diversification, la différenciation. Toutes les technologies produisent ce développement mixte et apparemment contradictoire.

La puissance sans cesse croissante des grands éditeurs "va avec" la multiplication des petits. Le renforcement des grandes radios s'effectue simultanément à la prolifération des petites (pensons seulement qu'en 1981 la France était dotée d'une dizaine de radios et que maintenant elle en compte près de 2 000). Il en va de même pour la télévision et, manifestement aussi, pour l'informatique. La régularité sociologique se manifeste avec éclat, et nous interroge donc.

C'est bien de l'articulation de la vie sociale et de l'existence individuelle qu'il est question ici, et l'on peut légitimement se demander, même de manière non offensive, comment il se fait que les spécialistes de la culture (et en particulier de la culture médiatique) ne s'interrogent pas radicalement sur la constance du phénomène, et par conséquent, sur ses significations. Tout laisse penser en effet que, dans cette affaire, les médias ne sont qu'un vecteur culturel comme un autre.

Ils n'auraient, dans ces conditions, aucune spécificité et s'inscriraient dans des mouvements historiques beaucoup plus amples, qu'ils ne feraient que traduire, exprimer, dire. Ils seraient à la fois patrimoniaux et planétaires, locaux et internationaux, et, du coup, constitueraient un atout considérable pour la diffusion de "mentalités interculturelles", celles du partage entre moi-même qui me revendique et me connaît comme sujet incomparable, et l'autre qui se vit et se comporte de la même manière, c'est-à-dire en affirmant sa singularité dans l'ouverture à l'autre.

Il y a déjà des traces puissantes de cette double articulation, mais leur importance demeure curieusement invisible : le développement et la multiplication des caméscopes en fournissent un bon exemple : c'est un instrument à la fois personnel, familial, et social. Chacun l'utilise à sa façon, mais, en fin de compte, de manière très proche de celle de son voisin. A la fois vie privée, donc, et "rite de solennité[1]".

Il paraît hautement probable que, sous peu, on pourra mener la même esquisse d'analyse à propos du fax. La banalisation d'une partie technologique permet une communication plus large dans la mesure exacte où elle permet à chacun de rester lui-même, dans son for intérieur, et d'échanger avec d'autres qui, tout en étant différents, lui ressemblent. Vivre ensemble, cela ne signifie ni fusionner ni se séparer, mais, au contraire mettre en communication des personnes (ou des communautés) qui ont de quoi échanger (un sol partagé en somme, sur lequel se greffent des singularités). L'interculturel, dans ces conditions est bien à la fois "inter" (entre) et identité propre, possession. On échange ce que l'on est et l'on

1. P. Bourdieu, *Un art moyen*, Paris, Minuit, 1965.

est ce que l'on échange : c'est, exactement, le "don/contre-don" de Mauss, le potlatch.

b) Les médias ne sont que des moyens

La multiplication très rapide du nombre des chaînes télévisées amène, de manière quasi-mécanique, une double conséquence. D'abord un éclatement du public, qui se transforme en des publics, chacun fréquentant la chaîne qui, thématiquement, traite le domaine qui l'intéresse. Bien entendu, il ne s'agit nullement de défendre l'absurdité selon laquelle les usagers se caleraient sur une seule chaîne en cessant de regarder les autres. Le zapping, au contraire, va en se développant au fur et à mesure qu'augmente la quantité de chaînes thématiques.

Simplement, l'individualisation des choix est désormais plus facile, donc plus tentante, et par conséquent elle bouleverse les catégorisations de spectateurs. On dispose d'une ou plusieurs chaînes qu'on pourrait dire "électives", c'est-à-dire qui correspondent à vos goûts, à vos préférences, bref à vos habitus. Or, beaucoup d'entre elles se caractérisent par un fort coefficient d'internationalisation (le sport, la santé, les documentaires, etc.).

Elles engendrent donc une possibilité interculturelle, un mélange des sources culturelles, une habituation à d'autres manières de penser et de pratiquer à l'égard d'un sujet identique. Il n'y a évidemment pas lieu de surestimer la puissance du processus : l'interculturalisme est toujours un long chemin, le long duquel les apports externes et les contributions se mêlent de façon extrêmement complexe. Pour le dire un peu brutalement, mais conformément aux connaissances du moment, personne, pour l'instant n'est en mesure de savoir démonstrativement ce que les gens font de leur capital télévisuel. Dominique Wolton l'a remarquablement bien montré sur l'exemple des comportements électoraux : les situations récentes, en France, ont confirmé que l'homme politique fortement soutenu par plusieurs chaînes pouvait se retrouver battu à l'arrivée, établissant ainsi que chaque spectateur, en définitive, pense ce qu'il veut à partir de ce que lui proposent les médias.

C'est probablement ce phénomène qui explique que, malgré la diversification télévisuelle croissante, le racisme et la xénophobie n'ont nullement reculé. Croire en des vertus immédiatement interculturalisantes d'une télévision devenue objectivement multiculturelle reste, pour le moment, une vue de l'esprit, et, en tout cas, une simple espérance.

L'important est cependant ceci : la télévision ouvre désormais de multiples voies, elle réalise enfin ce que Mc Luhan avait anticipé, c'est-à-dire l'ubiquité et l'immédiateté, un contact semi-direct donc entre plusieurs cultures (notamment celle du téléspectateur-destinataire et celle(s) que pose l'émetteur). Le texte a des droits, dit Umberto Eco, le lecteur ne peut pas en faire totalement ce qu'il veut quoiqu'il dispose d'une immense marge de manœuvre ; c'est le destinataire qui crée toujours le sens du message dit Jakobson, les intentions énonciatives d'un locuteur ne sont pas nécessairement décodées par le récepteur comme le premier l'aurait souhaité. La télévision d'aujourd'hui nous place exactement au cœur de cet antagonisme qui constitue probablement lui-même l'énigme (et pourtant la vérité) de toute communication, médiatique ou non.

La télévision d'aujourd'hui (et beaucoup plus encore celle de demain) offre donc exactement des potentialités culturelles, mais celles-ci pour devenir efficientes, demandent à être exploitées, cultivées, travaillées. C'est une sorte de mine dont chacun extraira ce qu'il pourra, notamment en fonction de l'aide que lui apporteront les trois institutions-mères à cet égard la famille, les pairs, et l'école

INTERROGATIONS CONCLUSIVES

Une question aujourd'hui ouverte (et qui ne l'était pas autrefois, et même dont personne ne pouvait imaginer qu'elle allait un jour se poser à partir de la télévision) est celle-ci, absolument décisive : qu'est-ce, exactement, qu'une Culture télévisuelle, quelles en sont les caractéristiques et, surtout, les modalités de stockage et d'organisation ? Quels sont les traits d'une mémoire télévisuelle, qu'oublie-t-on et que retient-on ? On sait depuis longtemps, et Bergson a dit là-dessus l'essentiel, que l'oubli est une condition indispensable du souvenir (personnel et collectif).

La télévision, pour l'instant, fonctionne un peu comme le rêve freudien, par bribes et juxtapositions, par alliages dont le sujet lui-même n'a sans doute pas la pleine maîtrise. Par quels processus méthodologiques serait-il possible de voir clair en cette affaire ? Comment évaluer les traces qui laissent, à coup sûr, les fréquentations télévisuelles ? Ce n'est sertes pas l'équivalent de l'inconscient psychanalytique, mais y règne un type voisin d'opacité, d'obscurité, d'incertitude, de pari.

S'agissant de l'interculturel, l'enjeu est de taille, dans la mesure où se mêlent probablement, du moins chez les jeunes générations (et sans doute chez les autres aussi) les héritages que l'on devrait appeler "naturels" (ou traditionnels) et les héritages télévisuels. La part de l'imaginaire est grande dans les deux cas, et les configurations qui en découlent varient simultanément avec les individus et les cultures. L'imbrication y est forte, comme dans toute construction d'une identité

Le scepticisme et le dogmatisme sont ici les deux ennemis opposés. Il est vain de croire que la télévision ne change rien, et tout aussi vain de penser qu'elle remplace tout. Le mélange est aujourd'hui la règle, et personne ne connaît celle-ci. Fermeture (enfermement) et ouverture travaillent comme d'habitude ensemble, et bien malin qui prétendrait parvenir à les repérer chacune dans sa pureté. Le monde, par là aussi, Edgar Morin l'a amplement montré, est devenu désormais complexe et il faut apprendre à y circuler.

La deuxième conséquence de la prolifération des chaînes (numériques et satellitaires), c'est la transformation des modalités du choix par le téléspectateur. Celui-ci, désormais, et il s'agit d'une révolution radicale, est tellement habitué à la télévision qu'il est disposé à payer pour regarder ce qu'il veut : la télévision est devenue, tendanciellement, un bien de consommation, à propos duquel on se comporte comme vis-à-vis de n'importe quel autre.

Il y a là une double ouverture. D'une part certains usagers décident volontairement, par goût en somme, de fréquenter une chaîne venue, par satellite, d'une autre culture et destinée à des spectateurs dont les capitaux sont différents. Un fort degré d'interculturalité est ici en jeu, parce qu'il s'appuie le plus souvent sur un capital préexistant en ce domaine (le goût de l'étranger constitue en lui-même une potentialité interculturelle). Le capital considéré s'accroît donc fortement (volume du capital) et se réorganise constamment (structure).

D'autre part, des usagers, circulant parmi les chaînes offertes, peuvent être attirés, de manière aléatoire, par des thèmes interculturels, par la séduction de la diversité, par le plaisir de rencontrer une expérience autre. Pour ceux-là, l'enrichissement du capital interculturel n'est pas du même ordre que pour les précédents : il se caractérise davantage par son côté mosaïque, juxtaposé, en morceaux, et, dans ces conditions, il est beaucoup plus difficile à gérer (au sens strict).

Dans les deux cas, cependant, on se trouve conduit à une situation finale semblable : c'est le sujet vivant, plus que la télévision elle-même, qui élabore ce que l'on pourrait appeler justement sa "conscience interculturelle", c'est-à-dire le degré et les modalités de son ouverture à la diversité, à l'altérité, sans abandonner sa propre subjectivité et son identité propre. On ne reçoit pas l'interculturel tout fait, on le fabrique, et, donc, on en est en définitive responsable.

TABLE DES MATIÈRES

Deuxième Partie :
À TRAVERS LA LITTÉRATURE

Troisième Partie :
À TRAVERS LES MÉDIAS

EXPLORATION INTERCULTURELLE ET SCIENCE SOCIALE

Collection dirigée par Lucette COLIN et Remi HESS

Les sociétés d'aujourd'hui sont devenues multiculturelles. L'appartenance ethnique ou nationale, l'âge et le genre, l'éducation, les inscriptions groupales, associatives, institutionnelles, les compétences humaines et professionnelles font de chacun d'entre nous un être inscrit dans une culture spécifique. Comment rencontrer l'autre ? Comment explorer la différence interculturelle, qu'elle se manifeste dans le rapport homme-femme, le rapport catégoriel sur le terrain du travail, le rapport interethnique, le rapport international, etc. ? Cette collection, inscrite dans la science sociale, publiera des ouvrages qui aident à penser le monde moderne dans ses différentes facettes interculturelles.

ABDALLAH-PRETCEILLE Martine, *Vers une pédagogie interculturelle.*

ABDALLAH-PRETCEILLE Martine, PORCHER Louis *Diagonales de la communication interculturelle.*

AVANZINI Guy, *L'éducation des adultes.*

BARBIER René, *L'approche transversale – L'écoute sensible en sciences humaines.*

COLIN Lucette, MÜLLER Burkhard (sous la direction de), *La pédagogie des rencontres interculturelles.*

DECORET Bruno, *Pères séparés, pères tout de même.*

DEMOLINS Edmond, *À quoi tient la supériorité des Anglo-Saxons ?*

DEMORGON Jacques, *Complexité des cultures et de l'interculturel.*

DEMORGON Jacques, *L'histoire interculturelle des sociétés.*

DIBIE Pascal et WULF Christoph, *Ethnosociologie des échanges interculturels.*

ERIKSEN TERZIAN Anna, *Vidéo et pédagogie interculturelle.*

FONVIEILLE Raymond, *Naissance de la pédagogie autogestionnaire.*

GALICHET François, *L'éducation à la citoyenneté.*

GIUST-DESPRAIRIES Florence et MÜLLER Burkhard, *Se former dans un contexte de rencontres interculturelles.*

HESS Benoît, *L'entreprise face à l'illettrisme – Les enjeux de la formation.*

HESS Paul, *La vie à Reims pendant la guerre de 1914-1918 – Notes et impressions d'un bombardé.*

HESS Remi, *Pédagogues sans frontière.*

HESS Remi, *La pratique du journal, l'enquête au quotidien.*

HESS Remi, WULF Christoph (sous la direction de), *Parcours, passages et paradoxes de l'interculturel.*

INGOLD Rodolphe et TOUSSIRT Mohamed, *Le cannabis en France.*

KOHN Ruth, *Les enjeux de l'observation.*

LAPASSADE Georges, *L'entrée dans la vie – Essai sur l'inachèvement de l'homme.*

LOURAU René, *Interventions socianalytiques– Les analyseurs de l'Église.*

LOURAU René, *Implication, transduction.*

MONTANDON Alain (sous la direction de), *L'Europe des politesses et le caractère des nations.*

PHILIPPE Claudine, VARRO Gabrielle, NEYRAND Gérard (sous la direction de), *Liberté, égalité, mixité... conjugales.*

PIAGET JEAN, *L'éducation morale à l'école.*

ROUMESTAN Nicolas, *Les supporters de football.*

TAPERNOUX Patrick, *Les enseignants face aux racismes.*

VASQUEZ Ana, MARTINEZ Isabel (sous la direction de), *Recherches ethnographiques en Europe et en Amérique du Nord.*

VERRIER Christian, *Autodidaxie et autodidactes - L'infini des possibles.*

XYPAS Constantin (sous la direction de), *Éducation et valeurs – Approches plurielles.*

Impression : EUROPE MEDIA DUPLICATION S.A.
F 53110 Lassay-les-Châteaux
N° 6188 - Dépôt légal : Février 1999

2.99